攀爬之路

产品经理成长工作手册

王莹一著

IDEA

中国铁道出版社
CHINA RAILWAY PUBLISHING HOUSE

内 容 简 介

作者用她十几年的互联网产品经验，将“什么是产品？”“产品经理是做什么的？”“要怎样做，才能成为一名优秀的产品经理？”“如何躲避产品经理道路上的大坑小坑？”一切与产品经理有关的问题，抽丝剥茧，娓娓道来。

如果你是正准备进入互联网行业的新人，或是正在爬坡的产品经理，那么这本书是你的指路明灯，它会告诉你如何去做，哪里有机会，什么是坑；如果你是已经工作多年的产品经理，那么这本书会成为你的知已，适合用来围炉夜话，遥想当年。如果你的亲人是产品经理，那么这本书会告诉你，忙碌、神秘的他们为什么总在加班，无法陪伴在你身旁……

图书在版编目（CIP）数据

攀爬之路 ：产品经理成长工作手册 / 王莹著. --北京 ：中国铁道出版社，2018.6

ISBN 978-7-113-24410-1

Ⅰ. ①攀… Ⅱ. ①王… Ⅲ. ①企业管理－产品管理－手册 Ⅳ. ①F273.2-62

中国版本图书馆CIP数据核字(2018)第073398号

书　　名：攀爬之路：产品经理成长工作手册

作　　者：王莹　著

责任编辑：荆　波　　**读者热线电话：**010-63560056

责任印制：赵星辰　　**封面设计：**MXK DESIGN STUDIO

出版发行：中国铁道出版社（100054，北京市西城区右安门西街 8 号）

印　　刷：北京铭成印刷有限公司

版　　次：2018 年 6 月第 1 版　　2018 年 6 月第 1 次印刷

开　　本：700mm×1000mm　1/16　**印张：**20.75　**字数：**271 千

书　　号：ISBN 978-7-113-24410-1

定　　价：55.00 元

PREFACE
前　言

在我刚开始做产品工作的时候，互联网行业里还没有“产品经理”这个岗位。这是幸运，也是不幸。幸运的是，产品经理这份工作新鲜、紧张、成就感爆棚，足以让我钟爱一生。而不幸的是，我不会做。

所以，我的产品经理之路，基本上是摸索着走过来的。摸着石头过河的日子过久了，最直接的后果就是让我对“每一块石头”都充满了敬畏。在我刚刚脱离技术岗位去做产品的时候，大家说，那个人什么都不会，就是传话而已；在我接到业务部门超出技术实现范围的需求时，我觉得这帮人一定是“疯了”；在我的第一个产品正式上线的时候，我这辈子第一次体会到了“成就感”的滋味；在我第一次虔诚的、全心全意去模仿别人的产品时，我才知道模仿不易，超越更难；在每一次构架产品时，我习惯了在北京的大街上，一直、一直的走下去；在我第一次带领团队往前冲的时候，我才发现，带好人其实比做好产品还难；在我第一次不得不放弃自已的产品时，我真正体会了什么叫日思夜想、念念不忘；在我第一次面对项目失败的时候，我知道了什么是回天乏力，掩卷而泣……除此之外，还有很多很多！会议室、咖啡厅、商店、大街，在那里，有关于一个像素对产品影响的争执，更有产品何去何从的对峙，也有无数次对用户的访谈。

这些我摸过的“石头”，拼凑起来就是产品的模样，在开始写这本书的时候，我只是单纯的希望能把这些“石头”记录下来，留给自己，也留给那些后来的同伴。我想，我写过长篇报告，写过产品策划，写过商业计划，我在会议室为了产品既能侃侃而谈，也能争论不休……这样的我，来写一本关于产品经理的书，应该是一件驾轻就熟的事情。但是，事实证明，我太乐观了，到真正下笔，才发现，写一本书，不简单，真的很不简单。

首先，我其实并不知道该写什么，因为我给自己列了一个长长的、覆盖产品工作方方面面的写作提纲，我觉得只有这样才够全面。然后，我其实并不知道该从何处入手。都是产品这点事，如果让我去与人面对面的讲清楚，我能滔滔不绝，但让我自己一个人把它们写下来，逻辑清晰，表达清楚，却着实犯了难。最后，就是拖延症了。写一本书需要长长的时间；于是，在这段时间里，我去旅游了，我换了工作，我接了新的项目……于是，这本书就真的被写了很久，很久。

看吧，我们都知道“少即是多”的道理，但还是很容易就犯了“贪多嚼不烂”的毛病，写书如此，做产品亦如此。我们都知道“坚持就是胜利”的道理，但当遇到困难，我们还是很容易就为自己找到诸多借口，放弃了事。我们都知道坚定的重要，但当外界不能马上与我们呼应，我们还是很快就怀疑了自己，慌了手脚。

所以，这本书写完，我最先要衷心感谢的就是这本书本身。是它给了我一个回顾、梳理、分析、总结和发现自己的机会，漫长的三年。这三年间，为了写书，我不得不将过往的项目、经历，点点滴滴重新走过。而因为这些项目的结局我已了然于胸，让我不仅可以从自己的角度，更可以从用户的角度乃至老板的角度层层剖析。

复盘，其实是一个很痛苦的过程，因为，我不得不重新回去，面对自己，而很多时候，是面对失误的自己和怯懦的自己。如果我不写这本书，我本可以选择不面对。“读万卷书”与“行万里路”谁更重要？理论与实践，谁更困难？走得了万里路，不一定读得好万卷书。而懂得很多道理，也不一定就能做好产品。“知”与“行”都不容易，都很重要。是这本书，让我在做过之后，想过，写过。真好！

而这本书最终能完成，我不得不衷心感谢写书过程中遇到的每一位编辑，没有他们，这本书不可能完成。他们教会我如何把握结构、节奏，如何把堵在胸口滚来滚去表达不出的想法清晰地写下来。更是他们，在我自己快要宣布放弃的时候，推着我往前走。他们是会在任何一个节日前，任何一个节日后，向我催稿。坦率地说，欠人东西的滋味真不好受。所以，我做梦都想快点写完……

这本书出版了，我就该谢谢选了它的读者了。这本书虽然是我“挖空心思”，点滴码成，但它真的很不完美。谢谢身为读者的你选了不完美的它，与我一起分享我的过往、我的得失、我的经验，与我一起进入互联网产品的世界。

最后，我想说没有什么事是轻而易举就能完成的，也没有一件事情能做到真正意义上的结束。做一款产品，或是写一本书，都远比我们想象的要难得多，但是接近尾声时总觉得意犹未尽。所以，这其实是一本没有写完的书。没有写完的部分，欢迎感兴趣的读者交流。

我的联系方式	
微博	@ 何以守望
微信公众号	从跑龙套到 CEO

最后的最后，我想说，虽然书不完美，但于我来说，毕竟是前进了一步。这也像千千万万的产品，不完美，但每一个产品经理都在努力的攀爬向上！

| 目 录 |

CONTENTS

第一篇　产品经理的传说

第二篇 初 级 篇

第三篇 中 级 篇

第一篇 产品经理的传说

第 1 章

产品经理的世界

江湖上流传的各种关于产品和产品经理的故事，基本都以超出正常人想象力的神奇存在。微信攻陷了高高在上的电信、移动；支付宝打败了血统高贵的银行金融；而滴滴、Uber 让出租车毫无还手之力。互联网+的浪潮，以各种互联网产品为载体，所到之处，似一把把锋利的刻刀，将那些经年积累，动弹不得的问题，摧枯拉朽。成功的产品就像一场成功的战役，站在后面的是一个个运筹帷幄，统帅三军的优秀将领，这就是产品经理。

1.1 产品 & 产品经理

曾经有一年的时间，我被各种人追着问，什么是“产品”？而“产品部”又是干什么的？这就跟要证明 1+1=2 一样，要说明什么是产品？产品经理是做什么的？并非易事，所以，就让我们先从最“标准”的定义说起吧。

1.1.1 功能、服务、体验，逐层递进，方为互联网产品

互联网产品的概念是从传统意义上的“产品”延伸而来的，是在互联网领域中产出而用于经营的商品，它是满足互联网用户需求和欲望的无形载体。简单来说，互联网产品就是指网站为满足用户需求，而创建的用于运营的功能及服务，它是网站功能与服务的集成。例如：新浪的产品是“新闻”，腾讯的产品是“QQ”，博客网的产品是“博客”，网易的产品是“邮件”。

1.1.2 产品的谋划者和执行者，就是产品经理

产品经理（Product manager，PM）是指在公司中，针对某一项或是某一类的产品进行规划和管理的人，主要负责产品的需求分析、研发、制造、营销、渠道等工作。

一般来说，产品经理是负责并保证高质量的产品按时完成和发布的专职管理人员（某些公司有专职的项目经理完成）。他的任务包括倾听用户需求；

负责产品功能的定义、规划和设计；做各种复杂决策，保证开发队伍顺利开展工作及跟踪错误等；总之，产品经理全权负责产品的由始至终。

1.1.3 我变了，我眼中的产品世界也变了

我自己是技术出身，从最开始的技术开发，到后来的技术管理，再到最后的项目经理（产品经理），一路走来，步移景异。所谓产品，在各个时期我的眼中，是很不一样的。当我做开发工程师时，认为产品就是某个功能的实现和性能的达标。当我成为技术管理人员之后，认为产品就是一组整合良好的功能及服务。而当我要为整个项目的结果负责时，产品，在我看来，就不只是功能的实现，而变成了生意。

产品经理这个身份呢，意味着是操不完的心。偶尔的，当产品成功的时候，我也会瞬间成就感爆棚，感觉自己是“创世纪的神”。但更多的时候，我只不过觉得自己是一棵压在石板底下的苗，日子灰暗，不见天日，或是一只匍匐前进，贴地爬行的狗。不过，神也好，狗也罢，每次却还都是义无反顾地走入新的产品。因为，产品对于产品经理来说，就是活法。每做一个产品，就是产品经理活过一次。每个产品都是产品经理的一次生命，从孕育到出生，到成长，到消亡，产品的每一步，都是产品经理的心血。

1.2 人人都是产品经理

我赞成这个观点，正如“人人皆可烹饪”一样，人人也皆可成为产品经理。

人人皆可烹饪的原因在于；对于食物的感知是每一个人与生俱来，天然

存在的。好坏另说，但是烹饪这件事，一定是可以做的；甚至对一只老鼠来说，也是可以的。

产品亦然。理论上，只要是使用过互联网产品的人，都可以做产品经理。由此，互联网公司里产品经理的人选，基本上来源于产品之外的任何岗位。

1.2.1 开发工程师转做产品，最重要的是情商

转行理由：所有的产品都是开发工程师一行一行代码敲出来的。每个开发工程师都会想，为什么不能再往前一步，去决定产品怎么开发呢？而不仅仅是听从别人，让别人来告诉我该做什么。不想成为将军的士兵，都不是好士兵。于是，一部分开发工程师就自然而然地做了产品经理，向前迈了一步。当然，也还有另外一种情况，就是做了很多代码工作，但发现自己在开发工作上缺乏天赋，还是产品有意思；于是，这一部分开发工程师也成了产品经理，如表 1-1 所示。

表 1-1　开发工程师转产品—优势劣势分析卡

优势	劣势
1. 与技术人员对接非常容易 2. 对产品的 UI/UE 方面的细节考虑得很周全 3. 原型出得比较有条理； 4. 需求把握和技术实现上有更好的理解 5. 做的产品设计更实际，在实现上不会出现问题	1. 做产品过于陷入细节中，很容易陷入到功能如何实现等环节中 2. 对产品所处市场和目标用户的感知较差 3. 协调解决问题的能力较弱（情商问题） 4. 表达能力和影响他人的能力（说服力）较弱

那些原本做开发就很好，转产品也很成功的人，一定是真正的牛人。在他们身上，既有严谨、踏实的一面，又有情通达的另一面。他们所带领的团队，也都体现出稳健、靠谱的作风。

【真实案例】

国双科技（www.gridsum.com），2006 年起家于清华计算机系的几个大四学生，他们从最简单的网络营销开始，10 年一步步走来，已成为拥有自有的、高性能并行数据仓库技术，专业进行大数据分析处理和信息挖掘，并提供在线业务优化、电子政务、新媒体及电信运营等技术解决方案的新兴互联网公司，如图 1-1 所示。

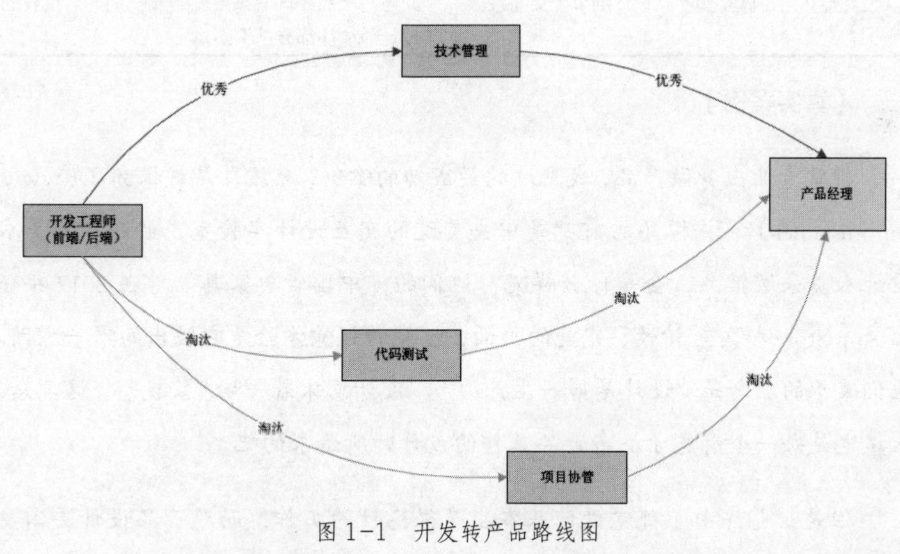

图 1-1　开发转产品路线图

1.2.2　视觉设计师转做产品，你得有逻辑

转行理由：视觉设计师只怕是跟产品经理离得最近的岗位了。做了多年视觉设计之后，自然而然地会出现两个选择。要么融会贯通，去进一步探究 UI 设计之下的逻辑，成为真正的产品设计师 / 用户体验设计师。要么，就是静心将视觉设计做到极致，成为专家级的视觉设计师 / 交互设计师，如表 1-2 所示。

表 1-2 视觉设计师转产品—优势劣势分析卡

优势	劣势
1. 对美的感知和把握是视觉设计师做产品最大的优势。他们做的产品颜值不会低。在现在这样一个有颜走遍天下的世界，这一点是绝对的优势 2. 设计师接触的产品会很多。很多产品设计方面的素材都已经存放在脑子里了 3. 设计师在用户体验和产品设计细节上更有经验	1. 缺乏缜密的逻辑思考能力。对产品的理解倾向于感性，缺乏系统的把握。对产品大局的掌控不强 2. 抠细节，以往严谨、仔细的工作方式在这儿变成了劣势 3. 过于自我！越优秀的设计师，越容易出现这个问题。产品经理必须要做到兼听则明。自我的设计师往往都会过于固执

【真实案例】

视觉专业出身做产品，我见过的最成功的案例，应该算是柠檬岛了（www.lemonista.net）。柠檬岛的前身是中央美院的交互设计实验室，最高级的美术设计人员来做产品，会是什么样呢？他们的《中国古典家具》曾在 2012 年登上 App Store 榜首。精致、完美的画面，惊艳的视觉体验是它胜出的唯一原因。他们秉承的理念是“设计是第一生产力”“设计意味着一切”。我想，这理念，应该也是每一个有志于从事产品工作的设计师所追求的吧。

但是，也许由于视觉设计基本上是很感性的工作，而对产品设计更需要的是设计者的逻辑抽象能力。因而，设计转产品，成功的概率相比于技术转产品而言，好像更低些。最后，能真正带领产品走向成功，进而带领一个公司的设计师，更是少之又少。

1.2.3 内容编辑 / 运营编辑转做产品，光有想法是不够的

转行理由：基础编辑的工作很熬人！琐碎、枯燥、重复、技术含量低、团队内部竞争激烈、上升空间有限、行业工资标准不高。很多基础编辑转岗

产品，都是为了避开这些问题。当然，也有非常优秀的内容编辑，想要追求更高的职业目标，而选择成为产品经理，如表 1–3 所示。

表 1-3 视觉设计师转产品——优势劣势分析卡

优势	劣势
1. 文字功底过硬 2. 表达、沟通、交流能力强 3. 接触过大量一线用户，知道用户喜欢什么 4. 设计的产品是有感情的产品	1. 逻辑思考能力较弱。对产品缺乏全局的把控，很容易陷入堆积不相关的想法和灵感的困境 2. 产品设计容易不顾实现层面，做出来的产品设计缺乏执行的合理性 3. 项目推进遇到困难时，容易陷入个人情绪

【真实案例】

苏娟原本是做记者的，而且干得还很不错，先后两次获得了中国新闻奖。2013 年自己出来创业，一个做内容出身的人，正好赶上微信公众号的兴起，于是就有了号称“轻熟女性”第一社交平台的“她生活”。“她生活”这个社交平台（微信公众号），很长时间里并没有开发自己独立的产品，而只是把所有的精力聚焦在运营一个微信公众号上，但是这样并没有阻碍“她生活”的发展。两年来，“她生活”以吸引人的内容为核心，慢慢构建起了一个成熟的线上女性生活社区。

1.2.4 市场、销售人员转做产品，光能忽悠是不行的

转行理由：从事市场和销售类工作的人，脑子都比较灵活，有大量一线用户接触经验和项目商业化经验；对于一个项目如何挣钱，盈利点在哪里，有天生的敏感。同时市场和销售的工作，也很容易积累起大量的人脉。因而，很多原先做市场或销售工作的人后来转行做产品，很可能是捕捉到了一个市场机会，如表 1–4 所示。

表 1-4 市场销售转产品——优势劣势分析卡

优势	劣势
1. 对变化感知敏锐，善于灵活思考 2. 表达能力卓越，人格魅力大。“忽悠”能力绝对过关 3. 对产品的商业转化敏感 4. 接触过大量的一线用户，知道什么是用户需要的，对用户需求敏感 5. 有社会资源积累，比其他任何背景人员更有能力为项目调用资源	1. 对项目容易缺乏系统的规划和严格的执行计划，较难高效推进计划执行 2. 目标感差，做事不专注 3. 容易感情用事

1.2.5 职场新人做产品经理，用最精彩的方式打开了世界

入行理由：进入门槛低，而且看上去前途非常光明，大家都说产品经理是小 CEO，更是未来的 CEO，如表 1-5 所示。

表 1-5 新人做产品——优势劣势分析卡

优势	劣势
1. 年轻，做产品的思路不受限，更开阔 2. 对工作更容易投入，无论工作内容如何都能认真对待 3. 工作中低姿态，有助于项目的顺利推进	1. 没经验，做产品没思路 2. 个人没有影响力，较难影响和说服团队其他成员 3. 定力不够，遇到琐碎的工作，或者困难，容易放弃

基本上，一句话，互联网公司里，条条道路，都可通向产品经理这一职位，只要你想，就一定可以从事该项工作。而且，做产品之前的从业经验，从某种层面来说，并没有什么优势、劣势之分，所谓的优势、劣势，不过是每类从业者从以往的成长过程中带来的特点。这些特点如果在产品工作中善加利用，那么它们在未来将成为最耀眼的宝石。但，若产品经理本人无法自

醒，并挣脱这些特点带来的桎梏，那么这些与每个产品经理相生相伴的特点，终有一日也可能会成为成长路上最大的绊脚石。

1.3 优秀产品经理的必备素质

并不是会写字的就是作家，会炒菜的就是大厨。有机会做和能做好，完全是两码事。一个不称职的产品经理，确实非常让人困扰，而且困扰的波及面非常广，整个团队都会跟着难受。

不可否认，优秀的产品经理是需要具备一定天赋的，并不是所有人都适合。所谓天赋的意思，就是说，以下这些特点，如果是与生俱来的，那么，不做产品经理去改变世界，就太可惜了！但，如果不具备以下的这些特质，产品经理这个火坑，其实还是离得远一点比较好。

1.3.1 好奇心是核心原动力

产品经理本质上是一个探路者、冒险家，那么产品经理是否有足够的动力，让自己离开已知，走向深不见底的未知，就取决于他对未知的好奇心有多强烈。好奇心，是推动产品经理跨出第一步的原动力，也是在漫漫长路上，让产品经理们选择一直向前的基本性格基因。

拥有好奇心的人，最显著的特征是，他们的人生乐趣来源于对未知的探索。所以，如果要判断自己的好奇心是否足够强烈，可以问问自己，是万事按既定轨道运行让自己更舒服，还是获得新的认知让自己更满足。孩子的好奇心是天然的，几乎每一个孩子都会有对世界是什么样，为什么会是这样的，充满疑问。而成年人好奇心的表现方式就不同，拥有强烈好奇心的成年人，更倾向于尝试、冒险，喜欢生活中充满变化。拥有强烈好奇心的人，他们一般涉猎广泛，爱好多样。这样的性格，好的方面说，是见多识广；不好的方面说，也容易杂而不精。

对产品经理来说，好奇心的好处还在于在产品前进的路上，碰到的都是新问题，要想解决这些问题，首先产品经理不能退缩，再困难的，完全没见过的问题，也敢迎难而上，产品经理是要有这样的勇气的。然后，问题是否能解决，考验的才是产品经理在有限的时间里对新知识的学习、分析、掌控能力。这一切，若是没有产品经理对未知的好奇做基础，是无法做到的。

1.3.2 领悟力是最好的助推剂

所谓领悟力好不好，用大白话翻译过来，就是人聪明不聪明。最聪明的人，必定是智商、情商双高的人。很不幸，要成为一名优秀的产品经理，必须要智商、情商双高，缺一不可。

智商负责的是我们的逻辑、分析。智商高的人，可以把复杂的事物轻易地抽象出来，把握脉络。最典型的例子，比如厉害的程序员，每个人的智商都高到没话说。

情商又是什么？从简单的层面上下定义，情商是我们理解他人，与他人相处的能力。情商高的人，能看得清世道人心，不会受困于纷繁复杂的人际关系中，因为他们了解人性。而产品无非是开发出来为用户（“人”）提供的服务。情商高的人，更会知道用户的想法，他做出来的产品可以直达人心。

领悟力，是一个产品经理往前走的能力。领悟力弱的人，走不远。而智商、情商只有其中一方面突出的人，将会在产品路上出现各种不适症状。智商高，情商低的产品经理，很容易陷入自己的内心世界，不理会产品所处的环境，不理会潜在用户的诉求。这样做出来的产品，往往产品内部逻辑异常清晰，但是用户并不叫好。相反的，智商低，情商高的产品经理，他们的产品更容易成为看上去很吸引人，但使用起来却不顺手的产品。

智商、情商双高呢？这样的人，最终都会成为人群中的佼佼者。无论他们身处何地。他们是那些明明攻读理工科，但写文章也呱呱叫的人；是那些明明已经是学霸，但依然爱好广泛，琴棋书画样样精通的人；他们是那些写程序已经够厉害了，但爱情方面也足以让人艳羡不已的人。

1.3.3 谦卑的人生态度：把自己放在低处，才能走的够高

这属于一个人世界观的范畴。所谓谦卑，就是把自己一直放在低处。谦卑的人，不会妄自菲薄，更不会趾高气扬。他们不会觉得自己比别人低，当然，也不会觉得自己比别人高。这样的心态，让他们在与人相处时，不会固守自己已有的经验，能够最多的替别人着想，听得进任何不同的声音。

对于产品经理来说，这样的品质是如此的可贵和必要！任何产品的出发点，都仅仅来自于产品经理对世界已有的认知。所谓互联网产品的快速迭代，不断试错，做的事情无非就是在用户反馈的基础上迅速修正产品经理原有的认知误差。如果一个产品经理不具备谦卑的态度，听到批评就反感，他又如何能抓住产品前进的契机呢。所谓魔鬼都藏在细节里，惊天动地的好产品也全藏在用户的抱怨里。若产品经理固守自我，拒绝修正，那他手里的产品也就永远只能是出发时的样子，没有成长、没有完善。

谦卑的心态，总是能让人以海纳百川的姿态站立。而骄傲，只会让人早早止步。能走多远，有时候跟能力无关！

1.3.4 吃苦耐劳，百折不回的好品质，让你能坚持到胜利

产品经理之路，虽说舞台够大，但也绝对算得上“苦难深重”。这条路上，失败远比成功多，逆境远比顺境多，琐碎远比伟大多。挖到金子之前，掏出来的都是沙土。要想应付这些日复一日看不见亮光的平凡、失败、质疑，若性格之中没有吃苦耐劳的好品质，是完全做不到的。有时候人“傻”一点反倒更好，“傻人”不想那么多，只知道把眼前的事情做好。好像攀登高山，一路上少不了气喘、腿酸，无数次想要放弃。若这过程中，心中时刻盘算离顶峰还有多少步，只会越盘算越性急，越盘算越觉得没有希望，最后放弃了事。此时，倒不如像头老黄牛，只兢兢业业踩好脚下的每一步，调整呼吸，这样的状态反倒更容易到达山顶。

所谓百折不挠，也就是被打倒100次，还可以第101次站起来。失败之后，可以悲伤，可以愤怒，但不会逃避，也不会放弃。这样的特质，一方面跟产品经理是什么样的人有关系，也会跟产品经理对产品本身是否真的热爱有关系。一个固执的人，穷尽一生固执地爱着。这样的情况之下，将没有什么能够阻挡产品经理前进的步伐。

产品经理这份工作，舞台够大，挑战够多，回报丰厚要遭人嫉妒！表面上的丰富多彩、轻而易举吸引了太多人。我想，也许正是这条路的过于艰辛和极低的成功率，所以产品经理之门才会不设门槛，人人可进。所谓人人都是产品经理，并没有错，确实谁都可以来试试。但，试过之后，却并非人人都是产品经理，只有那些适合的才是最好的。

1.4 产品经理是小 CEO

“产品经理是小 CEO！”，为着这句话，多少天资聪颖、野心勃勃的大好青年被“勾引”进了这一行！我的同事就曾经愤愤不平地向我抱怨过，他说这话就是一个骗局！难道，所谓小 CEO 之说，真的只是精心编织的谎言？

当然不是！产品经理确确实实就是小 CEO！只不过，此 CEO 非彼 CEO。

1.4.1 CEO 是过的最滋润的那群人吗？

彼 CEO，是大部分人心中的 CEO，那是一个完美的、闪光的形象。这个 CEO，年轻、英俊，有一张棱角分明的脸，眼中透出坚毅。着装干净、简洁、平时话语不多，但只要发言，必然见解独到，没有人会不信服于他。最难得的是，除了经营公司之外，他还爱好广泛。闲暇时会开着直升机穿梭在不同的城市。如果假期足够长，他则会去德国或者非洲玩滑翔机和跳伞。但其实，现实中目之所见，CEO 们的日常更多的是焦灼、谨慎，战战兢兢，如履薄冰。

雷军，小米科技 CEO，他感悟到：“说实话我觉得创业真不是人干的事，都是阿猫阿狗干的，一个正常人绝对不会选择创业。因为一旦选择创业，就选择了一个无比痛苦的人生，压力、困惑、别人的不理解甚至是看不起，真正能走向成功的只是极少数，绝大部分创业者都成了铺路石。”

所以说，如果“产品经理是小 CEO”这句话还只让你想到风光无限。那么，是时候调整预期了。毕竟，经过磨砺的成功，才是踏实的成功。无论是做产品经理，还是 CEO，打掉幻想，踏踏实实从地上开始，才是一个比较好的开端。

1.4.2 领头、打杂、控盘，CEO要是万能的

CEO即首席执行官，是美国人在20世纪60年代进行公司治理结构改革创新时的产物。

由于市场风云变幻，决策的速度和执行的力度比以往任何时候都更加重要。传统的“董事会决策、经理层执行”的公司体制已经难以满足决策的需要。而且，决策层和执行层之间存在的信息传递时滞和沟通障碍、决策成本的增加，已经严重影响经理层对企业重大决策的快速反应和执行能力。而解决这一问题的首要一点，就是让经理人拥有更多自主决策的权力，让经理人更多地为自己的决策奋斗、对自己的行为负责。CEO就是这种变革的产物。CEO在某种意义上代表着将原来董事会手中的一些决策权过渡到经营层手中。

1. 业务层面，从战略到执行

所谓战略层面，就是要看得清行业方向，找得到业务突破口。所谓执行，就是有了方向之后（有可能是错的哦），要有能力，让整个团队朝着既定的方向快速前进。执行并不容易，执行的过程肩负的是检验战略决策是否正确的过程。那么，这就要求，第一，在执行过程中，一定要确保战略上面的决策执行到位，否则，怎么知道问题是出在战略制定层面，还是执行过程中打了折扣或拐了方向。第二，就是要对执行回来的结果有足够的敏感度和分析能力。就像有经验的中医一样，一副药吃下去，依据人体的反馈，不断调整药方，方可药到病除。

2. 团队层面，识人用人

选人，用人，带团队，这是个大课题。一个合格的CEO一定是具备过硬的识人、用人的能力。因为，一个CEO要做的事情早已超出任何个人的能

力范围。他能掌控的团队规模越大，战斗力越强，那么他的公司能做的事情也就越多。

所以，有一种说法，说一个好的 CEO 其实是把 80% 的时间拿出来寻找各个岗位的合适的人选。其实，也许 80% 的时间都是不够的。曾国藩就把自己识人、相人的经验总结成书，流传于世，可见这一件事要耗尽多少能人心血。

一个 CEO 能够指对方向，用对人，这无论对谁来说，都是一件极其幸运的事。

3. 管理层面，定好规矩，严格执行

正所谓，没有规矩不成方圆，国有国法，家有家规。公司管理制度，是 CEO 为自己辖区内的人员行为所设定的游戏规则。健全、完善、合理的公司管理制度，是一个公司得以高效运转的基本保障。

4. 经济层面，拉投资，保盈利

准确地说就是如何拿到钱与如何使用钱。一个公司说到底是一桩生意，公司运转的终极目标是多挣钱，起码不赔钱。作为公司负责人，CEO 的首要任务就是不能让所经营的公司变成一桩赔本的买卖。没钱的时候，找钱。有钱以后，盘算清楚怎么用有限的钱挣来更多的钱。总之，钱是一个公司的命脉，CEO 的一切工作说到底，都是为了保障公司资金的健康流动。

CEO 是以获取收益为目的，以建设优秀团队为方式运作公司的人。

1.4.3 “小 CEO”又是干什么的

“小 CEO”到底是不是 CEO？如果都是 CEO，前面加个“小”字，是何用意？一字之差是否会带来天壤之别？下面我们就一起从 CEO 职能的方方面面来全面拆解“小 CEO”的这个“小”字。

1. 业务层面，从战略到执行

产品经理所做的产品也是处于执行层面的事情，但处于执行层面的产品也是有方向的。能把握行业大趋势，方向感好，懂得及时调整执行细节的产品经理才能带领项目走向成功。

这点上，产品经理与 CEO 最大的不同之处在于：如果产品策略错误导致产品失败，那么产品经理可以关掉失败的项目，重新开启新的项目。而 CEO 只怕就需要为策略的失误付出惨重的代价，如果公司是创业型公司，只怕就会赔上一个公司的生存。所以，从这点上来说，虽然 CEO 和产品经理都需要对项目的结果负责，但和 CEO 比起来，产品经理的负责其实不需要承担实际的后果，因而，产品经理的工作更像是在一个模拟环境进行的。从这点上来说，产品经理确实很像 CEO 的预备役。

2. 团队层面，识人用人

产品经理当然很少有需要为了自己的产品招募技术、编辑、市场等职能员工的。但是，产品经理选人用人的能力，却同样深远地影响着产品的成败。在项目成员基本确定的情况下，如何最大限度地发挥每一个人的优势，使项目利益最大化，这要求产品经理对项目相关人员的情况非常熟悉，并且能够驾驭他们，尤其是对项目有重要影响的人物（比如：老板）。在识人、用人这点上，产品经理面对的是熟人，而CEO更多面对的是生人，难度确实不一样。

3. 管理层面，定好规矩，严格执行

管理方面的事情，产品经理相对于 CEO 来说，就简单得多。只要为项

目定好合理的时间表，并严格按时间表推进项目进度，就可以了。当然，合理时间表的制定对产品经理来说是个挑战。产品经理所定时间表会在项目存续期间影响到团队成员的日常工作。因此，时间表起码要考虑和兼顾到项目团队成员的水平和状态，不合理的时间表是没有执行力的。

4. 经济层面，拉投资，保盈利

经济层面的事情，在产品经理这里，变成为产品经理如何通过自身的影响力去为项目获得更多的资源和支持。对产品经理来说，CEO 和各部分相关人员，就是投资人。产品经理面对的局面，与 CEO 很相似，如何让投资人对你所做的事情感兴趣，相信你，肯把资源投给你，这些问题也是需要解决的，如图 1-2 所示。

产品经理是以获取项目成功为目的，以协调团队为方式运作项目的人。

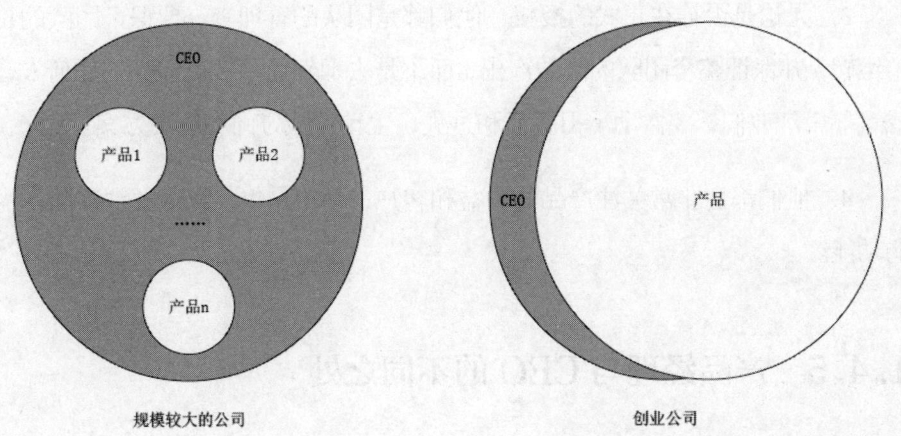

图 1-2　产品经理和 CEO 的异同

1.4.4 产品经理与 CEO 的相同之处

产品经理与 CEO 的工作视角，都是在观察和处理问题，他们都要对公司的最终利益负责，他们都同样需要良好的大局观、良好的视野和直觉，以及强烈的责任感。相对比起其他职能部门更能从大局看问题，这也是产品经理存在的价值，好的产品经理都有一颗 CEO 的心。

1. 产品经理和 CEO 一样，他们都需要极其了解市场和用户，都需要凭借自己丰富的经验和充分的人格魅力开展工作。

2. 产品经理从某种意义上来说，就是产品的 CEO。他们都一样的勇于承担全部责任，只以产品的成功与否来衡量自己。对目标有清晰的定义，并能有效实施这一目标。

3. 无论是否存在正式的授权，他们都是团队的管理者。要保证团队的正常运转，并保证整个团队的高效产出，而不是去埋怨除了自己以外的任何人，或者环境。他们都要主动承担责任和过失，主动寻找方向和解决方案。

4. 他们都会非常关注产品的收益和客户，而不是仅仅只去关注产品本身的功能。

1.4.5 产品经理与 CEO 的不同之处

产品经理是产品经理，而 CEO 是 CEO，无论再怎么找到两者之间的千丝万缕的联系，也完全不代表产品经理就是 CEO，更不是每一个产品经理最后都能成为 CEO。真正能成长为 CEO 的产品经理，毕竟是凤毛麟角。

1. 责任上的不同

责任范围不同，CEO 需要对整个公司负责，包括收入、人事、公关等，产品经理只对产品负责。责任程度不同，CEO 的失败搞垮公司，而产品经理经理的失败不会影响到公司的生存。

2. 权利上的不同

CEO 对资源有更多的掌握权限，比如人事权、奖惩权、指定销售策略、市场策略等，这些都是大多数互联网公司的产品经理无权做的。

3. 能力要求不同

相较于产品经理，CEO 需要更好的系统思考能力、影响和控制他人的能力，以及对行业更敏锐的洞察力。产品经理更侧重于想尽一切办法推动一件事情。同时，CEO 也需要比一个产品人更能洞察行业趋势，具有更犀利的前瞻性，这样才能引导企业的发展方向。总而言之，CEO 要比一个产品人看到更宽广的大局，并且更关注人，而不是物。

1.4.6 产品经理晋升为 CEO 的途径

产品经理这个小 CEO 要真正破茧化蝶成为 CEO，是一件很不容易的事情，需要天时地利，机缘巧合。只有有限的几种情况下，产品经理才可能完成华丽转身。

1. 身处大平台，大平台发展新的业务线，需要领头人。这种情况显得最风调雨顺，顺其自然，平稳过渡。

2. 离职创业，自己开创一番天地。这种情况对产品经理来说，最主动，自己掌握自己的命运。

产品经理与CEO之间，连着也隔着，CEO是产品经理前进的方向，有朝一日，机会来临，曾经的产品经理成为真正的CEO，这一定是长期积累的结果。这条路看上去不远，走起来却不近。一位腾讯产品经理的亲身经历，或许能足够形象生动的说明问题。

“从腾讯出来之后，感触最深的就是思维的转变，非常痛苦，时时要求自己去成长。简单描述下我这半年的痛苦经历，就两句话：

产品经理：细节！完善！功能！体验！专业主义，就事论事！

CEO：成本，成本，成本，收益，收益，收益，看看大家心情/状态怎么样。

我每天需要做的，不过就是时时刻刻让自己带着CEO视角，从经营的角度看世界。而当我投入做产品时，会忘记一切，变成那个挑剔的人。（脾气已经变暴躁了）”

1.5 产品经理是条“狗”

想知道产品经理的日常么？那就来听这首歌吧。

《产品经理是条狗》

我睡得比猫晚起得比鸡还早

工作在拼体力武器得用大脑

左手的PRD右手的产品稿

什么才是你想要我每天在烦恼

邮件又来催催催

产品开发累累累

你们永远对对对

我是产品狗我要大声说

产品经理是条狗

……

如果我的产品让你快乐请摸摸我的头

如果我的产品让你快乐快拍怕你的手

他说加工链接你说搞个按钮

70 后的需求 90 后又没够

实在众口难调想得我快疯掉

……

文档每次改改改

客服总在叫叫叫

我是产品狗我已受够

产品经理是条狗

……

2014 年 7 月，万塘路 18 号乐队发布了一首单曲《产品经理是条狗》，这是第一首为产品经理而做的歌曲，歌中 4 位产品人带着无尽的自嘲，道尽了产品经理不为人知的辛苦。

这就是产品经理的日常工作状态；大部分时候，产品经理的工作是琐碎的、辛苦的、夹缝中求生存的。

为什么产品经理们都喜欢称自己为狗狗呢？

《产品经理是条狗》主创这么理解产品经理："要受得了折磨、经得住挫败、耐得住寂寞、忍得住伤痛、熬得住青春、盯得住对手、转得过脑筋、放得下自尊、厚得了脸皮、搞得过开发、跑得了市场、懂得了运营、做得了设计、写得了文档、讲得了 PPT、管得了项目、说得赢老板、看得透本质、最重要的，还要有十年磨一剑的钢铁意志。"

而更多的产品经理则是认为自己加班太多，累成狗！

我倒是认为，狗狗的卑微，狗狗的任劳任怨，狗狗的忠诚，确实跟产品经理有几分相像，用狗狗来代表产品经理，很形象。

1.5.1 产品经理的工作注定是卑微的

客观上说，对于产品经理，他只领了项目任务，却没有得到任何授权，产品经理要对项目结果负责的同时却不具有项目运作的人权和财权，实际控制项目资源的，是站在产品经理身后的老板，对于项目内的一切事务，产品经理真正拥有的只是建议权。

在权力的分配上，产品经理并不比项目团队的其他成员多任何权力。如果非要说产品经理比其他多点什么的话，或许是产品经理是项目团队中最靠近老板的那个人，最能得到老板认可和信任的人。产品经理在项目中的角色，很像是老板的前台代理人。但是信任本身，可多可少，可有可无，在没有正式授权的情况下，难以依靠。而与此同时，毫无授权的产品经理，背上的责任，却是整个项目的成败。所以客观上说，产品经理的处境基本上就是“巧媳妇偏为无米之炊”的窘境。

而从主观上来说，产品经理在项目运作过程中，始终需要去调动项目团队成员的积极性，让项目不同角色的成员能够紧密围绕在自己身边，认可自己的方向，要做到这一点，产品经理唯一有效和可行的工作方式，就是谦卑，用放低自己来赢得别人。

1.5.2 产品经理的工作注定是极其辛苦的

在资源远远少于实际需要的情况下，产品经理要想带领项目走向成功，有所建树，唯一的办法就是回过头来，挖掘自身的能力。产品经理自己，是产品经理唯一可控的有效资源。但是，没有人是全才，不存在这样的产品经理，他既懂设计又会开发，搞得来运营，也拿得下客户。当然，确实也不需要产品经理什么都会，专业的事，应该交给专业的人做。

可是，如何让专业人士理解自己，信服自己，愿意跟随自己，如何协调不同专业的人才，使他们能够在项目中保持步调一致，却非易事。要做到这些，对产品经理来说，首要之事，要学会学习，什么不会学什么，知识储备得比专业人才更广才行。

举个很常见的例子，产品经理设计的功能，工程师说做不了；这时候，就要求产品经理有能力判断功能开发的可行性；若是碰到方案没问题，但开发人员能力达不到的情况，产品经理还需要担负起为开发人员寻找开发方案的任务。再举个例子，产品视觉设计的判断，也要求产品经理掌握一定的配色、设计知识，以对视觉设计进行评判。如果一个产品经理，面对设计师交出的设计稿，只会接受，或者只能说我觉得不好看，这是非常没有参考价值的意见，会严重影响到团队成员的工作积极性，进而影响到项目本身。第二件事，产品经理需要紧跟项目团队每一个的工作状态、工作成果，若是发现任何跑偏，才能及时进行调整。

因而，项目团队中只要有人在工作，产品经理就得跟上。既要学习大量新知识，又要紧跟团队成员的每一项工作，产品经理想要不加班，是没可能的了。

1.5.3　产品经理注定是最忠诚的

没有权力，却有责任，若不是对项目、对产品心存真爱，几乎没有人能够坚持到最后。所以，只要是还在坚守的产品经理，心中必定对产品保持着绝对的忠诚。也唯有产品经理心中这份不计得失、不离不弃的忠诚，才能让产品经理跨越一道道沟坎，在别人放弃的时候坚持，在受到抨击的时候坚持，到达最后的终点。

谦卑、辛劳、忠诚，为达目的，永不妥协，产品经理就是那只即使已狗血淋头，也蹲守在产品和用户身边，责任全背，忠贞不贰的狗狗。

1.6　产品经理是个“神”

乔布斯、张小龙，这些成功的产品经理创造的产品，改变了世界，于是，人们开始膜拜产品经理，说产品经理是神。在产品的世界里，产品经理做规划、定规则，让一切按自己想要的那样发生。从这个角度来说，产品经理确实就是神。在产品经理说要有“光”以前，产品是黑暗一片，一无所有，产品经理跟上帝做了同样的事情：从无到有。有“光”之后，上帝分出天地万物，设定万物如何运行，而产品经理则是在有了产品构想之后，设计出产品，从框架到细节，并且想方设法，让产品按照设想的那样被创造出来。

1.6.1 产品经理必须无所不知

产品在开始做之前，自然要说清楚，做的是什么，做法是什么，做个规划。不过，问题在于，这个时候的产品，就是处于混沌状态下的世界，什么都没有，如果创造是一个从“0”到“1”的过程，那么做规划的阶段，就是“0”。

“0”意味着，对于要做的事情，很可能是没有方向，没有需求，甚至连要求都没有。神最厉害的地方在于，别人不知道的，他都知道。这种时候，产品经理往往也被希望像神那样，大家都不知道的，他知道。他知道得越多，指出的道路越明朗，越会受到大家的膜拜。当然，我们都知道神是不存在的，那么神一样的产品经理，如何能像无所不知的神那样给大家指条明路呢？

1. 挑一个自己做过的领域

有一种未卜先知叫作以前见过！这样一来，对别人来说，空白混沌的“0”世界，而对产品经理来说，就变成了有章可循。这里面有一个原则，就是产品经理要尽量让自己所做的产品在同一领域，这样才有利于经验的积累。因此，在挑选项目时，要尽量挑选自己熟悉的领域，尽可能少地变换专业轨道。比如，如果一直在女性时尚领域做产品，就不要去接一个汽车领域的产品，以避免出现隔行如隔山的不适症状。

2. 产品经理自己就是资深用户，本身就是行业专家

比如，大家 CARS（APP）的创始人颜宇鹏（YYP）。他就是一个非常资深的汽车用户来做了一款很棒的车评 APP（如图 1-3 所示）。颜宇鹏的经历是这样的：从小爱玩车，爱汽车设计，学了汽车工程，当了汽车媒体记者，自己创办了汽车网站，试车、写车评，还做业余赛车手。基本上可以说，车的事他都知道，这样的深度用户和行业专家，他来做的产品，就一定错不了。

图 1-3 “大家 CARS”APP 截图

1.6.2 远粗近细、小步快跑的规划方法

即使在产品经理非常熟悉的领域中，也一定要使用一套科学、可靠的操作方法，才可以尽可能的保障产品规划的靠谱。因为，经验固然能够依靠，

但是，每个产品都必有自己的独特之处，世上是不存在完全一样的两个项目的。就算一直在某一领域工作的产品经理，在面对该领域的新产品时，也一定会遇到新的问题。要想尽可能地规避新出现的问题对项目产生不利的影响，就需要在项目方向正确的前提下，用远粗近细的方法来规划产品，用小步快跑的方法来对规划进行纠偏，以保持规划的正确可用。

远粗近细就是，在做规划的时候，把眼下马上要做的这部分，尽可能地细化，而将来要做的那些，可以只是勾勒出轮廓，不用填充细节。而小步快跑，就是看一眼大方向，仔细盘算清楚眼下这一步，走一步，看一步，根据这一步，调整下一步。这样操作项目的好处在于以下三点。

1. 可操作性强

眼前的事情，我们很容易想明白说清楚，越是往后的事情，越难预料；那么，说不清楚的那些，就先放着。不用为了规划而规划，而去做过多无谓的推算、辩论。

2. 集中精力办事情，打好项目基础

反正远处的事情暂时也想不明白，把精力和时间都花在眼前的规划上，走好脚下的这一步，这样反而更利于项目的推进。

3. 规划灵活、可调整，随时纠偏

正因为规划的执行过程是小步快跑的，产品经理可以更快地获取项目效果的反馈信息，以此来及时修正原有的规划。正因为远期计划是只有框架而无细节，规划本身就充满了可调整的空间。产品经理更可以根据项目已经进展的那部分实际情况，来灵活地完善原先没有细节的规划。

远粗近细、小步快跑的办法说起来很好理解，但是真正做起来，却很不容易执行。这是因为，这个方法本身是有违人类追求安全感、规避风险的潜

意识的。我们的潜意识里总是暗示我们，对即将发生的事情要有更多的了解和掌控，之后再去行动。因而，在做规划的时候，由于那些不可意料的未来，很容易使我们陷入僵局，我们总是试图把将来看得再远点，看得再清楚点，于是我们不断的自己和自己论证，或是在团队内部来回讨论。

但是，这种论证其实是毫无意义的，不经实践的检验，只在理论上进行论证，本身就是没有对错之分的。比如说，简洁大气的设计就一定好吗？未必！好不好，还得看用户群。所以，这种纯理论的论证，只会让项目死于会议室。在大方向没错的前提下，看清一步，就快速的迈出一步，通过脚下这一步的反馈结果再来规划下面一步。如此方法，方为互联网产品的王道。

1.6.3 超一流的执行力

想成为一个神一般的产品经理，光有深厚的专业背景、严密的规划能力，还是不够的，还得有超一流的执行力。对产品经理来说，执行力永远都是第一能力。所谓执行力，就是把事情做出来的能力。明白一件事应该怎么做和有能力把这件事做出来，是完全不同的两个概念。打个比方，我们都爬过楼梯，对于如何能更快地从 1 楼爬到 6 楼这个问题，每个人都能说上两句，都有自己的办法，可如果真正让每个人在规定时间内从 1 楼爬到 6 楼，可就不是人人都能做到的了。

这里衍生出一个哲学问题，“知易行难”还是“行难知易”。我自己的观点是：产品经理是实践工作者，而非理论工作者，产品经理的所有成绩都是做出来的实实在在的东西。因而，对产品经理来说，“行”的能力更重要，“行”上面的事情更难。认知上再清楚，做起项目来寸步难行的产品经理，一点儿用都没有。

那么，什么是超一流的执行力呢？超一流的执行力就是无论项目遇到什么困难，都要趟得过去——工程师不理解需求，合作伙伴不配合，老板不支持，自己团队的同事解决不了问题，自己说的话没人听没人信，还要受委屈、背黑锅……任何一个项目执行路上的困难，基本上都多到只有想不到，没有遇不到。而神一般的产品经理，就必须一路过关斩将，拿下所有的困难，不讲条件。没有条件，自己想办法，创造条件。

产品经理想要拥有超一流的执行力，却简单到只需要具备一个条件，就是豁得出去。这种豁得出去，背后也许是产品经理的责任心、对成功的极度渴望，但从前面看起来，就是产品经理在项目里想尽办法，而又放得下自己。

工程师不理解需求，就画图、写文档、做原型或是直接表演给他们看；合作伙伴不配合，就“威逼利诱”；老板不支持，说服不管用，就用最小的代价证明给他看；技术或者业务问题解决不了，就找人、查资料、亲自做实验，一直到找到解决方案为止；团队不听话，就投其所好、各个击破，直到打入团队内部；而对于那些遭遇的委屈和背上的黑锅，不说话，就这么一直背着。

那么，一个产品经理如何才能做到豁得出去呢？

1.6.4 坚持原则，做产品的守护者

首先，要意识到，任何项目里，只有产品经理和产品的利益是完全一致的，产品经理是产品的唯一守护者。产品成，即是产品经理成；产品败，即是产品经理败。除产品经理之外，团队里再没有人的利益跟项目利益是完全一致的了。老板不是，开发团队不是，运营团队不是，销售团队更不是；这些角色，他们进入到项目中，都天生带着各自的视角和特有的利益诉求。

比如，老板希望产品尽快赚钱，开发团队希望开发工作尽量简单，而运

营团队又希望产品用起来尽可能顺手。因而，其他任何角色，他们都会拼命把产品往自己期望的方向上去推。老板想要产品这只“鸡”早早杀了炖汤，技术想要功能简化再简化，而运营则想要打磨得极度顺滑的用户体验。

当然，赚钱、功能简化以节约成本、赋予产品极致的用户体验，这些都没有错。可是，在正确的时间做正确的事情，才是将产品推往成功的正确方法。用户数量还没起来，就牺牲用户体验商业化，真的好吗？功能简化了，产品用起来捉襟见肘，真的好吗？产品的核心功能还没有验证的，就来回打磨用户体验，真的好吗？

这种时候，只有产品经理才是真正站在产品本身角度审时度势，进行取舍的那个人。而不论是哪种取舍，产品经理的解决方案一定是平衡各方利益，以牺牲掉团队中一方或几方的利益为代价。这种时候，不得罪人，是不可能的。

但是，如果产品经理不能纯粹地只从项目的角度来替项目发声，项目必然会在强势一方的推动下，走上歧途。想想看，有多少产品经理在产品失败后，仰天长叹，老板不靠谱、技术不靠谱、运营不靠谱、销售不靠谱……产品的一错再错，都是被他们逼的。

这种时候，我只想说，产品经理，你真的拼尽全力了吗？

1.6.5 不惧辛苦，紧盯细节

别怕辛苦，快速学习，盯住细节。产品经理工作的边界在哪里？是做好规划交给老板，由老板去定夺就可以了吗；是画好图交给开发，由开发去执行就不用管了吗；是定好规则，交给运营去推进就踏实了吗；都不是！产品的边界就是产品经理工作的边界。只要是项目的事，都是他的分内事，如果产品本身包括开发、设计、运营、销售，那么这些所有部分的工作，就都是产品经理的工作范围。

这里就出现了一个问题，没有人是全才，产品经理也不是。技术出身的，不懂设计、不懂运营，怎么办？运营出身的，不懂开发、不懂销售，怎么办？学呀。不会什么学什么，需要什么学什么。而且必须是快速地学。能学会吗？能，因为产品经理聪明。前面我们说过了，只有高智商的人才能成为出色的产品经理。学习，是贯彻产品经理整个职业生涯最重要、最辛苦的一件事情。

有了卓越的学习能力，能够为自己快速补充需要的知识之后，产品经理接下来要做的事情就是盯住细节了。项目的任何一个环节，都是需要被盯到的。执行过程中，“差之毫厘、谬以千里”的事情经常发生，产品经理交出正确的产品方案，这仅仅是万里长征的第一步。产品经理必须随时和其他团队成员在一起，知道他们怎么想的，怎么做的，目不转睛的盯着产品被按照规划的样子做出来，才算完。

产品经理就应该是这样一个人，团队里其他人还没动，他已经在行动了，团队里其他人都收工了，他还在善后。顶梁柱是他，查缺补漏、打扫战场的也是他。经常的，在分析失败产品时，会听到产品经理说，产品的失败是因为开发工程师偷工减料；是因为运营团队运营失误；是因为市场推广团队推广不利。这种时候，我想说，产品经理你真的尽力了吗？

最后，用一个我非常喜欢的小故事，结束这一小节吧。

石阶问佛像：“我们都是石头，凭什么你受人膜拜，我却遭人践踏？”佛像嗤笑道：“你只挨了四刀就成了石阶，我却挨了“千刀万剐”才有现今模样。想成功就要经历磨难啊！”

1.7 详解产品助理、产品经理、高级产品经理、产品总监

在产品的世界里，所有岗位角色如下：产品助理（或产品专员）、产品经理、高级产品经理、产品总监。一般的进阶顺序是从产品助理（或产品专员）入门，做协助性的工作，然后成为产品经理，独当一面，再成为高级产品经理，负责更加广泛的产品范围，最后成为产品总监，协助老板对公司的产品体系进行管理。

1.7.1 管理和业务：产品岗位的两大阵营，你要做哪种

任何一个产品总监都是从产品经理干起来的，但是反过来，并不是每一个产品经理最后都会成长成为产品总监。这是因为，产品助理、产品经理、高级产品经理这几个岗位和产品总监是分属两个阵营的。产品经理走的是业务线，而产品总监走的是管理线。产品经理岗位和产品总监岗位对从业者能力的要求侧重是不一样的。产品助理、产品经理、高级产品经理的岗位更要求的是业务能力，也就是在给定资源的前提下，把事情做好的能力。这点上很类似工程师系列（助理工程师、工程师、高级工程师）。而产品总监的岗位则不然，它更考验的是这个岗位上的人的管理能力。所谓管理，就是规划、分拆目标，并挑选合适人选执行，同时持续地给予团队前进的驱动力，让目标按要求实现。

简单地说，产品经理们是在自己干活，而产品总监则是在指挥别人干活。这两个岗位虽然对人能力的要求侧重不同，但总的来说，产品总监要求从业人员具备更高的、更综合的能力，产品总监必须业务过硬，带团队也要过硬才行。

当然，从产品经理到产品总监的跨越并不是必然的。有很多这样的产品经理，他们业务能力很强，做产品非常有经验，跟带产品经理的团队比起来，他们个人更喜欢撸起袖子亲力亲为，亲自去抠产品的细节，亲自去设定每一个逻辑关系，这些具体的工作带给他们更多的成就感。这样的产品经理完全可以选择不成为产品总监，而只专注在产品执行层面冲锋陷阵，这也是非常好的选择。

1.7.2 必经之路：产品助理岗位

产品经理助理，是所有人进入互联网产品这行的起点，也是必经之路。由于产品工作“低门槛”和“宽门槛”的特点，要想成为产品经理助理，基本上是一件很容易的事情。而很多产品岗位之外的工作岗位，有可能干着干着，就干上了产品经理助理的工作。“好的开始是成功的一半”，谁都能干的工作，并不意味着谁都能干好。下面我们就来详解产品经理助理这一工作岗位，如表 1-6 所示。

表 1-6 产品助理 or 产品专员岗位详解

	产品助理 or 产品专员
经验要求	1 ~ 3 年
月薪区间	4k ~ 8k（北京）
主要职责	1. 协助产品经理进行产品开发的相关工作 2. 协助进行市场调研，需求分析，需求文档撰写及产品原型设计 3. 与公司各部门密切合作，跟进产品开发，协调开发过程中遇到的问题 4. 跟进产品上线以后的改进，BUG 跟踪、收集改进意见、提供改进方案 5. 参与产品设计和优化，提升用户体验

续表

任职资格	1. 具有互联网行业的从业背景，或者对互联网有浓厚兴趣 2. 有较好的综合素质及文化修养，形象气质佳 3. 踏实、勤奋，有良好的沟通及协调能力，具备较强的执行能力 4. 具有亲和力，敬业、有团队合作精神 5. 能够有较强的抗压能力

【真实案例】

慧慧，是我带过的一个非常优秀的产品助理。她用一年的时间完成从产品助理到产品经理的转变。

当时我们是为一款针对新娘婚前采购的产品来招聘产品助理。这款产品已经上线，但功能尚需进一步完善，最重要的是这是一款运营型产品，每天需要有人为产品挑选并上载大量经过筛选的商品内容。如果在成熟的互联网工作环境中，这些工作应该分别由产品人员和内容运营人员来完成。但是，当时的公司环境没有这种条件，于是我们需要的产品助理，不仅要完成一般产品助理的工作，配合产品经理提出并跟进产品的完善，同时也要承担起内容运营的日常工作。

慧慧应聘时，完全是一个没有任何互联网工作经验的新人。她虽然毕业已经一年，但之前的工作是在一家传统的食品企业，跟互联网八竿子打不着。慧慧最大的优势在于性格细腻、踏实、上进心强，对这份明显杂而琐碎的产品助理工作中涉及的每一个任务，她都能认真对待并且提出自己的看法。慧慧在一年产品助理的工作中，几乎做遍了产品、运营、销售支持所有岗位上的基础工作。一年之后，慧慧成功成长为一名产品经理。

1.7.3 权利和责任的统一：产品经理岗位

产品经理，是产品的“主人”，产品的“家长”，这种身份，同时意味着权利和责任，更多的时候是责任。所谓责任意味着产品经理是局面的控制者，进度的推动者，困难的破冰者。在组织层面不可能对产品经理授予更多实际控制权的前提下，一个产品经理要做到以上三点，需要高度的责任感、使命感以及高超的管理、协调能力，如表 1–7 所示。

表 1-7　产品经理岗位详解

	产品经理
经验要求	3 ~ 5 年
月薪区间	10k ~ 30k（北京）
主要职责	1. 进行前期市场分析、市场调查以及制定产品宏观思路 2. 设计产品，输出 PRD 3. 协调与 UI、工程师团队，完成项目 4. 上线后分析数据，制定改进方案
任职资格	1. 大学本科学历，专业不限 2. 较强的逻辑性 3. 积极、主动、踏实，抗压力能力强 4. 较强的沟通能力和团队合作精神，具有一定的协调组织能力 5. 适应高强度工作 6. 3 年以上相关工作经验 7. 对产品所处领域具有浓厚兴趣，最好是资深用户

【真实案例】

阿曼，一个有着严密逻辑思维的女孩。在成为正式的产品经理之前，有三年互联网创业公司的工作经验。她之前的工作经历很杂，参与过的产品跨度很大，有后台计费系统，也有社交产品，她还做过简单的开发工作。

在刚成为产品经理的那段日子里，阿曼表现得相当不适应。一方面，她对工作充满激情、内心狂热，勤奋而不辞辛苦，几乎没有 9 点前回家的时候，她像一只陀螺转得停不下来，也不想停下来。但另一方面，她提出的产品方案得不到公司的支持，她加班加点做出来的产品，数据表现糟糕，领导和同事也很不认可。对成功的强烈渴望和现实状况的极端不如意，从两个极端拼命地撕扯着阿曼，让阿曼心里渐渐积累了对环境的抱怨；同时，也让潜质优秀的阿曼渐渐变成了一个内心愤怒的产品经理。

“愤怒”的阿曼一边做着产品，一边为自己的困境寻找着突破口。一年后，阿曼找到了新的工作机会，跳槽成功，开启了新的产品经理之旅。在新的工作岗位上，阿曼表现得比以前更加得心应手，对项目的把控更加主动和从容，阿曼渐入佳境，终于成为一个名副其实的产品经理。

1.7.4 所有环节的把控者：高级产品经理岗位

对高级产品经理来说，产品变得丰满和立体起来，一组被按时交付的功能组合，不再是所谓的产品。产品变得包罗万象，市场、用户、技术、推广、盈利，缺了对任何一个环节的把控，都不是一个合格的高级产品经理。无论是赚用户，还是赚钱，这才是高级产品经理的终极目标，如表 1–8 所示。

表 1-8 高级产品经理岗位详解

	高级产品经理
经验要求	5 ~ 10 年
月薪区间	15k ~ 50k（北京）
主要职责	1. 负责产品　整个生命周期内对产品的性能、质量以及竞争力进行管理 2. 负责协调各职能部门完成产品功能的落地 3. 制定阶段目标、产品关键 KPI，以及针对产品运营数据分析和改进方案制定 4. 关注用户对于产品各项功能的反馈，制定迭代计划，不断增强用户体验 5. 在产品的整个生命周期内对产品的性能、质量以及竞争力进行管理

续表

任职资格	1. 五年以上互联网产品规划运营经验 2. 有较为综合的产品方法论积累和团队管理经验，有带领并培养优秀产品团队的经验 3. 对产品有激情，追求卓越，有较高的自我驱动力、推动能力及领导力 4. 具备优秀的业务分析能力和判断力，对数据有敏锐的洞察 5. 具有优秀的行业敏感度和需求整理能力、产品规划能力

【真实案例】

Jane，女，33岁，工作10年，在互联网做产品也7年了，她在高级产品经理的职位上已经工作两年了。她的整个人跟她的英文名字一样，温婉、细腻但却普通，每次公司过Jane的产品方案时，她都很难引起大家太大的注意。

也许正是这样细腻、踏实、有韧性的个性帮了Jane，让她可以化解7年来产品工作中诸多的烦琐、重复和被质疑。所以，当我遇见Jane时，她是一个经验非常丰富，细腻而谨慎的高级产品经理。由于Jane的这些特点，她在公司开始独立负责很有挑战性的项目。她负责的项目是公司最具前瞻性的产品，需要产品经理从策划到设计，到开发执行，到上线后的商业合作谈判，甚至于项目团队的部分组建和管理都能独立承担。

项目在Jane的精心打磨下，从上线的时候起，就表现出优秀的成长性，得到了公司和商业合作伙伴的认可。

项目执行的过程中，Jane发现自己对于团队成员积极性的调动和协调不同团队的工作是自己的长项，而对于项目大局的了解和把控，却是自己的弱点。清楚看到自己优势和劣势的Jane于是信心坚定的奔赴在了高级产品经理晋升产品总监的路上。

1.7.5 团队和产品方向：产品总监岗位

产品总监，跟 CEO 已经很像了，不再需要挽起袖子亲自干活，他们职业的重头戏变成了识人，用人，带团队，把握产品方向，确保团队和项目行进在正确的轨道上。跟自己亲自干活，控制项目的每一个细节比起来，产品总监的工作更加不易。需要具备足够的智商和情商，还要有丰富的人生阅历，足够的抗压能力、学习能力、纠错能力同样必不可少，如表 1–9 所示。

表 1-9 产品总监岗位详解

	产品总监
经验要求	5 ~ 10 年
月薪区间	25k ~ 60k（北京）
主要职责	1. 负责产品团队的日常管理工作，领导产品团队 2. 根据公司的战略规划，规划产品整体发展计划，及规划相关产品线 3. 负责市场分析、竞品分析、客户需求分析、产品原型设计，把握市场动态，制定产品发展路线图，并且推动产品及时交付 4. 负责新产品的市场调研评估、立项、推进产品开发上线 5. 负责产品的运营、线上营销推广工作，对运营和营销的结果、投入产出比负责 6. 负责培养产品团队的人才梯队
任职资格	1. 有丰富的领导产品团队开发面向客户的互联网产品，通过运营、营销推动产品发展壮大的成功经验 2. 客户导向，有强烈的成就动机，高标准工作，对自己负责的产品有高度的主人翁责任感 3. 口头书面的表达条理清晰，逻辑缜密，善于倾听；能高效推动跨团队跨部门的协作 4. 善于预见未来的潜在风险，并有效管理风险，项目管理能力出色，能按时保质保量交付产品 5. 在复杂的需求、资源、市场形势中擅长化繁为简，做出正确的取舍决定 6. 优秀的学习者，善于建设学习型组织，推动团队共同成长 7. 成熟的管理者和领导者，在招聘、绩效管理、辅导下属成长方面均有心得体会，且获得下属的认同和追随

【真实案例】

Steven，男，算得上是国内互联网圈子里最早做产品和最懂产品的产品经理之一。他清华理工科毕业，精于逻辑同时爱好文学。脾气异常火爆的同时，对产品的细枝末节了然于胸。在认识他之前，我就曾听说过他的轶事。轶事里的 Steven 还在一个创业团队负责产品，由于产品 LOGO 的设计未达到他的预期，一怒之下，他差点把做 LOGO 的设计师炒掉。

当然，我认识 Steven 的时候，他已经成熟了很多。这时的他是一家大型互联网公司的产品总监。他自然已经不会再为了产品细节的不满意而跟任何人撕破脸，但他在业务方向上的判断与公司战略的不一致却也着实够他困扰。于是，Steven 任产品总监 3 年后，自己创业，成为真正的 CEO。

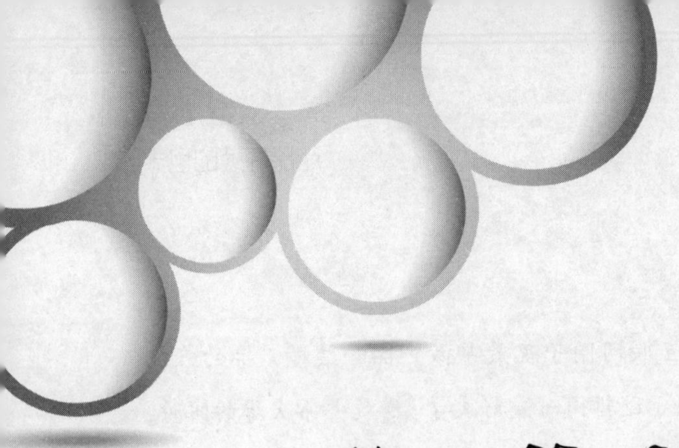

第二篇 初级篇

第2章

初级产品经理的典型特征与通关密钥

记得刚刚成为产品经理的时候，听到别人对自己的评价最多就是：她什么都不懂。自己当时觉得很委屈，但又无从申辩。想一想，别人说的似乎也并没有错，刚刚开始产品工作的我，产品业绩自然“一穷二白”，别人说我什么都不懂，又有什么错呢?

对一个新人产品经理来说，还不止是这样，当度过兴奋期和手足无措期之后，基本上都会被工作的琐碎、低级、杂乱，袭击得信心全无，失望随之而来。“板凳要坐十年冷”“英雄起于微末”，产品经理的初级阶段，是优秀产品经理的萌芽期，虽不热闹，但却于细微点滴处孕育着生机。

2.1 一个真实的初级产品经理

Roya，一个计算机专业毕业的美丽女子。Roya 的大学生活丰富多彩；但是，跟电影、小说、旅游比起来，成天跟机器打交道的编程，虽是 Roya 的本专业，却实在很难勾起 Roya 的兴趣。毕业之后，Roya 顺理成章地做了一名基层的开发工程师。

Roya 在 3 年的开发生涯中跟了不少项目，但老实说她做得很不出色，她的代码质量永远是刚刚能用，所以不管什么项目，Roya 做得最多的自然就是那些简单、边缘的模块。Roya 已经很努力，但从基层开发工程师到程序架构师的道路，对于 Roya 来说，基本上属于是不可能完成的任务。

Roya 一度很沮丧，也很迷茫。后来，Roya 被调去做测试的工作，同时负责项目开发进度的协调。自此，计算机专业毕业的 Roya 基本上成功地以“被淘汰者”的身份，退出了她的程序开发职业道路。

3 年后机缘巧合下 Roya 成为一名产品经理。拿下某互联网公司产品经理的 offer 时，她憋足了干劲。

Roya 接的项目，是一个已经上线的产品的二期优化，需求基本上都是内容部门确定好的。按说这样的项目最简单了，Roya 只要按部就班地做好沟通，盯住进度就可以了。但其实不然，这样一个貌似简单的项目却是危机四伏。

首先，需求方是公司的内容团队。内容团队的老大，强势、充满想象力，完全不懂技术。在她的心里，不存在技术可行性这个词，只要她提出的需求，就必须被满足。其次，是开发团队，项目的开发工作被公司按前台页面展示部分和后台功能实现两部分分开，分别外包给两家开发公司。两家开发公司都希望能在项目开发过程中证明对方的不胜任，进而使自己的外包份额扩大。这种情况下，很多涉及前后台数据接口开发的工作，像皮球一样在两家公司之间踢来踢去。更糟糕的是，就算有不合理的需求，鉴于哪家公司都不愿得罪需求方，因此不合理的需求也不会被拒绝，而只是在两家开发公司的无止境扯皮中无止境拖延。

项目一拖再拖的局面最终是被内容老大打破的，强势的内容老大，去老板那里告了一状，告的是Roya所在的产品部对项目的推进不利，严重阻碍了公司业务的发展。Roya的老大，产品部负责人被告之后很不服气，面对公司老板的指责，他采取了消极躲避策略，将项目全权交给Roya，他对Roya说，这个项目我就不管了，你来负责吧!

就这样，没有业务经验的Roya在刚把新公司的新同事认完的时候，就被推到了风口浪尖。事隔多年之后，Roya说起当时的坚持，她其实并未多想，只是单纯的认为这是属于她的事情，不能放弃，要把它做完。正是因为Roya的“固执”，才让项目有了后来的故事。

自此之后，新兵Roya一头扎进了内容团队和外包开发团队里，她跟团队的同事吃喝在一起，加班出差在一起，讨论业务在一起，抱怨老板也在一起。事实上，这时候的Roya更像是个学徒，而不是什么“项目经理”。因为，内容团队和外包开发团队的每一个同事都有资格成为Roya的老师。于是，Roya就每天紧跟着团队，了解团队的每一项工作。而她的日常工作就是给各个团队打杂，团队需要什么，她就做什么；需要协调关系，她就跑上跑下，温言软语解释清楚；需要技术支持，她就查资料，找外援。

6个月之后，这个当初几乎被判了“死刑”的项目，终于成功上线了!

公司上下皆大欢喜！更让 Roya 没有想到的是，无论是项目的领导——难搞的内容团队，还是项目的技术专家和底层工程师，都一致给了 Roya 极高的评价，他们看重她、信任她，Roya 真正成为了项目的“枢纽”。

2.2 特征一：一无所有

万事开头难，没有任何一种职业背景的产品新人可以说自己有产品经验。就算是某些在之前的工作中已经取得过傲人成绩的人（比如老板、技术大牛、设计大牛），也不行。新人就是新人，产品工作自然有它自己的规则和规律，一个优秀的产品经理，必须要从“一无所有”出发。

2.2.1 没有作品、没有权利、没有影响力

既然是刚刚成为产品经理的新人，自然是没有任何能拿出来证明自己能力的作品啦。而产品经理这份工作，最显著的特征又是“没有授权的大管家”。只要是项目的事，啥都需要管，只要是项目有关团队的活儿，啥都要过问。没有行政权力！没有过往作品，可以证明自己的能力，以此来建立影响力。更搞不清楚圈子俚语，摸不清楚圈子“潜规则”，小白产品经理，无论 Title 是什么，在项目里不具有任何话语权（没人听你的），是注定的困局。

而产品经理自己，以前并没有操作过任何项目，面对项目；难免手足无措，无从下手。老板给的任务处理不了，怎么办？交出的产品策划被毙，怎么办？自己无论做什么，都被合作者指责，怎么办？项目做砸了，怎么办？

产品经理的初级阶段，注定是一个内外交困、身心俱疲的时期。

2.2.2 通关密钥：姿态低一点

新人产品经理固然是没有话语权，那就不要话语权好了。遇到不懂的可以问，遇到不会的可以学，项目里，低调做人，勤奋做事，先从全心全意为大家服务开始。这样的小白产品经理，一定是一枚受欢迎的产品经理。

唯一需要注意的是低姿态，一定要以勤奋为基础。举个例子来说，若是小白产品经理奉命设计一款新闻客户端，而自己以前又从来没有过新闻行业的从业经验，对于新闻生产流程毫不知情。这个时候，低姿态的小白产品经理就应该第一时间去请教从业经验丰富的内容部门了。不过，勤奋的小白产品经理会在去之前，把功课做足，自己虽然还没有专业的新闻专业从业经验，但自己天生是用户，那就把市场上的类似产品都找出来，从一个普通用户的角度，给出自己的看法。并在此基础上，从普通用户的角度给出对新产品的期望。最后，才是带着自己的观点去请教。这样做，小白产品经理将会得到对方的尊重和敬重，专业人士就会更愿意分享他们的经验，沟通也会变得更有成效。

2.2.3 通关密钥：脸皮厚一点

别人说了什么，别人又评价了什么，不要太放在心上。小白产品经理刚刚开始产品工作，做得不够漂亮，那是再正常不过的事情。“新手”，是小白产品经理的弱点，但也可以成为小白产品经理前进的“挡箭牌”。收起“玻璃心”，做个“水晶人”，坦坦荡荡，别人抱怨了，又说你不好了，听着，记下来，有则改之，无则加勉。每个人，每件事，都是从不好到好，我们要给自己留出成长的空间和时间。所以，脸皮可以厚一点，心可以大一点，

不过呢，也不要让别人的负面评价轻易随风飘走，那些愿意观察我们，并且给出评价的人，每个人都是一面镜子，无论他们的立场如何，有的立场

是同盟，有的立场是敌对，但正是通过这些不同角度的镜子里反射出来的“我们”的影子，我们才能更好地了解自己，更快地成长。

2.2.4 通关密钥：学习快一点

无论小白产品经理的职业背景是什么样的——技术、设计还是编辑，都不意味着在产品的道路上可以少学一点。对所有的小白产品经理来说，都是一个全新的开始。产品工作本来要求的知识面就是又新又广。懂技术的，还得懂设计、懂设计的，市场推广也要会。工程师出身的产品经理，也需要了解当前的时尚风向。而设计师出身的产品经理，同样也需要了解当前的新技术。只有这样，产品经理所设计的产品才能保证是不落伍的，具有前瞻性的。

小白产品经理需要学习的东西自然更多，而这种学习往往还被要求以更快地速度进行。记得我刚成为产品经理的时候，最怕开会，因为会上说的东西完全听不懂。而会议之后，我却经常会被安排去跟进某些具体的工作。每到这种时候，我总是苦恼不已。为了解决这个问题，开会时我就把自己听不懂的名词记录下来，下了会之后，或是上网查，或是找人问，顺着这些一个个的名词，终于算是搞清楚了公司业务。

总之，快速的学习能力，是一艘渡河的小船，小白产品经理更得紧抓不放，有了这项能力，很多事情就可以化险为夷。

2.3 特征二：各种打杂

在中国的传统学徒制度中，三年学徒生涯，头一年是根本学不到东西的，只是干些杂活儿，看品行，磨耐性，只有通过这一关，学徒才能正式开始学习生涯。产品新人也是如此，在新人阶段，一样充满了各种琐碎的打杂。

2.3.1 产品维护阶段的打杂

产品的维护阶段，一般会出现在大公司的成熟项目里。大平台上，大项目里，产品相关的工作中，门槛低、上手快的无疑就是对接业务部门需求的工作了。这个工作的好处在于：产品经理可以很快地熟悉公司业务，了解公司流程，认识各团队成员，但同时产品经理基本上又不用做什么决策，不用担什么责任。因此，一般进到大公司的小白产品经理第一份工作都是维护现有产品，对接业务部门的各种需求。这些需求包括产品哪里不好用啊，哪里要再新增一个功能什么的。

可是，这样的工作，产品经理并不拥有话语权，产品该怎么做都是业务部门说了算，这里的产品经理基本上是“业务部门产品服务员”的角色。这就奠定了小白产品经理打杂的基调。

最日常和“鸡毛蒜皮”的打杂，就是听取各团队的投诉和抱怨了。业务部门会说，产品真烂，这不好用，哪不合理，我们要改，明天就要。而产品开发部门会说，当初开发，需求方就没有说清楚，或者摆出一系列不具备的客观条件，结论是改不了，要不然就是给出一个遥遥无期的排期。

如果把产品比喻成一间装满东西的屋子，这种时候，小白产品经理就必须是那个最有耐心、最不怕脏的房间清洁工。首先是把项目关联到什么人、什么事搞清楚，然后，再把这些人和事之间的来龙去脉搞清楚；最后，是想尽各种办法，把卡住项目和引起团队矛盾的点一个一个排除掉。

这样的工作琐碎、日常，干完一件还有一件，看不到尽头。毫无话语权的产品经理奔走在不同的团队之间，谁的抱怨都得收着，谁的意见都得听着，谁的方案都得做着，无论是历史的问题、现在的问题，还是业务团队不愿触及的技术问题，或是技术团队懒得理解的业务问题。反正，只要是其他人不要的工作，小白产品经理都得接着。

2.3.2 产品创意阶段的打杂

话说，如果小白产品经理进的是一个正好处于创意阶段的产品，话语权属于产品团队，这回总不存在打杂的情况了吧。当然不是。在这样的项目阶段，因为小白产品经理没有成功操作过任何产品，缺乏产品策划和执行的经验，所以还是只能打杂。

这回，小白产品经理扮演的角色是“奇思妙想提供者”和“各种情报搜集员”。产品的创意阶段，是一个相关信息汇聚、分析并最终决策的时期。在这一时期，项目组最主要的两件事是：头脑风暴和竞品分析。

在头脑风暴会议里，小白产品经理被期望提供各种有趣的、新颖的产品创意。这也是小白产品经理的优势所在，正因为他们以前没有过类似产品的执行经验，因而思路上也就更不受限制。所以，在头脑风暴环节，小白产品经理的打杂就是不停地想。

在竞品分析环节，打杂的工作是对市场情况进行调研，搜集行业资料，整理竞品列表等等。比如，上街对目标用户做个访谈，回家就产品创意访问自己的七姑八姨，爬在电脑上访问各种论坛观察目标用户的行为，在手机里装满产品竞品，并且来回使用……这些一系列的情报搜集工作自然而然地落在了小白产品经理的肩上。

2.3.3 产品推广阶段的打杂

如果，小白产品经理进入的是一个推广期的产品，那么，小白产品经理很可能会被安排去做“产品推广”的工作。每天工作的主要内容就是去各种论坛、社交网站，利用一切资源，包括自己的朋友圈，发表各种原创软文。有的产品推广还需要小白产品经理发传单，或是跑客户发展新用户（O2O 产品中很常见），这些都是非常常见的工作。

2.3.4 不仅杂乱，而且无序

对小白产品经理来说，还有更要命的，就是上面提到的这些杂七杂八的事并不是排着队顺序出现的。实际上的情况，由于小白产品经理负责的工作打杂居多，因而若只是参与一个产品往往工作量并不饱和，所以，小白产品经理常常会被同时分派给不同的项目。这意味着，他们很可能在负责一个维护阶段产品的同时，又参与到一个推广阶段的产品中去，而隔三岔五的还需要参与新启动产品的讨论。

这意味着，小白产品经理很可能在白天需要游走在各团队之间，听各种抱怨，整理产品改进需求。下班了，别人都走了，小白产品经理还需要继续制作产品改进文档，或是查资料，了解行业动态，要不就是发软文。一句话总结，这是一个 7×24 小时全年无休、全面打杂的阶段。

2.3.5 通关密钥：激情和耐心

小白产品经理自己本来就是新人，对一切情况都不甚了解，却在这时被指派到繁杂的任务中去。要想成功度过这个阶段，激情和耐心，缺一不可。激情，可以让人做事的时候千方百计、勇往直前。而耐心，则是让人在面对繁杂时沉着应对，不漏掉任何细节，有效地保证工作质量。

这一时期的工作内容虽然杂乱，但却像一座金山，藏着珍宝，只要拿出激情和耐心，就一定能淘到宝贝。在这里分享一个真实的案例：国双科技（www.gridsum.com），现在已经是中国领先的基于云计算和大数据技术的企业级软件及解决方案提供商。图 2-1 中是国双科技页面数据挖掘系统的功能介绍，其中的“热力图”（可以随意选择区域进一步统计分析）功能就是脱胎于他们创业之初接到的一个广告客户投诉。

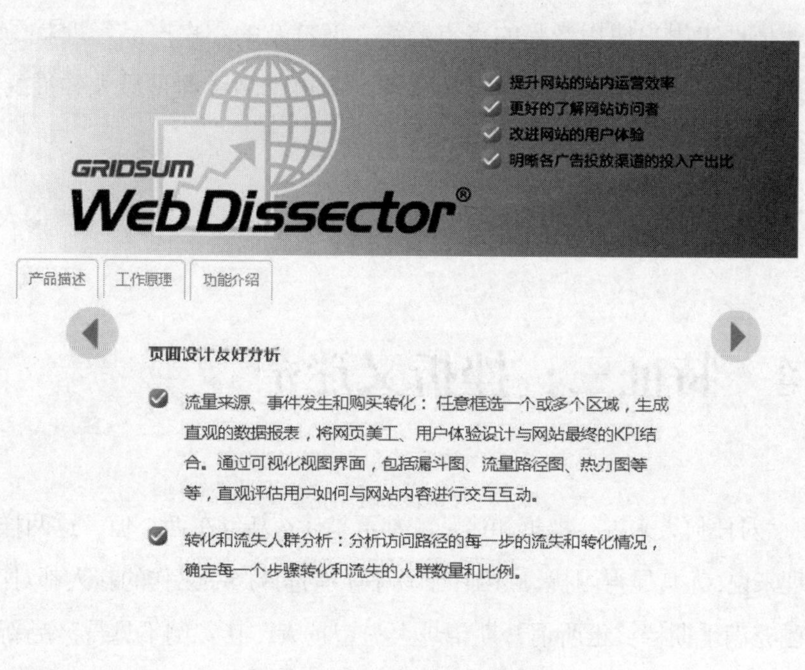

图 2-1 国双科技页面数据挖掘系统的功能介绍

当时有一个广告客户投诉，网站给出的页面上各个广告位的价值说明太不直观，都是数字和百分比，为什么不能把用户对页面上各位置的喜欢程度用热力图显示出来，用户点的多的地方，颜色深；点的少的地方，颜色浅。这样，哪个广告位更值得买，就是一目了然的事情。可是，这样的想法在当时看起来有些太过“矫情”了，因为从没人这么要求过。可是，就是这么一个貌似“矫情”不合理的投诉，被国双科技一位小白产品经理捕捉到了，并把它实现出来，这个功能后来很长时间，成为国双科技数据挖掘系统中的重要功能。

真实、优质的产品需求无一例外地都来自一线用户，而这些需求大部分时候又是以用户投诉和抱怨的形式存在的。用户不满足的地方，就是产品该前进的地方。小白产品经理的日常工作看上去确实很杂，但是这种杂本身就是真实用户使用产品的点点滴滴，而打杂的小白产品经理就是跟用户站得最近的那个人。用户有什么想法，小白产品经理是最先知道的，是了解得最透彻地。

所以，打杂，真正让小白产品经理成为了那个“能最先听到炮火的人”。

2.4 特征三：挫折又迷茫

对任何人来说，挫折和迷茫，都不是什么新鲜东西。但，这两样对产品经理来说，尤其显得困扰，原因在于几乎所有选择产品工作的新人都对产品、对自己充满了期待。正所谓，期望越大失望越大，其实倒不见得产品新人的处境真的有多惨。只是，每个产品新人确实需要学会调节自己的心理情绪。

2.4.1 说好的“小 CEO”呢

经过层层选拔、多方争取，终于成为产品经理的小白产品经理，突然发现自己好像是“掉坑里了”。不是说好产品经理是当“小 CEO”的吗？那为什么，脏活、累活、杂活，别人不愿干的活都给我；为什么，团队其他成员都下班了，我还在加班；为什么，加班熬夜赶出来的产品方案，总是不能通过评审；为什么我认为简单得不能再简单的事情，在合作团队那里就是推不动；最想不通的是，干也干了、累也累了，还要挨骂和背黑锅？

对小白产品经理来说，现实也太“骨感”了。面对想象与现实之间巨大的落差，谁都难免生出迷茫。这种时候，小白产品经理很容易陷入恶性循环，工作中遇到的挫折带来对自己和对工作环境的否定——怀疑自己，觉得自己能力不行，或者觉得选错了路；抱怨老板，觉得老板不信任自己，不给授权，做什么都得听别人的；埋怨同事，觉得同事不配合自己，不全力以赴，让事情达不到自己想象的高度！这些不稳定的情绪，无法排解的怨气，直接转变成消极的工作心态，带来工作质量的降低，结果就是小白产品经理将在工作中遇到更多的挫折。

这种迷茫来源于挫折感、失落感、产品经理消极情绪的不断叠加。我曾见过一个资质非常棒的小白产品经理，他在学生时代表现异常优秀，但是毕业成为产品经理后，由于所做产品是一个他完全陌生的领域，导致所负责的产品一次又一次的出问题。这时候的他，开始怀疑产品经理本身是一份很没有前途的工作，质疑老板的水平。最后，他更认为与自己配合的各个业务团队，都是不够资格和极不专业的。

还有另一个产品经理，初入行时，也是充满激情。但是，一次次的挫折，让她最终放弃了在产品经理这条路上的前进。当我认识她的时候，她告诉我，“我努力过很多次，都失败了，我现在只想把家里的孩子带好，工作的事情我就应付一下好了。”

这是产品经理职业路上的第一次自我成长，这关要是迈过去了，就是一个更高的台阶和更好的自我，要是迈不过去，就是泥足深陷，进退两难。

2.4.2 通关密钥：开阔视野、打开心胸

对付迷茫期最好的法宝就是：多听、多看、多认识人，通过别人的经历，借助成功者的经验，让自己脱离沼泽。

遇到挫折之后，生出抱怨和不满，就算觉得“全天下负了我”，也很正常。只不过，我们都知道抱怨从来不解决任何问题，某些时候还会带来更糟的结果。若是找到一群“难兄难弟”与自己同仇敌忾，心理上当然会很舒服，但是情绪发泄过后，还是一样要面对严峻的现实。当然，有时候怨气很重的产品经理，还真能对自己不满意的老板或同事做点什么，这样一来，没准迷茫期的小白产品经理真的可以搞黄一个项目。

所有迷茫产生的原因都是：原有的认知已经不足以匹配现在的处境——人已经是产品经理了，但心里还是没毕业的学生；人已经是产品经理了，心里还是开发工程师；人已经是产品经理了，心里还是视觉设计师……想要在短时间内提高自己的认知水平，靠实践一点点积累，是不行的，就得借助外力，看看别人走过的路。

开阔视野、提升认知的方法效率最高、成本最低，当然就是在网络上搜查现成的经验成果。比如去知乎，关注业内“牛人”的微博、微信，加入有关的论坛、群组等。

除此之外，更有效的方式就是与“牛人”进行面对面的交流和碰撞。参加行业聚会，进入圈子，认识“牛人”。无论是做内容的、做直播的、做时尚的、做旅游的、做交友的……不管是什么行业，什么产品，都有自己专属的圈子。而每个圈子都会有定期的线下聚会，这种聚会上一般都是“牛人”云集。一个“牛

人”就是一扇窗户，而与“牛人”面对面无疑将会得到比线上交流更多的启发。

与行业内的“过来人”做深入交流。小白产品经理如果有幸认识与自己有类似经历的“过来人”，那做一场深入的交流，必定是获益终身的。我们的挫折、迷茫，前辈们都一定经历过，虽然每个人的选择不同，但是听听别人的分析，看看别人选择之后的结果，再回头想想自己的处境，对于下一步如何做，一定是会更加明了的。

最后说心胸，心胸是否宽广，取决于眼界是否开阔。当我们能站在更高的高度俯瞰自己的处境，以前让人困扰不已的挫折和不满也就烟消云散了。

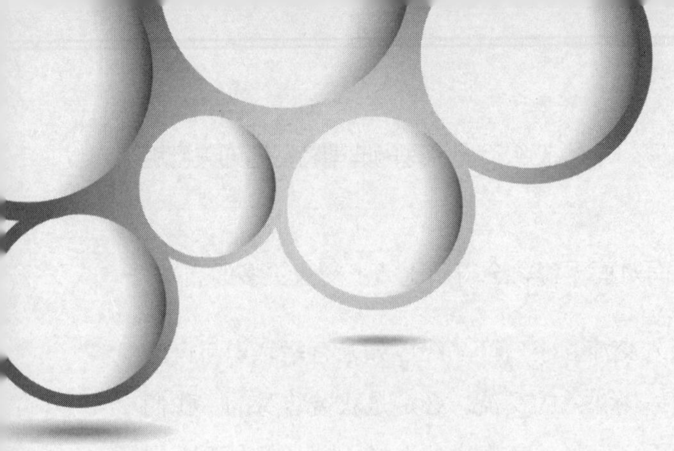

第 3 章

初级阶段第一天职——做好项目管理

产品经理初级阶段的第一天职并不是做好产品，而是管好项目，让已经规划好的事情，能按照计划正确地发生，确保项目得到意料中的结果。不过，实际上的情况，绝大部分的初级产品经理接完项目之后，会发现自己面对的人和事杂乱无章，定好的计划没办法执行，每件事情好像都无法一帆风顺。没错！所以，我们才要来好好地说说项目。

3.1 项目的核心特征

我自己是在毫无理论学习，毫无知识储备的情况下，成为项目管理者的。而且一干很多年，这期间遭遇了无数的困扰。问了自己无数次“为什么会这样？”“我该如何处理？”，每一步都是真正地摸着石头过河。直到多年后，真正系统地学习了项目管理的知识，才明白一切早有定论，只是我不了解而已。所谓“知己知彼，百战不殆”，对产品经理来说，想要管好项目，就要先从了解项目开始。

3.1.1 项目的定义

我今天要组织全家人去看一场电影；暑假快到了，我计划约几个朋友去一趟法国；家里的房子要重新装修了；妈妈催命，让春节前一定要找个女朋友，否则别回家；老板说，以后网站内容更新维护的事情，就全交给我啦……大千世界、各种各样的事情，哪些算得上项目呢？项目的定义如表 3-1 所示。

表 3-1 项目的定义

项目的定义
项目是为创造独特的产品、服务或成果而进行的临时性工作。开发一款新的产品，策划一次大型活动（如策划组织婚礼、大型国际会议等），策划一次自驾游，或者是 ERP 的咨询、开发、实施与培训等，都可以称为项目
项目与产品的区别，有一种理解方法，项目是生产产品的过程，而产品是某个项目的结果

3.1.2 项目是临时的

临时性（Temporary）：临时性指的是项目有明确的起点和终点。当项目目标达成时，或当项目因不会或不能达到目标终止时，或当项目需求不复存在时，项目就结束了。如果客户（顾客、发起人或项目倡导者）希望终止项目，那么项目也可能被终止。临时性并不一定意味着项目的持续时间短，它主要强调的是项目的持续时间是有限的。

项目是一种临时性的任务，它要在有限的期限内完成，当项目的基本目标达到时就意味着项目已经结束，尽管项目所建成的目标也许刚刚开始发挥作用。

项目的临时性，导致项目组织同时也具有了开放性。项目往往需要临时组建一个班子去实现，一旦项目完成班子就会解散。参与项目的组织往往有多个，他们通过合同、协议或其他的社会联系组合在一起，项目组织是没有严格界限的。

项目本身的临时性，对产品经理来说，意味着：不要恋战，该放弃的时候要放弃。项目是不会一直持续下去的，有做了三五年关掉的，也有做了 1 个月就关掉的，都不稀奇。互联网行业，本身就是一个探索型、快速变化型的行业，里面的项目寿命都非常短暂。

也意味着产品经理在项目实施的任何一个环节，都不应过度追求完美，而使项目迟迟无法上线（结束项目）。意味着，产品经理做不能闭门造车，当发现项目不符合用户需求，或用户需求已经变更时，要把项目关掉。

意味着产品经理需要能跟任何人合作。作为产品经理，由于团队的临时性，我们还要习惯身边合作人员的来来去去，我们要做到，再“好”的同事也放得下，再“烂”的同事也调动得起来，永远保持开放的、合作的心态。

初为产品经理，最难以接受的恐怕就是项目的临时性了，即使是做过很多项目之后，每次项目的结束还是让人唏嘘不已。成功的项目，舍不得结束，而失败的项目，又包含了太多的不甘。不过，好在现在的互联网是最生龙活虎的行业，不缺新项目，好项目，当一个项目结束时，我们唯一需要做的就是反省得失，保持信心，再次出发。毕竟，项目的临时性，最终还是让产品经理见到了更多的世面。

3.1.3　项目是独特的

独特性（Unique）：每个项目都是与众不同的，在一定程度上项目与项目之间是没有重复性的，每个项目都有其独特性。每个项目都会创造出独特的产品、服务或成果。即使采用相同或相似的材料，由相同或不同的团队来实施，都会因为不同的设计、不同的环境和情况、不同的干系人等，而导致最后成果的独特。

在产品工作中，项目的独特性意味着没有两个项目（产品）是完全一样的，经验主义犯不得。无论产品经理之前已经做过多少成功的产品，有过多少成功的实施经验，都不意味着进入到新的产品就一定能取得成功。经验丰富的产品经理一样容易失手，产品经理只要在项目中，就得打起十二分的精神，万事不能想当然。每一次都要像第一次一样仔细地观察和查验，以免只是根据以往经验，得出错误的结论。

3.1.4 项目是渐进的

渐进性（Progressive Elaboration）：项目的范围是逐渐被细化的，因此项目范围（为交付产品所做的工作）在项目的早期定义得比较粗略，但随着项目工作的推进，就可以变得越来越详细。

在产品设计和开发的过程中，永远需要遵循“远粗近细”的规则。没有人能一下把所有的事情搞得那么清楚，那么明白。所以，不要纠结，对于产品远期的状况，只需要做粗略的估计。比如一款尚在规划设计中的产品，当涉及产品的推广部分，就无须进行详细的安排，只要列出可以使用的相关方法和资源，以及有可能开始推广的时间点就可以。

但对于当下产品设计中的每一个细节，却需要进行最仔细的规划。这样做的原因，一方面是过于遥远的事情谁也说不清楚，另一方面也是因为，当下所做的每一步的质量都会影响到以后，集中主要精力把眼前的事情做漂亮，而不是花过多的时间，去纠结和讨论那些很久之后充满变数的事情，才是理智和明智的做法。很久以后的事，不要想太多，想了也是白想，踏踏实实、仔仔细细地把眼前的事情做好，才是正确的选择。

3.2 项目的其他特征

每个项目都少不了一堆“奇葩事”！项目该怎么做？老板有意见，老板的夫人有意见，自己的直属领导有意见，公司外的专家有意见，产品经理——我自己，还有意见，那么到底谁是对的？到底该听谁的？老板天天催进度，但是项目开发人手不够，运营不给资源，推广没有预算。“又让马儿跑，又不给马儿吃草”，老板这账算得也太精了，他是要上天么?

其实，“太阳底下没有新鲜事”，了解了项目的下面这些特征，产品经理也就拿到了项目“奇葩事”的解药。

3.2.1 项目是一个过程，而不是结果

项目是一项有待完成的任务，有特定的环境与要求。这一点明确了项目自身的动态概念，即项目是指一个过程，而不是指过程终结后所形成的成果。对产品经理来说，产品开发的过程叫项目，而上线之后的成果就不属于项目的范畴了。这也是项目和产品的最大区别（详细见本章 3.4）

3.2.2 别再抱怨了，资源永远不足

项目必须在一定的组织机构内，利用有限的资源（人力、物力、财力等）在规定的时间内完成任务，任何项目的实施都会受到一定的条件约束。在众多的约束条件中，质量、进度、费用是项目普遍存在的三个主要约束条件。

这意味着，作为产品经理，项目执行时，永远都会缺这少那。开发团队经验不够、人手不足——开发资源不足；公司给定的项目时间根本无法完成——时间资源不足；产品没有推广预算——资金不足；业务团队给出的产品需求不明确——质量要求描述不足，等等。

有限度的资源，是每一个项目都会遇到的困境，无一例外。带领项目在资源有限的情况下，在规定时间内，完成既定的目标，这是产品经理的基本职责，也是检验产品经理能力高下的标尺。虽然很多人喜欢把自己项目失败

的原因归结为项目资源不足，但其实，没人、没钱、没时间，这些永远都不是项目失败的根本原因。

3.2.3 无论如何，必须要完成既定目标

项目任务必须要满足一定性能、质量、数量、技术指标的要求。这是项目能否完成，能否交付用户的必备条件。功能的实现、质量的可靠、数量的饱满、技术指标的稳定，是任何可交付项目必须满足的要求。

项目的这一特点，对产品经理来说，意味着在开工前一定要制定详细的、可量化的项目目标。为项目制定详尽的目标，有两个好处：首先，项目目标是具体的指标、要求，项目组成员的工作就会有明确的方向；其次，项目有了明确的既定目标，项目成果验收才有依据。而项目结果验收通过之后，项目也才能被成功的关闭。

不仅如此，为项目制定明确的工作目标，在处理项目中的“复杂”情况时，也很有效。很多项目在执行过程中会出现需求今天定、明天改，做出来的产品还未上线已经进入修改的事情。这些状况都是极其打击团队士气的事情，这种情况就可以通过为对应的工作阶段设定明确的目标来规避风险。

比如说，产品经理正好碰上一个想法特别多的老板，产品经理就可以把老板的每一个需求当成一个完整的项目来处理。为老板想要实现的每一个需求设定清楚可实施的性能要求、质量要求、数量要求、技术指标要求。这样做首先可以使产品经理与老板有机会一起对将要实施的需求，进行更加成熟的思考，最大限度地避免做无用功。其次，也让产品经理的工作便于衡量。

3.2.4 不知道听谁的，谁给钱谁说了算

项目都有客户（给钱给资源的人）。客户为项目提供必要的资金，以达成项目的实体。客户可能是一个人，一个或多个组织，一个团队或政府部门。客户不仅包括目标资助人，也包括其他利害关系方，项目目标可简单表达为使客户满意。

为产品找到它真正的客户，这是产品经理的第一重任。我们也许会想当然地认为，产品的客户当然是最终的产品使用者（用户），其实不是。项目的这一特点说得很清楚了，谁给钱，谁是客户。想想看，产品在开发之初，用户给钱吗？不给！是“老板”在给钱给资源。这个老板，也许是项目投资人，也许是公司管理层。总之，谁给钱，谁是客户。

谁是客户，谁就有发言权，来判定项目的结果是否合格。于是，在产品开发初期，实际上产品经理该做的是，使项目结果让“老板”满意。只有当“老板”认可了产品，产品才有机会给推送给真正的用户。

到了产品上线，可以商业化之后，产品的客户又会发生变更。但原则还是不变，谁给钱谁就是客户，他就可以对产品说了算。关于这一点，可参考新浪的案例，杜红（销售负责人，代表广告主）与陈彤（内容负责人，代表普通阅读用户）到底谁对新浪说了算，拉锯多年后，落下帷幕，杜红做主。

当然，这种谁给钱谁做主的事，很考验产品经理“走钢丝”的能力。出钱人的看法未必全对，出钱人要求的也未必就是他真正的需要。比如说吧，一个靠内容卖广告的网站，广告主当然希望广告出现在一切黄金位置，而且越多越好。但如果真的这样做了，用户看不到有价值的内容，不来了，网站没流量了，广告主绝对是不乐意的。这里面就有一个平衡。不过，无论怎么平衡，出钱给产品的人的诉求是一定要作为第一需求，被认真对待的。

3.2.5 对项目来说，充满了变数

项目包含一定的不确定性。项目开始时会在一定的假定和预算基础上进行时间、成本、质量的估计，因假定和预算存在一定程度的不确定性，带来了项目目标实现的不确定性。如果项目被消减了预算，或者压缩了时间，那么，意味着项目的执行范围也会被压缩。或者，如果项目所在的公司倒闭了，预算没有了，时间没有了，项目也就结束了。这一项，是项目所处的客观大环境，产品经理基本上很难影响和改变。产品经理能做的就是：尽量争取，然后坦然面对。

另一方面项目不像其他事情可以试试，失败了再重来，项目后果的不可挽回决定了项目具有较大的不确定性。所有产品开发的需求，都是产品团队的预判，产品在经过用户真正使用检验前，没人能保证产品做得一定对。这一点提醒产品经理，做产品不要贪大、贪多，要把大目标拆成多个小目标，小步快跑，随时验证，才能最大限度地避免项目的不确定性。

3.2.6 任务之间是互相关联的，但要学会多线程

项目要经过一系列相互关联的任务。项目的复杂性是固有的，必须完成多个任务，而且这些任务是相互关联的，前期任务完成之前，后面的任务无法启动，并且如果这些任务不能协调地进行，就不能实现整个项目的目标。

对产品经理来说，项目的这个特点是最熟悉不过了。一个项目下来，产品创意→产品框架设计→产品前端设计→技术开发→上线前测试→上线，环环相扣，前面推动后面。这个过程中，若是协调不好，很容易出现前面环节做好了，后面环节没跟上，或者前面环节拖延了，后面环节只好一直空等的

情况。无论是哪种情况，都要影响到项目的时间进度。

所以，好的产品经理一定是“协调大师”，在他的协调下，项目可以完成，而且还是高效率地完成。虽然项目各任务存在执行上的先后，产品经理为了提高效率，却很少会让项目单线程地进行，各任务一定是叠加进行的。比如产品框架设计阶段，视觉设计团队和开发团队就会被安排去调研和搜集将要用到的资料，这就更加考验产品经理的协调能力。

3.3 项目组合 & 项目集

项目之上，是项目组合和项目集。字面上看，从项目到项目组合和项目集，只是数量上的增加，从一个变成多个而已。其实不然，量变带来质变，项目组合及项目集的管理，相对于单个项目，不是复杂程度线性增长，而是进入到一个全新的领域。

单个项目一般是产品经理在做，而项目组合和项目集，如果在较大的公司，一般是产品总监来负责，在稍微小一点的公司，可能就是CEO自己来负责管理。

3.3.1 高度的和谐统一，才是项目组合

项目组合（Portfolio）项目组合是指为了便于有效管理、实现战略业务目标而组合在一起的项目、项目集和其他工作。它关系到战略上业务目标的达成。组合管理是集中化的管理——识别、排序、授权、管理和控制项目、项目集以及其他相关的工作。组织关注包括投资在内的、资源的有效使用，因此组合管理与资源在项目上分配紧密相关。高级管理人员（或项目组合经理）

负责管理项目组合。如果项目间的关系仅仅是共享的客户、卖方、技术或资源，这样的工作更倾向作为一个项目集来进行管理。

3.3.2 项目集管理，有效解决了资源限制和冲突的问题

项目集（Program）项目集是指一组相互关联的项目，通过对它们协调统一管理，可以获得单独管理每个项目无法得到的收益。项目集有可能包括那些位于各项目范围之外的相关工作，它通常包括不断地开展运营。出版一本杂志就是项目集，每期杂志的发行可以当作一个项目进行管理。项目集管理关注项目中的相互依赖关系，项目集管理可以解决那些对项目产生影响的资源限制和冲突。

3.3.3 项目集与项目组合的关系

项目组合是为了实现战略目标而组合在一起管理的项目、项目集、子项目组合和运营工作的集合。项目集包含在项目组合中，其自身又包含需协调管理的子项目集、项目或其他工作，以支持项目组合。单个项目无论属于或不属于项目集，都是项目组合的组成部分。虽然项目组合中的项目或项目集不一定彼此依赖或直接相关，但是他们都通过项目组合与组织战略规划联系在一起。

组织战略与优先级相关联，项目组合和项目集之间以及项目集与单个项目之间都存在联系。组织规划通过对项目的优先级排序来影响项目，而项目的优先级排序则取决于风险、资金和与组织战略规划相关的其他考虑。制定组织规划时，可以根据风险的类型、具体的业务范围或项目的一般分类，来决定对项目组合中各个项目的资源投入和支持力度。

3.4.4 项目集与项目组合是公司的事

项目集，项目组合上升到了公司运作、公司管理的层面。打个比方，对一个网站来说，内容管理系统（CMS）从无到有的建设，是一个项目，有了CMS 系统之后，在上面持续增加新的功能，并进行运营工作，这一系列与网站内容相关的工作就可以算是一个项目集。同样，广告管理系统的建设、维护、运营也可看作是一个项目集。对一家互联网公司来说，对内容相关项目集、广告相关项目集、市场相关项目集，及其他一系列相关工作的管理就是项目组合管理。

项目运作过程中，重要的是对执行过程的严密控制，以实现某个具体的预订目标。而在公司管理的层面（项目集和项目组合），就不是这样，首先在这个层面上，目标不是小而具体的，这个层面实现的是战略目标，所谓战略目标很多时候，它们是较难明确的、模糊的，并且随时变化的。对项目组合、项目集的管理是管理者依据对风险、资金、战略目标等因素的综合判断，以资源分配的多寡来控制项目集和项目组合的执行。

初级管理者，通过管控事情执行的细节来达到小而明确的预订目标。高级管理者，通过管控投入到事情中资源（钱、人、时间等）的多寡来达到宏大、多变、模糊的目标（战略目标）。

！：初级管理者和高级管理者无论在视野上、目标上、方法上，都是不一样的，这里面存在着巨大的差异。初为产品经理的小白产品人，很容易因为不了解这种差异而积累怨气，这是很没有必要的事情。产品经理作为某个项目的项目经理，需要时刻谨记自己的职责是通过控制执行细节达到既定项目目标。

3.4 项目和产品的区别

项目和产品的区别，当别人问我们，你最近在干什么呀，我们一般会回答，我最近在做一个什么什么“项目”。而当我们的项目处于推广期，去推荐给别人的时候，我们一般会说，这是我们新做的一个什么什么“产品”，它是干什么用的，请你试试呗。项目和产品，就是这样，有时候，它们看上去明明就是同一类事，但却又不同。

3.4.1 项目和产品很像，却不同

“项目”和“产品”，“项目经理”和“产品经理”实在太像了，像到很多时候，可以互相替代。但严格来说，他们还是不同的。“项目”和“产品”最大的区别在于，“项目”偏重于过程，而“产品”则是偏重于结果。但这又仅仅只是偏重而已，因为在实际操作过程中，无论是项目还是产品，花费大量时间和精力都是它们的执行过程。因而，也可以说“产品”是由一个或多个“项目”组成的。对产品来说，如果没有一个严密控制的过程，是不可能得到理想结果的。当然，对于项目来说，结果同样重要，如果一个项目能被成功的执行，结果肯定也差不了，如图 3-1 所示。

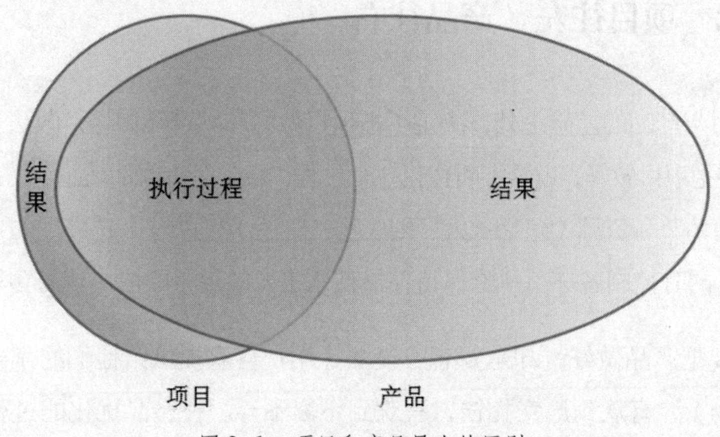

图 3-1　项目和产品最大的区别

举个例子来说，如果有一项任务是要制造一款新型的汽车。那么当这个任务被作为一个项目时，项目经理将会从需求方接收到该汽车的开发需求，这些需求包括外观、性能、上市时间等所有与该汽车制造过程有关的图纸和工艺要求。项目需要完成的工作就是，让这款汽车在规定时间内按要求制造出来。

如果，这个任务是作为产品出现时，那么产品工作的内容将是：首先对市场进行调研，了解市场的缺口和用户的喜好，进而设计产品人员认为用户会喜欢的汽车图纸，交给制造车间，并在整个制造过程中，对各环节进行质量把关，保证新款汽车按时推出市场。新款汽车推出市场后，产品人员还需要策划对应的营销策略，以保证新款汽车带来好的销量。

所以，对于项目来说，更关注如何高效地完成，项目的重点在于，要在规定时间内、按要求完成任务。而对产品来说，更关注结果是否有效，结果是否能带来预期的价值，或是预料之中的商业利润。

3.4.2 项目往左，产品往右

项目与产品的差异之处，决定了把项目做好和把产品做好，做法是不一样的。想要把项目做好，就要不断优化执行过程，每一个步骤都精益求精，让项目中涉及的环节和资源（包括：人、财、物、时间），以越来越合理的方式咬合在一起，同时控制各环节风险保持在最低水平，以最小的成本获得预期结果。

而要把产品做好，却是要想方设法让用户喜欢提供给他们的东西（服务或者实物），喜欢到愿意掏钱，喜欢到不离不弃。在产品优化的过程中，极致的用户体验也好，快速的产品迭代也罢，或者是出其不意的推广营销，这些都不过是优化产品的手段，而非产品优化的方向。产品优化的方向是比竞争对手更加了解用户，抢占用户的心理空间，让产品无限贴近用户的真实需求。而评判产品是否优秀的标准，也一定不是做得快不快，而是能否使产品满足用户的需要。

项目每走一步，都在算计如何压缩成本（经济成本或时间成本）。而产品，每走一步，都在算计如何靠近真实用户需求。就是这一点点不同，让项目经理和产品经理成为两种完成不同的人，虽然看上去，他们忙忙碌碌每天做的工作极其相似。

初级产品经理做的并不是真正意义上产品的工作，他们的工作范围更确切地说是项目。但这并没有什么不好，凡事都要有一个循序渐进的过程。项目控制是产品执行的基本功，基本功打扎实，是有百利而无一害的事情，唯一需要的，就是耐得住性子。

项目经理并不比产品经理低一级，更不是权力比产品经理小，项目经理和产品经理只是对事情的关注点不同。小白产品经理的首要任务，要让自己成为一个执行力过硬的项目经理。一个优秀的项目经理必是坚持原则、左右逢源、可以力挽狂澜的项目经理，做一个成功的项目经理并非易事。

3.5 成为项目经理

老板让我去管人，管事，我是不是就成为“项目经理”了呢？我已经被正式任命为项目的“项目经理”了，这是否意味着，我正式成为项目的“主人”，项目我觉得这不对，那不妥，老板是否就应该无条件地支持我呢？我自己对业务非常熟悉，我是不是可以看不起那些靠“搞关系”管理项目的项目经理呢？

不是每一个管事的人都是项目经理，成为项目经理是有条件的。而从成为项目经理，到成长成优秀的项目经理，也并不是一蹴而就的事情。

3.5.1 领导项目就是项目经理吗？

项目经理（Project Manager），是由执行组织委派，领导团队实现项目目标的个人。基于组织结构，项目经理可能向职能经理报告。而在其他情况下，项目经理可能与其他项目经理一起，向项目集或项目组合经理报告。项目集或项目组合经理对整个企业范围内的项目承担最终责任。【摘自《PMBOK》】

3.5.2 名份、汇报、定位，优秀项目经理必备条件

从来自《PMBOK》项目经理的定义中，我们可以看到，要想成为一个真正的项目经理，需要准备好以下 3 个基础条件：

1. 有名份

成为项目经理的首要条件，就是要有任命。任命一定是要由执行组织（公司、部门或者项目团队）进行的，任命的方式一定是要在公开的环境（比如项目启动会议）正式宣布的。名分让项目经理“师出有名”，有足够的理由去承担项目中的管理工作。这种来自组织的任命，可以不包含任何资源，但它却表明了组织的态度以及授权。

举个非常简单的例子来说明名分的重要性，比如两个人结婚，我们都知道，先领取结婚证，彼此的身份获得法律的认可和保障之后，才开始购置生活所需的新房、新车。如果顺序倒过来，事情就会变得极其麻烦。

2. 找到汇报人

成为优秀项目经理的第二个条件，是项目经理找到自己的工作汇报人。项目经理的汇报关系，有时候很简单，如果项目只在独立部门内进行，比如在研发内部开发一个新模块，这样的项目汇报给部门经理（职能经理）就可以了。但，有时候就会比较复杂。比如项目是跨部门的，项目涉及技术部、设计部、编辑部、销售部等多个部门。那么项目经理就有必要搞清楚，是汇报给产品总监吗？还是谁。

还有的时候，汇报关系会异常复杂。比如项目的实际负责人是公司的高层，但是由于某些原因，高层本人无法成为项目经理的直接汇报对象，项目经理被指定向其他人汇报。在这种情况下，项目要做什么，项目得到多少资源，项目如何才算通过，统统都是项目的实际负责人决定。这样一来，项目经理就有两个汇报人，一虚一实。

3. 明确定位

成为优秀项目经理的第三个条件，就是搞清楚项目经理在项目中的定位，做且只做那些项目要求项目经理做的事情——恪尽职守，绝不越界。不同的项目，项目的不同阶段，需要项目经理做的事情是不一样的。

有的项目，仅仅需要项目经理做一个“联络员”，各处传传话就够了。有的项目，需要项目经理做一个“后勤技术员”，对不能解决的具体问题，出谋划策。有的项目，则会需要项目经理做一个“谋略者”，从战略的高度为项目给出建议。

值得注意的是，不要越界。懒惰的项目经理固然不好，但是“管太多”的项目经理，也是一样糟糕。项目经理工作在一线，最了解项目情况，因此，每个项目经理对项目都会有自己的判断和想法。当项目的发展与自己所想不一致时项目经理拥有“建议权”，有什么想法可以大胆地说出来。但项目经理并不拥有“决策权”，也就是说，意见是否被采纳，项目经理都应该按照公司决定，不打折扣的去执行。

马云就曾经说过：“刚来公司不到一年的人，千万别给我写战略报告，千万别瞎提阿里巴巴发展大计，谁提，谁离开！”想要成为一个优秀的项目经理，就要守住边界，慎谈战略。

3.5.3 领好项目，项目经理的职责

项目经理的基本职责是领导项目的计划、组织和控制工作，以实现项目目标。如果项目团队是一个球队，项目经理就是教练；如果是一个乐团，项目经理就是指挥家。项目经理协调各个团队成员的活动，使他们作为一个和谐的整体，适时履行其各自的工作。

项目经理是一个项目全面管理的核心和焦点，是项目实施过程中所有日常工作的总负责人，在项目进行过程中起着协调各方关系及沟通纽带的作用，

在整个项目的全过程中处于十分重要的地位。项目经理在项目实施的进程中不仅要利用自己掌握的知识，灵活自如地处理发生的各种情况，而且还要团结大家的力量多谋善断、灵活机变、大公无私、大胆管理，为项目赢得最大的利润。项目经理必须通过人的因素来熟练运用技术因素，以达到其项目目标。也就是说，他必须使项目团队成为一个配合默契、具有积极性和责任感的高效率群体。

如果一个项目经理的综合素质和管理能力强，那他就会尽职尽责地来管项目，出现问题也会主动解决，进而把项目管理好；反之，如果项目经理的综合素质和管理能力较差，在项目的实施过程中遇到难题或模棱两可的问题就无从下手、手忙脚乱、盲目决策，最终导致人力、物力、财力上的浪费。实践证明，项目经理任何一种能力的欠缺都会给项目带来影响，甚至导致项目管理的失败。项目管理的成功与失败，项目经理起着决定性作用。

3.5.4 懂业务、肯干活、会做人，项目经理需要具备的能力

从能力储备上来说，项目经理需要具备 3 类能力：知识能力（懂业务，业务有关没关的都最好懂）、实践能力（纸上得来终是浅，没有实践过的项目经理没有发言权）、处世能力（项目经理如何待人接物，俗称怎么做人）。因为项目经理的工作主要是与人打交道，所以这 3 类能力里面，我认为最重要的是处世能力。

我曾经合作过一个项目经理，我们合作的项目是她加入互联网行业的第一个项目，做项目之前她没有经过任何培训，对于项目涉及的业务她连基本的概念都没有，更别说了解相关技术了。在实际工作过程中，她遇到了巨大的障碍，尤其是在与技术团队的合作中。不过，她最后还是带领项目取得了圆满的成功。这个“一无所知”的项目经理能拿下项目，靠的就是她超高的

情商和纯熟的社交技巧。她也是我见过处世能力最好的项目经理。

说到处世能力，又何止是对一个项目经理来说至关重要。它是每一个人，终身都要学习的课题。不过，总的来说，在与人交往中，如果能站在对方立场，理解对方，提出满足对方需求的工作方案，人际关系就会变得好处理得多。对一个产品经理来说，从项目执行开始，就要能对用户需求理解，对团队同仁需求也理解。所以说：能够理解别人，进而满足别人，是项目经理 & 产品经理的核心能力。

3.6 项目需求管理

产品需求，算得上产品工作中最玄妙的部分了。正因为它过于玄妙，因而流派纷呈。有认为需求只可意会不可言传的“艺术派”；有认为追求需求，必须像追求女朋友一样倾尽毕生之心力的“用心、执着派”；也有认为只要掌握科学的方法，将需求“切片分析”，就能得到真实需求的“严谨工具派”。

说到底，各派有各派的道理，各派有各派的软肋。而同时，需求又有点“近则不逊远则怨”的意味，产品经理若是无条件的“从”了需求，最后的产品必然杂乱无章。产品经理若是无视了需求，最后的产品必然是毫无价值。需求要听，要看，要分析，要删减，产品经理要了解需求、尊重需求，最后控制需求，做需求的“主人”。

3.6.1 需求重要，但却无影无形，怎能不难搞

需求的重要性，自不必说，凡是接近用户需求的项目都成功了，凡是远离用户需求的项目都失败了，需求就是这么重要。需求不好弄，在于需求无影无形，需求的正确与否，没有客观的、可操作的检测标准，而且需求还在时时变化。所以对于如何才能捕捉到用户的真实需求，江湖上就有很多理论和技巧流传，比如，要像追求女孩一样的追求用户需求；比如，用户说的，并不是他们想的，如此种种。

必须澄清的是，需求虽然难弄，但一定是可以弄清楚的。并且，除了有经验的产品经理总结出来的玄妙方法之外，对于小白产品经理来说，也是有成体系的方法可依循的，如图 3-2 所示。

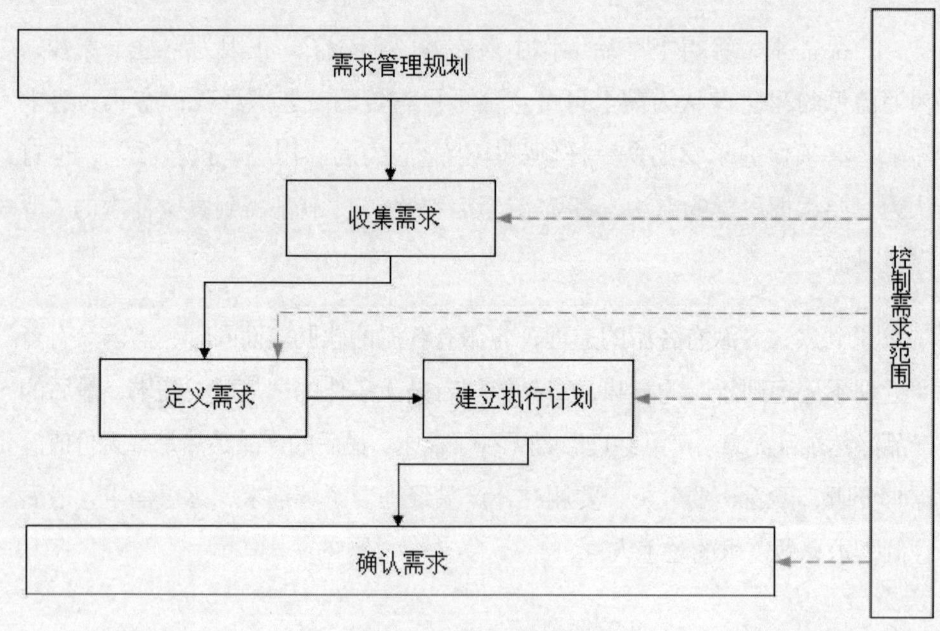

图 3-2　需求确认流程

3.6.2 需求管理，早做规划

项目管理的核心思想是“预则立，不预则废”，万事开始之前，都要做好详尽的工作规划。因而，需求管理工作的规划就变得非常重要。如图 3-3 所示。

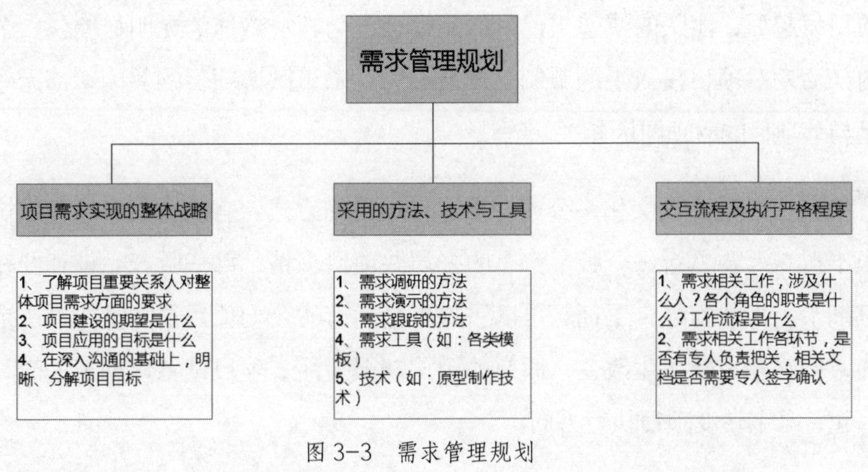

图 3-3　需求管理规划

然而，在实际工作中，项目经理是很难有机会去做如此详尽的工作规划的。项目时间紧迫的情况下，如何能够抓住需求管理规划的重点，让规划工作用最少的时间，达到最好的效果呢？项目经理可以尝试从下面两方面来着手。

首先，弄清楚项目发起的原因，项目在公司内部所处的位置。弄清楚了这个问题，项目经理也就清晰地了解了公司在战略层面对项目的安排。有的项目，是公司为了解决一个迫在眉睫的问题，比如专门做给投资人看的项目；有的项目，肩负着公司生死存亡的大计，比如所有创业公司的项目，项目成公司活，项目不成公司死；有的项目，担负着为公司开拓新战场的重任，比如新技术的试用，或者新商业模式的试验。

项目发起的原因里，包含着所有公司对于项目的战略安排，也意味着项目经理需要针对不同的项目采取不同的做法。有的要优先保障项目交付时间，产品需求上就要做相应的裁剪；有的要保证功能或创意的闪亮，产品需求上就要务求新、奇、特。

比如说，腾讯微博这款产品，它是腾讯为了牵制新浪微博的发展而做的。项目发起后，团队的快速组建，产品设计上与新浪微博的无明显差异，公司内部后期对项目投入上的节制，以及最后对腾讯微博项目的关闭。都无一不是与该项目的立项原因相关。

其次，是公司文化，公司一贯运作项目的方式。有的公司做项目求快，恨不得 3 天要更新一个版本；有的公司做项目求精，每一版产品设计要在所有细节上来回推敲，工期却可以一拖再拖；有的公司项目很能坚持，决定好的方向轻易不会发生改变；而有的公司却很灵活，项目试错周期短，产品没有起色马上转变项目执行方向。

不同公司做事的方式不一样，或快、或精、或稳、或活，并没有谁好谁不好之分。只是，公司已有的企业文化将来就是项目运作的行为准则，求快的公司里，项目务必以迭代快速为优先；求精的公司里，项目速度就急不得，各个环节需要慢慢打磨。项目经理在做规划时，就需要充分考虑项目的运作环境，以制定切实可行的需求管理规划。

项目发起的原因里，藏着项目的走向，项目所处的公司环境，藏着项目的走法。搞清楚了这两个问题，再来做需求相关的规划工作，起码能保证：第一，大方向不错；第二，不会掉进沟里。

3.6.3 有种需求叫作来自老板的需求

总的来说，老板总是需求最多的那个人——老板出钱做的项目啊，当然要提需求啦；老板总是需求变化最快的那个人——老板压力大，想得多啊。恰恰就是老板的这两个特点，让“来自老板的需求”快要成为产品经理痛不欲生的代名词。想想看，没有抱怨过“老板的需求”的产品经理，只怕还真没有。

先说，最让产品经理喜欢的老板吧：天使投资人一样的老板。这种老板，在他认可产品方案之后，接下来就是掏钱、给人，一点不含糊。投完资源之后，老板除了隔三岔五过来关心一下项目的进度，问一问，还需要他帮什么忙之外，并没有其他杂七杂八的事情。偶尔的，老板如果有个新奇的想法，与产品经理交流之后，发现不可行，老板也不会让项目组勉为其难。“天使投资人”老板就这样扮演最强后勤，直到产品上线。

这种老板关心的是产品方向，对于产品实施细节，并不过度关注。而这种老板的需求也最好满足，项目的执行基本上由产品经理说了算。会出现这种老板，当然不是老板“人傻钱多”，而是老板对产品经理有着充分的信任。所以，如果想遇到这样的老板，产品经理自己本身要过硬，让人信得过，然后就是看缘分了。

然后，来说说最常遇到的一种老板吧，就是善变又喜欢注重细节的老板。这样的老板一天一个主意，昨天刚给项目指了往东走，今天听朋友说了什么，或者看了别的什么产品，就又给项目指个往西的方向。这还不算完，产品经理交付的成果经常会因为诸如字体大小、字体颜色等原因过不了关。一个产品设计改了几十版，最后定稿，老板说，还是第一版感觉最好，就用第一版吧。

善变的老板，一般是“没需求”的老板。“没需求”并不是说老板没什么想做的，而是老板本人对于产品要怎么做，还没有成熟的想法。在一个人对一件事还未有确切想法之前，非逼着他拍个板，是不现实的。所以碰到“没需求”的老板，产品经理要做好两件事，第一耐心陪着老板变，需求变化的过程，也是老板决策的过程。第二，让每次需求都做出些结果，用结果来帮助老板分析每一次需求实现后的得失，尽快协助老板找到并确定产品真正的需求。

而注重细节的老板，除了老板本人是极致的细节控之外，大概都是因为老板与产品经理之间的信任不足。“兵不知将，将不知兵”，老板自然无法大胆放手。碰到这种情况，产品经理除了多沟通之外，更要多展示自己专业的那一面。

最后一种老板，很不常见，但有，外行老板。碰到这样的外行老板，产品经理就不要着急搜集自己想要的需求了。而要先变身老板的“老师”和老板的“智囊”，把行业的情况先告诉给老板知晓，把老板从“外行”变“内行”。只有在这个基础上，产品经理才能搜集到自己预期中的需求。

3.6.4　业务团队还是有两把刷子的，他们的需求请重视

如果是要做套内容管理系统（CMS），那么内容团队就是需求方，如果要做套广告发布系统，那么销售团队就是需求方。来自业务团队的需求，差不多可以算是最靠谱的需求了。因为业务团队就是第一线的工作者，他们了解业务，清楚细节，而产品开发完成后，他们又是使用者。

遇到来自业务团队的需求，产品经理多听、多看、多学总是没错的。即使这些需求与产品经理原有的认知很不一样，比如，在大家都没听过“热力图”是什么的时候，销售说产品要有“热力图”；或者是在实现上碰到极端复杂的需求时，比如，业务团队说要搜索引擎通过识别图片找到图中的商品。

业务团队的需求，有的看上去好像很“异想天开”，但其实它们基本上

都是真实和明确的。只是，在考虑项目技术实力、项目时间等综合因素的基础上，不得不对某些需求进行删减，或分阶段实现。但对于产品经理来说，不该放过来自业务团队的任何一条需求，现在做不了，不代表将来做不了。而且，越是“离奇”的需求，越有可能孕育着重量级的产品。业务团队始终都是产品的真实用户，也始终是产品经理的“老师”。

3.6.5 用户的需求最重要，想方设法弄清楚

用户的需求当然重要啦，可问题是用户的需求表达不是通过语言，而是用行为。搜集用户需求当然需要产品经理用心观察，如何更有效的搜集用户需求，还有很多经过反复验证的工具和方法（见本章 3.6.6 ~ 3.6.15）。但掌握纯熟的技巧，完全不代表就能采集到用户的需求。

我们来看一个案例：某失败项目，在项目组拿到线上惨不忍睹的数据后，突然意识到项目在执行过程中犯了一个天大的错误。该项目的目标用户很精准，是 25 ~ 35 岁的未婚白领女性，可是产品经理在确定产品需求时，却基本上考虑的都是 30+ 已婚男性工程师的需求。

这是为什么？可能的原因有如下三种，第一：产品经理没有意识到产品做出来是为谁服务的；第二：由于项目执行时间紧迫等客观原因，产品经理随手拉了几个身边的开发工程师一问了事；第三：产品经理也访问了正确的目标用户，但目标用户表达的需求，与产品经理原有的认知不一致。用户需求产品经理听到了，但未采纳。反而是男性工程师的需求与自己原有的认知很接近，因而产品经理认为男性工程师的需求才是“正确”的用户需求。

所以，要搜集到真实的用户需求，第一步就是“找到目标用户”。为产品定位一群目标用户，并不容易。因为产品经理很容易就“舍不得”，定位

了女人，舍不得男人，定位了年轻人，舍不得中年人，总是希望产品覆盖的人群越多越好。曾有一个项目，项目的目标用户群定位从“25 岁左右、都市、有品位、未婚女性”在几次讨论之后，变成了“全年龄段、男性 + 女性、都市 + 农村、国内 + 国外”。

产品经理很容易有一个错觉，就是目标受众群定位越广，产品上线后就会越受欢迎。其实不然，且不说谁都想讨好的产品，不会有人真正喜欢，试想能满足全人类的事，谁又能做得到？所以，找到产品目标用户的准则就是：精准定位，守住边界。

用户需求采集过程中，更多的时候是，产品经理也找到目标用户了，目标用户也表达了自己的需求（用语言、用行动都算）了，但是，用户表达的，和产品经理想的不一样！产品经理想的是高雅，用户爱的是三俗；产品经理想的是性价比，用户爱的是感觉。碰到这种情况，产品经理要做的事情是分析差距产生的原因。是产品的整体定位有问题吗？是参与采样的用户数太少吗？是需求采集的工具使用（比如调查问卷设计）有问题吗？如果都不是，那也许就是产品经理需要大幅度调整自己原有认知的时候了。

用户是一个模糊群体，在产品的建设过程中他们不可能系统的梳理和表达自己的需求，产品经理是用户唯一的代言人。用心观察、细心体会是产品经理能够搜集到用户需求的基础。但最重要的是，产品经理要懂得尊重用户的需求，用户的需求是什么，就是什么，千万不要用自己的臆想代替用户的表达。用户虽然无法对产品口诛笔伐，但他们却对产品的生死存亡拥有一票否决权。所以，用心观察，并客观保留用户的需求，是用户需求采集的行为准则。

3.6.6 需求收集法——访谈，围绕需求的聊聊天

访谈这种方法，几乎适用于所有人群、所有情况。在以下这两种情况尤其实用，第一，项目前期，在这一阶段，产品经理对于用户的需求还没有形成比较明确的认识，而且产品经理关心的问题还比较宽泛。第二，产品经理对某一具体问题，需要与目标用户进行深入的沟通，以挖掘更深入的用户需求时。

访谈就是“见面聊天”，很多时候这种聊天是“一对一”发生的。访谈这种需求收集方法的好处在于：简单、快捷，它不像多人会议，开始前需要做大量的会务准备工作；灵活、开放性强，访谈的过程中，产品经理可以随时调整访谈的内容；信息量丰富、收集过程中出现理解误差的概率小，因为访谈是面对面进行的，产品经理可以通过被访谈人的语气、表情、态度等得到更多、更直观的需求信息。而且，面对面的信息获取，比起通过电话、邮件这些渠道，信息获取的准确率更高。

访谈的目的，是了解被访人对于产品经理所关心的问题的真实想法。因而，访谈要想成功，关键就是：第一，产品经理带着问题去，越明确越好；第二，多听被访谈人说。因而，一场卓有成效的访谈，一定是从产品经理的访谈前准备开始的。对于访谈的问题，产品经理一定要事先经过调查和研究，有自己的见解或疑惑。这样，在访谈过程中，产品经理才有可能引导谈话，也才能跟被访人“谈”得起来。互动越好的访谈，效果才越好。

3.6.7 需求收集法——焦点小组，专家会谈

如果一个项目的需求讨论会，必须邀请CEO、CTO、总编辑、销售总监、

市场总监来参加，那么就用到了需求收集法里的焦点小组。参加焦点小组讨论的人员，他们都是相关领域的专家和项目核心干系人。而在焦点小组会议上需要讨论的问题一般都比较复杂、棘手。

好的焦点小组讨论，必须要有一位富有主持经验的会议主持人。一般情况下，会议主持人都会有小组讨论会中职位最高者，或项目实际控制人担任。主持人需要最大限度地调动与会人员的情绪和积极性，让他们对所讨论的问题“知无不言，言无不尽”。如果讨论浅尝辄止，会议就算失败了。

所以，焦点小组就是，把项目核心关键人员召集起来，针对某些重要、复杂、棘手的问题，进行深入探讨。焦点小组成功的关键是：核心人员、小规模、开诚布公。

3.6.8 需求收集法——引导式研讨会，醉翁之意不在酒

当产品实施方案有了眉目，项目经理已经能说清楚产品要怎么做的时候（最好有产品原型、产品逻辑图配合），就是开引导式研讨会的时候了。开会的目的，第一，是告知，告知给将来要参与到项目执行中的各个团队，让各团队尽早了解项目的情况和进度。第二，是为了听取各团队对产品的意见（进一步搜集产品需求）。各个团队的成员在自己的领域里，都是极有经验的专家，因此他们的意见对产品的具有不可忽略和替代的重要性。

引导式研讨会要想成功，需要注意下面两个要点：

第一，做好记录。研讨会虽然有产品方案、产品原型等核心材料做会议主题引导，但因为开会成员来自不同的专业领域，不同领域看问题角度差异很大，大家一起说想法、提意见，信息庞杂在所难免。不同部门意见之间互相打架，说着说着又扯上了历史问题，或者所提意见过分的陷入到实现细节

中去，这些都是研讨会上经常出现的现象。

但是，研讨会中真正有价值的意见（需求）就藏在这些庞杂的信息中，只不过需要仔细分析，现场就能识别是很不容易的。因此做好记录是第一步。

第二，这样的会议不能过早开。研讨会因为参加的人数众多，难免人多口杂，难以形成有效的结论。因而，研讨会这种形式不适合用来形成产品的核心决议，而更适合在产品已有成型的产品方案之后，用来采集产品的补充需求。

3.6.9 需求收集法——思维导图，把散乱的想法连起来

思维导图的方法，在对纷乱复杂的产品需求和产品功能点进行梳理时，非常有用。思维导图是从一个焦点（可以是问题，也可以是功能）出发，逐层解析与该焦点相关的信息或任务。绘制思维导图的过程，同时也是逐层思考的过程，用思维导图可以比较轻松地找到逻辑主线，排列产品细节，并且尽可能地避免遗漏。

思维导图用得最多的领域是：待办事宜、准备演示、做笔记、问题解决、项目计划、做决定、知识管理、项目管理、个人思考和写作，有调查显示：43% 的人，认为思维导图对自己最大的帮助，是清晰思路。

当然思维导图也有它的缺点局限性，在使用的时候需要注意：首先，它是一种树状的信息分层可视化展示，结构比较固定，不适合分支间互相交互比较复杂的信息展示；其次，思维导图只能以一个关键点为主，局限性很强。所以，进行系统的思考时不能只用思维导图来展现，最好用其他的方式做为补充：比如流程图、鱼骨图、SWOT 等。

所以，思维导图用在产品经理个人思路梳理时是最好的。而产品经理如果要将思路输出给其他人看，光看思维导图就会比较抽象，最好还是要配合其他手段，如图 3-4 所示。

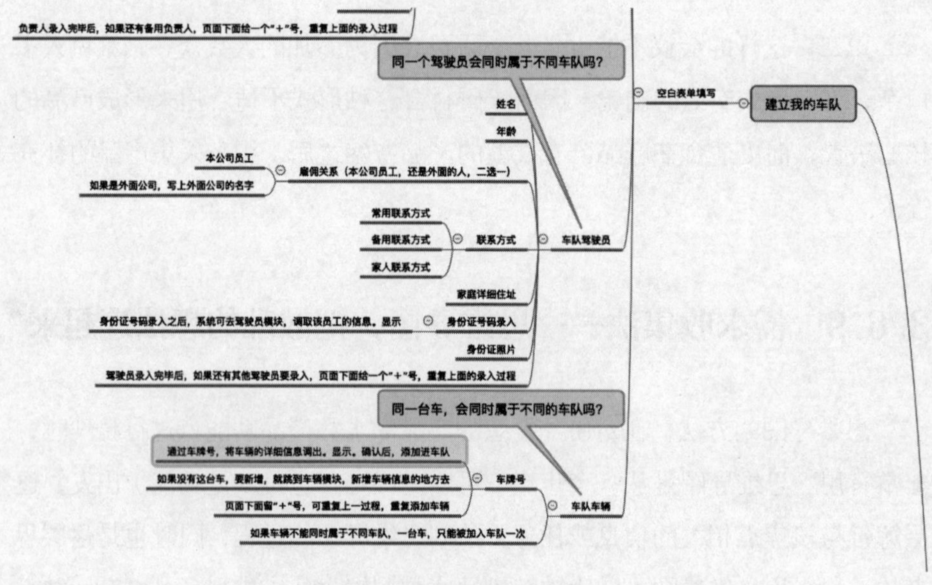

图 3-4　某车联网产品思维导图

3.6.10　需求收集法——问卷调查，功夫都在问卷上

问卷调查法也称为"书面调查法"或称"填表法"。用书面形式间接搜集研究材料的一种调查手段。通过向调查者发出简明扼要的征询单（表），请示填写对有关问题的意见和建议来间接获得材料和信息的一种方法。

问卷调查法，最有优势的地方在于，调查的问题精准，问卷还提供可选择的答案，这大大减轻了被调查者的思考成本，这种方式可以比较高效的收集到用户的想法，也不容易引起被调查者的反感。

在设计问卷时，设计人已经将想要了解的问题，进行了分析、梳理，并把自己的思路做成了问题，问卷的问题实际上对被调查者起到了引导的作用，当然这种引导同时也是限制。所以，问卷设计的是否客观、科学，就直接决定了问卷调查的成败。

我自己就曾经经历过一次典型的失败问卷调查。当时的问卷调查，我们想要调查的是用户对于婚礼类产品的核心需求。被邀请参与答卷调查的，共 15 人，其中男性 10 人，女性 5 人。

我们第一次设计的问卷是这样的，如表 3–2 所示。

表 3-2　问卷

问题：请问您在筹备自己的婚礼时，最在乎的是什么？	
A. 能够快速、省事的搞定婚礼筹备过程	B. 非常省钱的搞定婚礼
C. 婚礼是否能让亲人们满意	D. 以上皆不是

这份问卷投放后，男性被访者很快选择了 A 或 B，但是女性被访者却陷入了选择困难，她们表示，提供的选项，都不是她们在乎的东西，所以无法选择，只能选择“以上皆不是”。

这次的调查结果从反馈数据来看，A、B 两个选项绝对是用户的核心需求。不过，可惜这是一个错误的结论。我们的问卷在调查过程中就遭到了女性被访者的质疑，她们说对于婚礼，她们更在乎的是“浪漫”和“感觉”，她们不太会考虑钱。

问题出在哪里呢？是什么导致这次问卷调查没有如想象的一样被顺利执行呢？原因如下：

1. 受访人员并不是产品目标用户。我们选择的受访人员年龄都在 30+ 以上，早已结婚生子。而且，受访人员中 2/3 是男性，他们在当年自己的婚礼筹备中并不是处于主导地位。

2. 受访人员样本数太小。总共参与调查的只有 15 人，无论怎么说样本数都太小了。

3. 问卷答案的设计倾向性太明显，并且遗漏了非常重要的选项，导致受访人无法选择。

针对第一次问卷调查中出现的问题，我们调整了受访人群（将受访人群扩大至全公司，大概 100 人左右）及问卷设计，重新进行了用户需求调查。这回，得到了不一样的结论，如表 3-3 所示。

表 3-3　重新进行用户调查——新结论

用户背景					
您的年龄、性别		婚否		您正在筹备婚礼吗?	
在婚礼筹备过程中，您主导这个过程吗?			如果您不主导，您主要负责哪些部分?		
问题：请问您在筹备自己的婚礼时，最在乎的是什么?					
A. 能够快速、省事的搞定婚礼筹备过程			B. 非常省钱的搞定婚礼		
C. 婚礼是否能让亲人们满意			D. 婚礼的效果，婚礼是否浪漫、温馨、奢华、梦幻		

在分析第二份问卷返回数据时，我们剔除了非目标用户的反馈数据，以及在婚礼筹备中不在主导地位的用户的反馈数据，得到了全新的用户需求。

3.6.11 需求收集法——原型法，互联网独到的需求搜集法

原型法，应该是互联网的产品经理最常用的需求搜集方法了。鉴于互联网的大部分产品都是创新性的产品，创新性的产品意味着是把新的印象植入到人们的脑海中去，而不是去修正人们已有的印象。如果是让对方理解一个全新的东西，只靠语言，几乎是无法做到信息的准确传达的。况且，对于互联网来说，要绘制一个产品的原型，成本也不是很高。因此，为了让领导明白、让用户理解、让开发团队清楚项目经理的意图，项目经理能够绘制形象的产品原型，是最最基础的基本功。

那么问题来了，什么是好的原型？高保真的原型就是好原型吗？做上了互动效果的原型就是好原型吗？或者是简单的线框图也可以算是好原型吗？原型是否够好，产品需要出具什么样的原型图，这完全取决于看原型的人是谁。原型法的目的是让需要了解产品需求的人快速、直观的通过原型了解项目经理思路。因此，如果原型是画给技术人员看的，标清了功能点之间的逻辑关系的线框图，就是好的原型。如果原型是画给用户和业务领导看的，那么经过视觉设计，高保真的原型就是更好的原型。对于功能之间的逻辑关系，只要标志出重大的核心功能的关系即可。

在做产品原型时，项目经理特别容易犯的错误是，第一，炫技。这个情况很容易在刚入行不久的项目经理身上出现。他们刚刚掌握了工具的使用方法，非常希望能通过自己的手做出效果逼真、互动丰富的产品原型。这种情况下，项目经理忽略了效率。原型并不是越全越好，原型做到够用的程度，

兼顾了效用和效率，就是最好的状态。第二，粗糙。所谓粗糙，其实就是项目经理懒了皮了。这个情况很容易发生在工作多年的项目经理身上，他们一般跟开发团队已经能比较好的配合，因而，在做产品原型时很多细节能省则省，能嘴说就不会再画下来。这种情况下，项目经理忽略了效用。重要信息缺失的原型，很容易引起使用者的理解歧义，导致需求传递的偏差。况且，时间一长，那些没有落在纸面上的需求，很可能项目经理自己也忘记了。第三，“严守原则”。在一些项目经理的脑袋中，所谓产品原型就是线框图（如图 3-5 所示），没有其他选项。产品原型要做高保真那是绝对不能的，因为不符合工作流程。但是，让完全没有互联网产品开发经验的用户或者业务领导对着产品线框图去脑补大量的产品信息，可以想象这是多么糟糕的用户体验。关键是，这种情况下，看原型的人将很快自动进入到脑缺氧的休眠状态，项目经理想法传递和需求采集的目的完全无法达成。

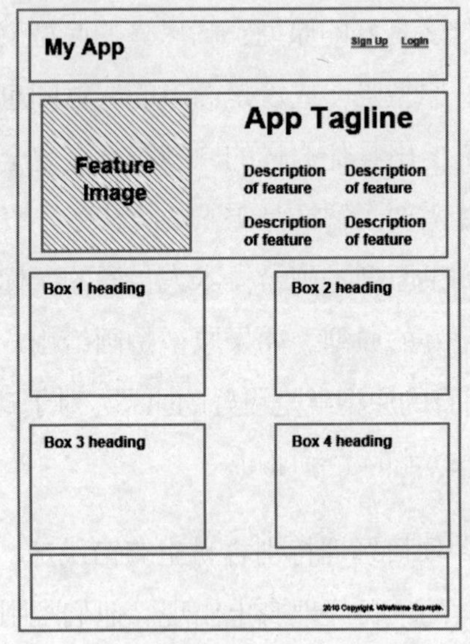

图 3-5　一张典型的线框图

除了以上介绍的 6 种需求收集方法之外，在本书的小节中我们还会详细介绍头脑风暴、现象法、标杆对照和文件分析等几种方法。

3.6.12 需求决策，独裁还是民主

需求讨论完了，自然要涉及需求决策，做什么，不做什么。决策是个技术活，只有经验老道的产品经理，才能在决策这一环节拿到高分。所有的项目，都不会是一个人的事情。因此。一般情况下，项目的决策，很多也就牵扯到群体决策。

群体决策时一般会出现以下几种情况：与会人员对结论一致同意；大家对结论有不同意见；其中一项结论能够得到绝大多数或大部分人的认可；老大一人说了算，谁有反对意见都没用。

当出现一致同意时，项目经理需要警惕，这种表面的统一有可能是某些成员因为某种原因隐藏了自己的真实想法。比较正常的情况，会是对决策的意见分成几方，这时候，如果经过对各方意见的分析，仍无法做出选择，那么就可以采取少数服从多数的原则。但其实，即使是这样看上去很公正和客观的方法，还是很难避免对于被否定的成员的心理打击。所以，项目经理需求在决策后展开一些情绪安抚的工作。

最后说到独裁，独裁并非贬义词，独裁在所有的决策方式里，算得上最优方式。因为独裁最快、最准、最直接，真正优秀的决策都来自于独裁，只不过独裁方式对决策者的要求太高，很难有决策者能够达得到，因而，决策者们才退而求其次，不断征求其他人的意见。试想，如果需要决策的问题在决策者心中已经完全看透，并有了明确的方向和思路，这时候的决策者需要的仅仅是想法被执行而已。当然，独裁的风险也很高，独裁出来的决策，要

么好得不得了，要么差得不了。

决策的过程，很容易引发项目团队的人员矛盾。人与人之间最大的分歧，就是理念上的分歧。有人的想法被支持，就意味着有人的想法要被否决。因此，在整个决策过程中，以及决策后，产品经理都要积极跑动，增强与项目各成员的沟通，以保持团队的凝聚力。

3.6.13 需求多准则决策

多准则决策是指在具有相互冲突、不可共度的有限（无限）方案集中进行选择的决策。它是分析决策理论的重要内容之一。多准则决策根据决策方案是有限还是无限，而分为多属性决策（MADM）与多目标决策（MODM）两大类。

1. 多属性决策

多属性决策也称有限方案多目标决策，是指在考虑多个属性的情况下，选择最优备选方案或进行方案排序的决策问题，它是现代决策科学的一个重要组成部分。

多属性决策就是在讨论一个产品需求时，决定哪些功能做，哪些功能不做。产品经理所面对的局面一般来说会是这样的：产品有来自老板的需求，老板的需求很重要，不容忽视，但由于老板们往往远离一线业务，所以有些需求提得让产品经理觉得不太合理。

产品有来自业务部门的需求，业务部门由于视角单一，很容易出现只顾自己不顾别人的需求。如果有几个不同的业务部门一起提出需求（比如：编辑部和销售部），需求打架是非常经常的事。产品有来自开发团队的需求，当然他们一般是从技术可行性的角度砍需求或者改需求，有时候经过开发团队删改需求后的产品，会出现让产品经理觉得面目全非，做还不如不做的局面。最后，产品还有来自项目经理自己的需求，项目经理总是对产品有自己的理解，也希望产品能像自己设想的那样发生。

来自不同方向的需求，不同的考量，让产品的多属性决策成为了一场颇费心机的各方拉锯战。在这场拉锯战中产品经理如何能最大限度地满足各方需求，又守住项目底线呢？那么项目经理自己首先就要清楚，项目的底线在哪里？项目是做来干什么用的。

如果，项目是为了解决某些业务部门日常工作中的问题，那么项目的底线就是业务部门的问题得到解决，业务部门满意。如果，项目是为了开发某种新的功能，满足老板的战略布局，那么项目的底线就是老板的需求，让老板满意。分清主次之后，项目操作起来就会顺畅很多了，所有的决策以满足项目主要需求为准，在资源和条件许可的情况下兼顾其他需求者的诉求。这样的做法，公证、客观，能够保证项目的最基本价值，也最好得到项目参与各需求方的体谅。

2. 多目标决策

多目标决策是指需要同时考虑两个或两个以上目标的决策。如某企业要在几种产品中选择一种产品生产，就既要考虑获利大小，又要考虑现有设备能否生产以及原材料供应是否充足等因素来选择其中一种，只有使这些相互联系和相互制约的因素都能得到最佳的协调、配合和满足，才是最优的决策。

当有多个产品一起抢资源的时候，就会出现需要多目标决策的情况。这样的情况比决定开发什么功能的决策更加复杂，一般产品总监或者公司老板需要进行项目之间的优先排序。所以对于初级产品经理来说，遇到多个项目抢资源的情况，最有效，也是唯一的办法就是最大限度地获得决策者的支持了。

3.7 项目进度管理

项目没有进度，就没有一切，仔细想想，我们就能明白——有多少项目是只活在会议室里的，而又有多少项目是死在只想不做上的。将项目细化、拆解成可执行，有完成期限的工作任务，各任务的执行时间合理规划，并将各任务组合成为项目进度表，这本身就是项目的“落地”。

在市场环境瞬息万变的互联网行业，“唯快不破”是从业者的第一守则。一个互联网产品经理，可以说“身家性命”都系在项目进度控制这件事情上。为了抓住稍纵即逝的机会，互联网人想尽了办法，有“小步快跑法”“精益创业法”“快速迭代法”“敏捷开发法”。无论哪种方法，目标都是一致的：快点、再快点，把产品做出来。

3.7.1 没有不被修改的时间表

十几年之前，在我刚刚进入互联网工作的时候，最苦恼的事情就是每个项目都是“时间紧、任务重”，太多突发性的事件，使得每个项目的时间安排看上去都那么不靠谱，而项目的时间表也永远没有不被修改的时候。有朝一日，能够从从容容地做一个项目，好像已经变成了当时每个团队成员的梦想。

十年的时间弹指一挥间，十年之后，我已经做过了数不清的项目，大的、小的、钱多的、钱少的、内部的、合作的，遗憾的是没有哪个项目的进度控制不是如第一个项目那样窘迫。我终于明白，在互联网的世界，根本就没有四平八稳的项目。每个项目要么老板催得能要了你的命，要么你逼得老板恨不得要了他的命，更多的时候，项目本身就是争分夺秒、命悬一线，哪来什么从容可言。

在项目极其有限的执行周期内，如何能跨过横生出来的大小枝节，让项目不被催死、不被拖死，产品经理始终控制着项目进度，让项目顺利到达终点，这是项目启动之后，最让产品经理焦虑的问题。

3.7.2 进度控制的基础——让一切清晰可见

不得不说，项目推进过程中，最让人焦虑的就是被催进度这事儿了。因为来催进度的人，无论是领导还是合作伙伴，含而未说的台词是：这么久了，怎么事情才做了这么点，你整天都在干嘛！这无论怎么理解，话里话外都透着浓浓的不满意和不信任。可话说回来，产品经理的日常工作中有相当大一部分的工作是不可见的，有的工作确实很难在短时间内以工作成果的形式被人看到。这样一来，产品经理更加焦虑，这事儿说不清楚了。

其实不然，想想看，如果产品经理本人与项目的领导者、开发团队已经合作过很多次，彼此非常熟悉对方的工作态度、能力、方式和节奏，就不太会出现上面的情况，团队的焦虑也会少很多。这是因为经过多次项目的磨合，团队成员之间已经非常了解彼此了。所以，焦虑是起源于未知，人们对于自己不知道的东西总是充满了揣测。

而且，对于产品经理本人来说，如果自己心里对于项目的进度没有清晰的了解，非常容易出现项目前期瞎转悠，项目后期干着急的情况。很多时候合作伙伴都逼到门上了，产品经理才惊觉自己该做的事情没有做。要是碰上由于自己的工作疏忽，影响整个项目进度的事就更糟糕了。

所以，产品经理在进度管理上要做的第一件事，就是让一切工作清晰可见，把要做的事情分项分条，梳理得井井有条。然后再按照项目的真实进展，把项目进度一目了然的同步给团队成员。项目工作足够透明，工作进度主动同步，是消除团队成员焦虑，保证项目正常前进的利器。

3.7.3 进度控制工具——Project

项目总是复杂的，涉及很多人，很多事，各项事务又能被拆分成很多任务，任务之间又彼此关联。让项目工作清晰可见的第一步，就是不能让各项工作以感性的状态存在。像是“在今年 10 月份上线我们的网站”，这样的任务安排是没有任何意义的，不具有可执行性。

而是必须把项目拆分成一项项的具体工作，并给它们贴上相关的时间、人物、完成标准等定义条件。一个项目必须先抽象成多个任务点并定义清楚彼此间的关联，才是可执行、可管理的。比如“网站上线”这件事，就需要进行层层的拆分和定义，如图 3-6 所示。

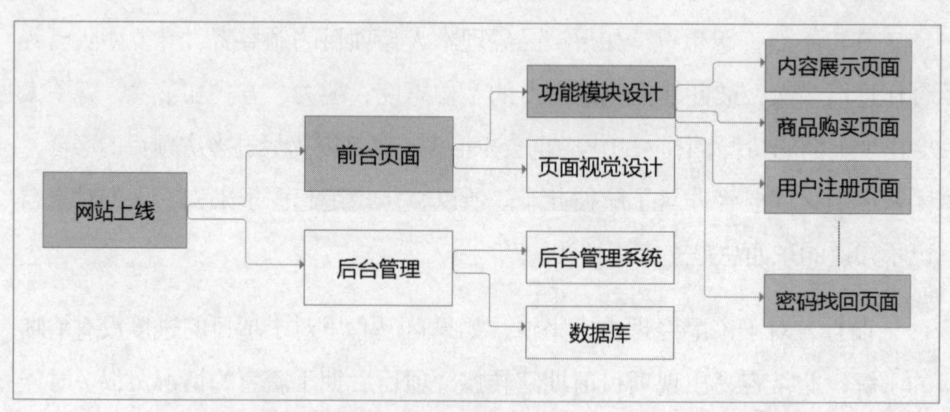

图 3-6 网站上线工作拆分

当把项目拆分成为一个个具体可操作的任务之后，就可以使用 Project，列清楚项目的各项任务的时间节点、负责人，各任务之间及使用资源之间的依赖关系。这样一来，只用一张表格，项目经理便可以将项目纷繁复杂的事件和任务点清晰管理，如图 3-7 所示。

	任务名称	工期	开始时间	完成时间	前置任务	资源名称
1	**⊟ 页面功能设计**	**5 工作日**	**2016年6月22日**	**2016年6月28日**		
2	内容展示页面框架设计	2 工作日	2016年6月22日	2016年6月23日		产品经理
3	商品购买页面框架设计	2 工作日	2016年6月24日	2016年6月27日	2	产品经理
4	用户注册页面框架设计	1 工作日	2016年6月28日	2016年6月28日	3	产品经理
5						
6						
7	**⊟ 页面视觉设计**	**5 工作日**	**2016年6月24日**	**2016年6月30日**		
8	内容展示页面视觉设计	3 工作日	2016年6月24日	2016年6月28日	2	视觉设计师
9	商品购买页面视觉设计	2 工作日	2016年6月29日	2016年6月30日	8	视觉设计师

图 3-7　网站上线工作 project 示例

3.7.4　进度控制工具——项目与事务跟踪工具

需求与开发之间的对接注定是极其琐碎的，需求被拆解成最细微的任务，需求还时不时地进行变更，如果再有超过两个以上的项目在同时进行，技术团队和项目管理人员之间如果没有对每项任务进度的信息同步，项目团队很容易就会陷入到一锅粥的窘境当中。我就曾见过这样混乱的情况，由于当时的技术团队缺乏有效的信息记录和同步机制，导致一个 20 人的技术团队，每人的状态已处于满负荷运转的情况下，当坐下来把项目开发需求梳理完成后，却惊讶地发现，这个 20 人的技术团队每周应对的不过是 5 个小规模的需求开发而已。可以想见，如果没有一个有效的信息管理机制，会带来多大的内耗。

项目开发过程中，产品经理最好能把握到开发团队每天、每个人的工作进度，只有当产品经理对开发团队的工作情况心中有数，才能准确的预估项目的结束时间，或是在项目开发遇到问题时，及时干预调整，最大限度地保障项目的按时提交。

但是，非常现实的问题，一般技术团队日常工作的安排、协调和跟进都是技术经理来完成，项目经理不应该过多干预，也无法插手干预。于是，产品经理需要跟技术团队之间定好对接的工作方式，这种方式需要既不影响日常的开发工作，又能清楚把握项目开发的实际状态。那就是采用项目与事务跟踪工具。

在项目与事务跟踪工具里会针对不同的项目，独立进行事务和进度管理。项目中涉及的每个任务，产品经理都需要确定好需求内容、交付标准、交付时间等核心要求，然后进行提交。开发团队收到开发需求后，会进行需求分析，并安排开发工程师，且确定开发交付时间，然后任务进入到开发阶段。

进入开发的任务，产品经理可以清晰地从系统中看到它的开发状态，比如谁接了活，是否已经开始干，有没有延误等。这样一来，如果任务在开发团队内部被正常执行，产品经理完全就没有必要进行任何介入，这就为开发团队节省了沟通时间，也就是提高了开发效率。

当然，除非是在已经很熟悉通过跟踪工具来管理的开发团队中，否则开发团队对事务跟踪工具的接受还是需要一定的过程的。毕竟，对于开发团队来说，每走一步都有被事务跟踪工具牵制的感觉，也得花一定的时间来熟悉系统，并且在每个节点将需要的信息填入系统，这些看上去都是因为要进行项目管理而新添的麻烦。但"磨刀不误砍柴工"，正是这些麻烦，让开发所做的事情都留下记录，可被查看，进度也就变得可被控制。

3.7.5 进度通报——方式要因人而异

在项目经理本人对项目的进度了如指掌之后，接下来，就要让项目的相关人员对进度信息也清清楚楚。产品经理不要以为把 Project 和 JIRA 的进度同步给老板和同事看就可以了，这样做是不行的。这就好像每个程序员看着自己写的代码，都会认为代码已经无比清晰地表达了自己的所有想法，无需再做过多解释。但是，除了程序员自己，谁会去看那些代码，又有多少人完全看不懂那些代码呢，如图 3-8 所示。

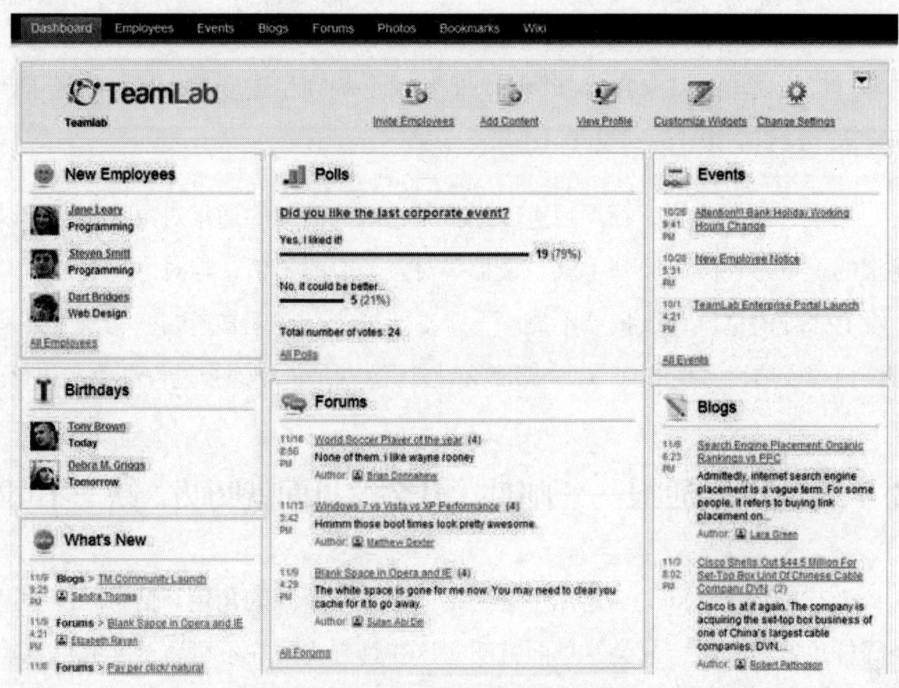

图 3-8 项目与进度控制系统举例

所以，产品经理在向项目相关人员同步进度时，务必做到使用对方能够接受的方式。对于老板，汇报力求概括、简练、要点突出，首先说明现在的进度是否正常，有没有进度预警，如果进度出现变更或者有可能出现变更，说清楚导致的原因，最后就是有没有需要老板支持的地方。

在向老板汇报进度的时候，千万要杜绝事无巨细，比如项目碰到一个无法调取用户通信录数据的问题。标准的错误的说法如下：我们碰到了无法调取通信录数据的障碍，这个问题，非常难处理。我们的技术团队已经测试了 A 解决方案，详细说明，也测试了 B 解决方案，详细说明，他们接下来还会尝试C解决方案，详细说明。

对于需求部门，如果进度出现异常，他们更关心的是产品经理是否已经协调了相关资源进行干预，有没有可能把进度抢回来，需求是否有必要配合进行对应的调整。对于技术部门呢，他们关心的项目进度是，是否出现了新的需求，或者需求出现变更。

所以，总的来说，在项目进度通报时，因为面对的通报对象不同，所以通报的重点也不同。原则上就是说那些对方关心的事情，与对方无关，或对方没有兴趣的情况，少提或不提。千万不要把产品经理知道的一切，尤其是不经梳理或项目实现的细节，全部倒给对方。这就是进度通报过程高效的诀窍。

3.7.6 进度通报——邮件、开会、见面就叨叨，缺一不可

要很好地把不同的信息用不同的话述同步给不同的角色，信息同步的途径同样重要。邮件、开会、见面就叨叨这3种方式缺一不可。重要的信息点搜集起来，总结起来，必须以正式的方式传递，邮件更灵活，大家的成本都更低。但很容易会造成信息遗漏，万一人家没看邮件呢。所以，对于必须要传递到的信息，务必面对面开会传递，同时辅与邮件记录。见面就叨叨，是一种非正式的，潜移默化的传递信息的方法。这种方法可以让大家在一个更加轻松的环境中进行信息同步，适合于一些琐碎的，还未形成结论的信息传递。

3.7.7 进度通报——节奏感很重要

进度同步的节奏也很关键。每周一定要有一次正式的进度同步，项目进度周报非常重要。千万不要等到其他人忙得终于想起来关心项目进度，问到

项目经理的时候，项目经理才去告知项目进度，这样做的后果，是无论项目是什么状态，在他人看来，项目经理已经是不称职的了。项目经理要主动积极地发布项目的进度信息。每周一次小总结，每月一次大总结，每时每刻如果进度出现大偏差，随时总结，这是非常必要的。当然太频繁了也不好，过犹不及，若是太频繁就该直接影响到各团队的工作效率了。

3.7.8 规避进度风险——必须控制住的需求变更

项目进行过程中，绝大部分的进度变更，都是由于需求变更引起的。我见到过的一个最离谱的项目，4 年时间，花了 5000 万，到公司倒闭的那天，产品也没上线。公司用了 4 年时间，不停地变更产品需求。无论需求最终正确与否，反正项目最后是没有任何结果。要想避免项目无法按时交付的风险，首先要控制的就是需求变更。

需要先说明的是，需求变更这事是无法避免的。变更无法避免的根源在于，互联网产品面对的是海量的用户，用户群体数量庞大，真实需求庞杂，任何人任何时候都无法真正把握住用户的真实需求。整个产品的生命周期，从策划到开发到上线到死亡，本质上来说就是产品不断接近用户真实需求的过程。因此说，今天认为对的需求，明天觉得还需要再做调整，这样的情况很正常。

况且，互联网产品所处的大部分是创新领域，一般没有成功的标杆和成熟的产品经验可做借鉴，这种情况下，其实是要求产品经理（或产品需求方）不停思考，探索真实需求和应对方案的。因此，需求的频繁变更从好的一面来看，代表着项目决策者们在不停思考，每天都对项目有新的认识。

所以，对于产品经理来说，不要试图在项目执行过程中避免出现需求变更。

因为避免不了，也不该避免。而是要让每一次需求变更所带来的影响，都处于产品经理的控制之中。无论需求怎么变更，产品经理始终掌握着项目前进的方向，和推进的速度，不让需求变更影响到项目进度。

3.7.9 规避变更对进度的影响——控制的第一步是了解

控制需求变更的第一步，就是产品经理要有开放的姿态，让所有人愿意把对于需求的变更都提出来。这么做的原因很简单，控制的第一步一定是了解，试想，如果产品经理连大家在想什么都不知道，谈何控制？又怎么知道风险在哪儿，如何能规避风险呢？

可是，这种姿态还是很难做的，哪怕是“故作姿态”也很难。先不说新的需求（新的观点）是否挑战了产品经理原来的认知，光说按照原定需求已经布置给项目团队的工作，需求一变，就面临工作进度要被修改的风险。明明是说好的事情，说变就变了。碰到这种事，一个正常的人，本能上都会认为变更是对自己的一种挑战，对于需求修改第一反应是拒绝的。

实际工作中，我也真的是见了太多态度强硬的产品经理，只要是说好的需求，他们都拒绝接受任何修改意见。这样的产品经理无一例外的，团队关系都很紧张，技术团队投诉，内容团队投诉，有时候甚至于出现擦枪走火、谁也不理谁的局面。到了最坏的时候，就是产品经理说，我要换个岗位，业务团队说，项目需要换个产品经理。真是两败俱伤，场面失控！

从客观上来看，需求变更不可避免，而产品经理又必须要对项目进度负责，控制需求变更给项目进度带来的风险，这对矛盾永远存在。从主观上来说，产品经理天生就很反感需求变更为自己带来的“麻烦”和“被挑战”。

在这矛盾交织的地方，产品经理的“心态”和“姿态”就特别重要。如果，用开放的态度接受一切变化，是一个产品经理的心胸问题。那么，接纳一切需求变更意见，可以算是产品经理漫长自我修炼之路的开始。在真正修炼出豁达的心胸之前，产品经理至少可以强制自己去抛弃对立，认真聆听每一个人的每一个需求。

毕竟，开放的心态是一个项目、一个产品经理可以获得成功的基石。金子总是藏在沙砾中，多少绝妙产品的源头，起初时无非也是些看起来毫不起眼的想法。越是成熟、越是自信的产品经理，对于需求变更的容忍度就越高。

3.7.10 规避变更对进度的影响——充分讨论、形成结论

一切需求，就算是不能马上就执行的变更需求，或是听上去很荒谬的需求，产品经理都不能仅仅是“收到、记录、判定执行或不执行”这么简单。而是应该与需求提出者进行充分的讨论，了解表面需求之后的真实需求。毕竟，产品的终点是满足用户的需求，而不是完成项目本身，项目地顺利执行只是产品到达终点的过程。不能满足用户需求的产品，再如何被顺利的完成，都没有意义。为了进度而放弃对真实需求的探究，是一种舍本逐末的做法。

而且，如果已经有变更需求提出来，那证明对于之前形成的决议，已经存在异议。不同的看法既然已经存在，置之不理，或是强力压制，都不是明智之举，产品经理主动介入，讨论了解，积极引导，使团队形成新的共识，最后做能做的，把不能做的暂时搁置起来，这样的处理方式为上策。

充分讨论之后，务必要形成结论。无论是有争议的结论，还是团队一致认可的结论，必须要有个说法。只限于讨论的需求是没有任何意义的，而且也是极端消耗团队内部资源的。

如果对于项目的变更需求，团队内部能够通过讨论，获得一致的执行意见，

这样最好。如果不能，讨论来讨论去，各方各执一词，难以统一认识，产品经理就需要进行一些处理，尽快结束讨论，毕竟项目进行过程中，时间是最宝贵的。

首先，产品经理要为需求的讨论设定一个关闭时间，在这个时间之前务必结束讨论。然后，产品经理对于争论不休的需求，该做不该做，能做不能做，要有自己的判断。有了判断之后，产品经理就要按照判断，积极引导团队成员，尽量形成与自己判断一致的结论。

如果最终的结论与产品经理的判断不一致。产品经理就需要判断执行成本，如果变更不涉及产品原则，不会给项目带来大量工作的增加，产品经理就可以做出妥协，以此来保证项目的继续推进。

反之，如果产品经理判断，执行成本过高，或者这种方案本身存在很大的风险。比如：会严重地影响原有的产品设计或为开发团队新增巨大的工作量，或是会导致原有工作的大量废弃。这种情况下，产品经理就需要向项目团队及更高层的负责人明确说明自己对于项目状况的分析、判断和建议，让团队相关成员了解项目的状态。

但需要注意的是，在决议形成前，产品经理可以想尽一切办法对关键人物进行决策干预，可一旦决议形成，无论它与产品经理的判断是否一致，产品经理也必须要全力执行，如图 3-8 所示。

3.7.11　规避变更对进度的影响——目标一致、原则清晰

不同的项目，不同的局面，不同的目标，不同的做法。首先，产品经理自己要搞清楚自己做的是什么样的项目，然后，务必使团队其他成员和自己有一样的认知。项目情况认知一致之后，大家才能对项目执行过程中的重要

行为准则取得一致。比如，在面对合理但是必须以增加开发时间，延后开发进度为代价的需求时，是否接受变更。在出现新的需求时，是否应该及时修正项目时间表如图 3-9 所示。

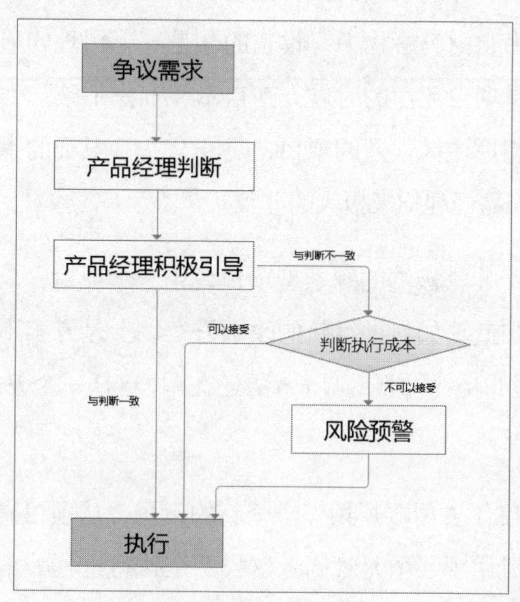

图 3-9 争议需求处理流程

有的项目，是时间优先型的项目，比如，项目是为了修补某个非常确定的已知漏洞，或者是需求方对于要开发的产品的需求已经过验证，并且非常明确，这些项目都是时间优先的项目。时间优先型项目的特征是：开发需求非常明确，项目时间不能拖延。处理这类型的项目，项目经理的一切行为准则就是搁置疑虑，保证项目如期交付。

有的项目，是非时间优先的项目，比如研发一款新的产品。这样的项目，开发需求没有前期的实践数据支撑，开发需求本身不甚明确，大家的意见也不太统一，说白了谁都不太知道该怎么做。非时间优先的项目，项目执行过程本身就是一个探索需求、明确需求、统一认知的过程。探索真实需求，是此类项目的第一要务。因此，这样的项目很难在某个特定的时间内被执行完成。

探索型项目的特征是：需求本身未经验证，没有实践数据做支撑。面对这样的项目，如果一味追求项目执行速度，很容易败得一塌糊涂，结果无非是花了大量的人力、财力、物力，收获的却是毫无用处的项目结果。项目完成的时候，也就是项目死亡的时候。在信奉“唯快不破”为第一行为准则的当今互联网，要想撑住探索型的项目，是非常非常艰难的事情，支撑这样的项目也很容易为产品经理招来极大的非议。

我曾见过两个非常极端的探索型项目，第一个项目，是一个网站频道的改版，大家都不知道该如何进行新的改版方案，于是方案不停地修改，或者大调或者微调，调1版，调2版，调了n版还在调，这样一个貌似很轻松的项目，最后做了将近一年。

另外一个项目，公司要开拓一个全新的市场，从项目调研、产品策划到最后产品上线，只用了3个月时间。这样两个执行过程非常不一样的项目，结局也很不一样，第一个项目虽然慢得出奇，但活了下来，继续了下去。第二个项目却在上线不久之后被关闭了。由此可见，速度对于互联网项目虽然至关重要，但再快、再着急也记住务必要做对的事情，做项目只要速度不管方向，是很多项目非常容易进入的一个误区，需要全力回避。

总之一句话，项目执行过程中，什么该做，什么不该做，并无绝对的“对、错”之分，并非是快的就是对的，而慢的就是错的，也不是，确定过的就是对的，要修改的就是错的。因此，统一团队成员的认知，在“干活”之前，确定好项目的目标，项目的行为准则，尤其重要，如图3-10所示。

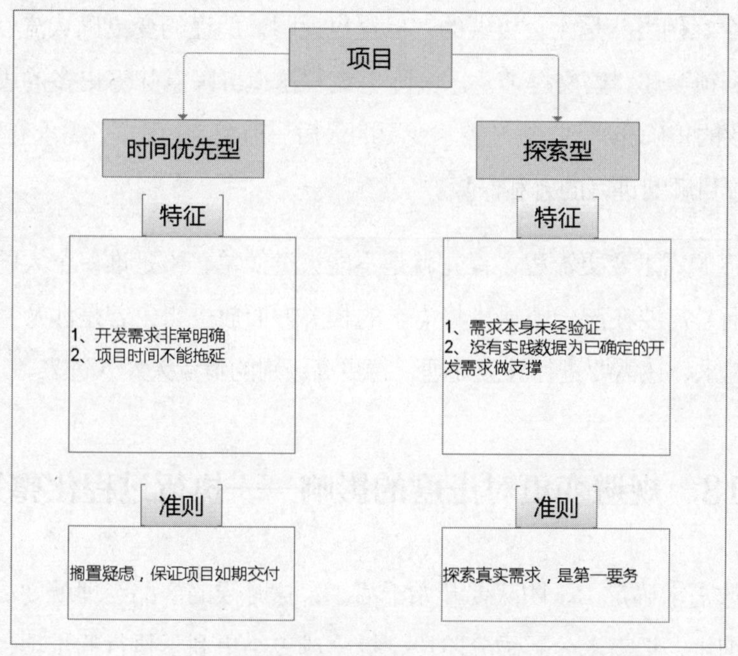

图 3-10　对项目区别对待，规避变更影响

3.7.12　规避变更对进度的影响——所有修改严格走流程

我曾经做过一个项目，项目为了追求极致的推进速度，团队成员想出了一个“无流程、零质疑”的办法。这个办法就是，省略一切需求审批流程，任何人的任何需求，都可以直接进入开发，开发团队不可以对需求有任何质疑。我想，提出这个办法的同事，一定是在生活的其他方面，受够了“流程”的束缚。

这个办法效果如何呢？首先，团队几乎每天都处于疯狂加班中，项目组在很短的时间内确实完成了大量的工作。但是，巨大的副作用随之而来，团队所有成员怨声载道，很多开发出来的东西，根本没有机会上线，就被废弃。最后的结果是，团队疲了，项目越做越无法推进。

这个案例当然是比较极端的，但这也说明，严谨的变更确认流程，并不都是“枷锁”和“繁文缛节”。实际上流程这道屏障意味着更多的思考，以确保修改的正确和必要。它是需求变更的最后一道关卡，用好了需求变更流程，反而是项目顺利进行的有利保障。

严谨的需求变更流程，首先就是不能太过简单，不是谁一个人同意就可以的，而是需要在流程中尽量将需求的相关方面放进来，若是涉及某些严重修改的需求，还需要进行升级处理，将更高级别的负责人卷入进来。

3.7.13 规避变更对进度的影响——执行过程化整为零

修改需求确定了，团队要开始干活了，这时候的产品经理就要尽可能地将需求细化，把需求分层级分阶段，拆分成更小更利于执行的子项目。把修改需求大拆小，有如下的好处：能让所有人（包括产品经理本人）准确估算修改带来的真实工作量，这让项目执行计划更加方便讨论，也便于执行。

需求在执行中，一定会有简单的部分和复杂的部分，分层级安排实现，这样做更有利于执行计划的制定，也更加便于交付和验收。如果在执行过程中出现了偏差，或是在修改过程中，需求又发生了变化，团队也可以灵活地调整。

不过，这种需求的拆分，分级执行方案的制定，产品经理一定要和技术团队一起来完成，充分考虑技术团队的资源情况，及每个修改点的执行难度，这样才能预估的执行时间是真实有效的。

3.8 项目变更管理

互联网中的一切，每时每刻都处在快速变化之中，正是这种“变”为这一行业带来了无尽的机会，同时也带来了巨大的风险。对机会的“贪婪”和对风险的“恐惧”，几乎深深遏制住了每一个从业者的咽喉。因而，这一行业中往往会看到很多“奇怪”的事情，明明是本着工匠精神，在对产品精雕细琢，但最后却是颗粒无收。明明是本着“唯快不破”的互联网武功秘籍，每天睡觉都在考虑如何变更产品，但最后，还是人去项目黄。那么，到底是应该“变”，还是“不变”呢？产品经理如何才能反过来遏住变化的喉咙，让自己的项目立于不败之地呢？

3.8.1 可以变，但不能失控

项日的变更，是贯穿在项日整个生命周期当中的。从项目发起时到项目最后关闭，只要项目存在一天，就时时刻刻都有可能发生变更。互联网本就是一个快速变化的行业，正是这种让人应接不暇的变化让这个行业摧枯拉朽的改变着世界，创造着无尽的可能性。身为互联网行业组成单元的项目，自然也就无可避免地会变来变去。

当然，项目这种极速变化的特性也为最后的项目结果带来了极大的不确定性，变来变去，变好了固然好皆大欢喜，如果变化得太厉害导致项目失败呢？事实上，项目的变化，如果不是去进行有意识的管理、干预、控制，只是一味的顺其自然，那么最有可能的结果就是项目失败，不会产生任何成果。

有过几年互联网从业经验的人，一定都见过这样的场景，需求确定了，开发了，也上线了，但是上线不久还没搞清楚东南西北，产品就被新的需求迭代了。这样做项目，像是狗熊掰苞米，掰一个丢一个；也像是往地下打井，但每次都浅尝则之，永远打不到水位线；更像是钓鱼，刚把钩甩下去，还没等到鱼咬，就觉得其他地方鱼多，换地了。

这种做法，却常常被冠以非常冠冕堂皇的理由：这是互联网的核心打法，快速试错，快速迭代。问题是，如果是快速试错，那么我们需要知道这次尝试错在哪儿了，下回再试，该做怎样的方案调整，调整之后的方案预计会带来怎样的效果。对产品的快速迭代也一样，快速迭代本身永远不是目的，一直有新的需求在迭代开发，并不能说明这就是一个健康的项目，迭代了半天，忙活了半天，到底效果如何，才是检验项目的唯一标准。项目不断变更的目的，是为了矫正项目与用户客观需求之间存在的偏差，让项目在变更中越变越接近正确的途径。

3.8.2 变更管理第一步——方向不能变

项目经理做好变更管理的第一步，就是切记不要丢掉项目的方向。不丢掉项目方向，有几层意思，首先，对于项目的方向和目标，产品经理一定要心中有数，这是进行任何项目变更的对照标杆。项目的大方向在哪儿，项目当下的每一步，走下去要获得怎样的效果，产品经理都是需要心中有数的。只有产品经理把握住了项目的大方向，小目标，才不会使项目执行发生偏航的现象。

项目或者是项目经理迷失了方向，很容易在几次变更之后就开始晕头转向，这时候，无论是哪个方向的变更方案看上去都很有道理，也都有各自的风险，选谁都不对，不选也不行。很容易使整个团队陷入到无休止、无意义的多方案理论论战中去。讨论的最后，并不可能筛选出实际有用的变更方案，团队所做的变更唯一的作用无非是使项目逃离当下的困境，但必然又会掉入新的困境。这样一来，项目就真正陷入到为变而变的窘迫中，不能自拔。总之一句话，项目经理在面对变更时一定切记，项目所做的一切变更都要是目的明确的，而这个目的，一定都是要围绕项目大方向的。

其次，在项目方向不得不发生变化时，产品经理要尽量辅助决策者谨慎决策，并且尽量压缩决策时间和变更执行时间。项目的变更总是携带天然的风险，想要更好的趋利避害，就需要从决策的缜密、谨慎开始。产品经理很多时候并非是项目决策人，但他却是最了解项目细节的人，决策者做决策往往视角比产品经理更高、更宏观，但常常也会由于这种视角的高度而忽略某些执行细节，在决策上难免出现某些偏差。

这时候的产品经理就需要积极的配合决策者，提供经过项目经验验证的数据、细节等，再组织成经得起推敲的建议，以此来力保决策者最后做出的决策是严谨的、可行的，没有重大疏漏的。当然，有了产品经理的全力支持，变更决策的时间也可以被有效地压缩。变更决策一旦完成，就进入变更执行期。

在变更执行期，项目经理要做的唯一的事情，就是按照决策内容，全力推进，迅速执行。有时候，难免碰到产品经理对变更决策有不同看法的情况，在这种情况下，产品经理首先需要做的就是搁置自己的看法，服从已经做出的决策。其实，产品经理本人不用对自己有不同意见耿耿于怀，因为，从天职上来说，产品经理是项目的一员，理应服从团队的决策。而即使是从观点上来说，产品经理慢慢也会意识到，自己对于项目的不同看法，很可能是由于自身视野的限制，考虑不够全面，导致的偏颇看法。

当然，退一万步讲，就算团队做了一个错误的决策，产品经理也应该将对变更的讨论放到项目执行之外去讨论。也就是说，活儿该怎么干还得怎么干，有想法，有意见，大可以以各种方式提出来，跟相关的人深入讨论。如果在大家讨论后发现真的有必要重新对项目发起变更，项目经理自然可以再来对项目进行修正。

3.8.3 变更管理第二步——化整为零，小步快跑

变更管理第二步，化整为零，大变更拆分成小变更，小步快跑。变更一旦确定，就需要全速推进。全速推进变更执行的方法，还是小步快跑法。将大变更化为小变更，给每个小变更设定执行目标，这样做，一方面可以确保变更以最快速度执行，另一方面，随着每个小变更的执行，它们的结果反复验证变更决策的正确性，并依此来及时修正决策中存在偏差的地方。

这样的做法，既保证了变更不会出现巨大偏差，又能保证项目执行效率。看过《精益创业》的人，一定对这种做法不陌生。虽说这是一种来自硅谷的方法论，但实际上却是各行各业久经使用的一种做事方法。这种方法的精髓很是简单：

第一、执行的轮回，带着目的，从一个既有的认知开始，基于原有的认知开发，得到一个产品，用这个产品的数据去验证和修正原有的认知，当得到一个新的，被修正的认知之后，再开始下一个执行轮回。

第二，每次执行的产品，一定是最小但可用的产品。每次只执行一个产品点。

这样做的好处是不浪费资源，也可以集中精力各点击破。身处变更执行期的项目，本身就处于变化的漩涡中心，此时的产品经理更要严守正确的执行方法，否则很容易就被来自不同方向的风带偏了航，如图 3-11 所示。

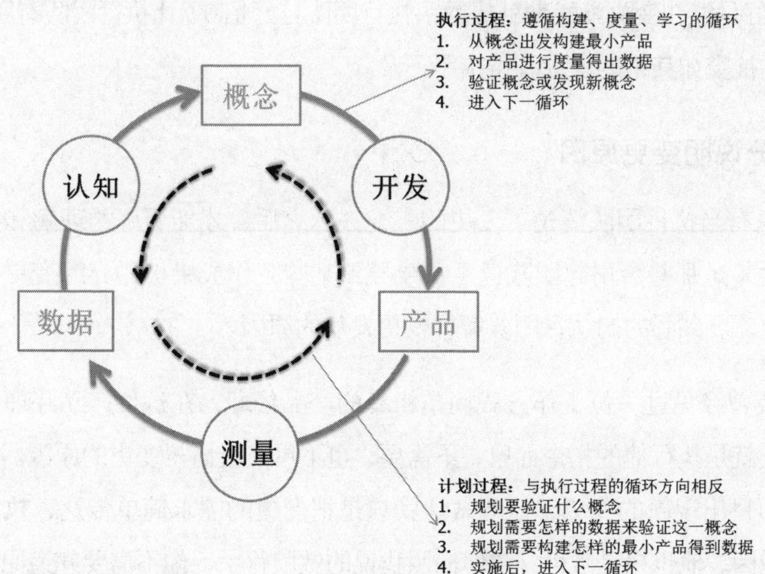

图 3-11 精益创业行为模型

3.8.4 变更管理第三步——信息共享随时同步

变更管理第三步，务必做好变更信息在团队中的及时同步工作。项目变更总是牵一发而动全身的事，一旦有变更，项目中的所有执行人员都会受到影响，需要做出对应的改变。如何能让团队成员在第一时间获知变更信息，并且准确理解变更后的需求，最后还能在不带负面情绪的情况下按照变更决议执行，这是很考验产品经理的地方，也是产品经理必须完成的工作。

要想出色的完成这些工作，产品经理需要做到以下几点：

1. 信息同步要及时

变更信息最好在第一时间传递到相关执行团队，对于某些影响较大的变更，最好是能在变更酝酿期就提前跟执行团队打好招呼，让执行团队有所准备，不至于被突如其来的变更打得措手不及。

2. 充分说明变更原因。

只有当执行团队清楚了变更的来龙去脉之后，才能更好的理解和接受变更。尤其是那些会引起团队返工，或导致某些工作成果被抛弃的变更，产品经理更需要细心的向执行团队解释变更发生的原因。

我曾经见过一位工作方式简单粗暴的产品经理，在这位产品经理看来执行团队就是执行他的指令而已，不需要，也不可能会懂得变更的原因。因此，每次项目出现新的变更，他的做法就只是把变更的需求简单传达，执行团队询问原因，他也只是敷衍："你们照我说的做就行了，你不需要知道原因。"可想而知，这位产品经理后来的项目推进遇到了有大的困难！执行团队投诉他变更不合理，他投诉执行团队工作不配合，他和执行团队的关系陷入僵局，项目推进也随之搁置。

3. 变更需求，不厌其烦，讲懂为止

产品经理必须有这个耐心，向不同的团队宣讲变更需求，一遍一遍，不厌其烦，一定要确保执行团队的每部分都非常清晰地了解了变更后的需求。

有效的管理互联网项目的变更，让项目充满灵活性，在坚持目标，稳步推进项目前进的同时，又能在快速变化的市场环境下腾挪转移，躲开暗礁，争取机会。这方是项目执行的"以不变应万变"之策，也是上上策。

3.9 项目干系人管理

作为一名产品经理，你如果曾经在工作中碰到过以下任何一件事，那么，是时候好好琢磨一下“项目干系人管理”这件事了。

项目很好，但却无法获得资源方（公司高层或投资方）的支持，无法获得相应的资源；项目推进过程，阻力重重；产品经理自己干得要死要活，恨不得马上吐血身亡，老板却对项目不理解、不满意、不接受；项目本身已经算是做得很好了，但还是有那么多的人牢骚满腹，鸡蛋里挑骨头……

3.9.1 要命的项目干系人

项目干系人简介：项目干系人包括项目当事人和其利益受该项目影响（受益或受损）的个人和组织；也可以把他们称作项目的利害关系者。除了项目当事人外，项目干系人还可能包括政府的有关部门、社区公众、项目用户、新闻媒体、市场中潜在的竞争对手和合作伙伴等；甚至项目班子成员的家属也应视为项目干系人。

项目不同的干系人对项目有不同的期望和需求，他们关注的目标和重点常常相去甚远。例如，老板也许十分在意什么时候能挣钱，技术人员往往更注重技术一流，运营部门可能关心产品便捷，客户则希望尽快交付等。弄清楚哪些是项目干系人，他们各自的需求和期望是什么，这一点对项目管理者来说非常重要。只有这样，才能对干系人的需求和期望进行管理并施加影响，调动其积极因素，化解其消极影响，以确保项目获得成功。

简单来说，会影响到项目的人，都是项目的干系人，不同的干系人从不同的角度，以不同的力度对项目产生影响，最终项目的模样会取决于所有干系人作用的合力。而对人的管理，向来是管理学中最复杂的部分，没有公式，只有各种流传于世的心法，更多的也是只可意会不可言传，有人甚至于说对人的管理，是不可捉摸的艺术。不过，再玄妙的艺术，也有章可循，项目经理只要掌握一些项目干系人管理的基本技能，成功完成项目还是没有问题的。

3.9.2 管好干系人，四两拨千斤

来看一个真实的故事。小 S 是我的一位前同事。当时我们单身的员工都住在公司的公寓里，有一次一间公寓的空调坏掉了，住那间公寓的同事为此跑物业跑了无数趟，但都没有任务结果。见到如此情景，小 S 伸出了援助之手，他上午跑了一趟物业，下午物业就过来把空调修好了。

于是，我们请教小 S，为什么我们都办不了的事，他却能办。小 S 说："你们只说你们的空调坏了，物业当然懒得过来，大老远跑一次只给一个房间修空调。我说我跟你们住一个单元，咱们这个单元突然间坏了好几个空调，我怀疑是电路出了问题，如果不尽快修理，只怕会带来更多的麻烦。"小 S 接着说，你们得站在对方的立场上想问题，他在乎的是什么，你说什么，他才会过来。

项目中的干系人，就跟故事中的物业维修员、坏空调房间的同事、聪明的小 S 一样，各有各的角度，各有各的利益出发点，当我们需要干系人配合，但是又不能为配合我们的干系人找到利益满足点时，我们的诉求显然不会被满足。所以，驱动项目干系人，让他们心甘情愿配合产品经理的唯一方法就是找到对方的利益诉求点，把对方的利益卷入进来，通俗点讲，也就是让干系人认为，做了这件事主要是对自己好，捎带着也可以对别人好。这样便可万事大吉！

3.9.3 干系人管理拓扑图

任何项目涉及的人事关系必然都是错综复杂，互相牵连的。但是，如果我们把干系人从权力、利益、影响力、态度、认知这几个方面打上标签，切片管理，复杂、混沌的干系人关系马上就会变得清晰起来。一旦我们将干系人与项目的关系正确定位了，把干系人安放进干系人管理体系了，要找到管理他们的方法变成一件容易的事情，如图 3-12 所示。

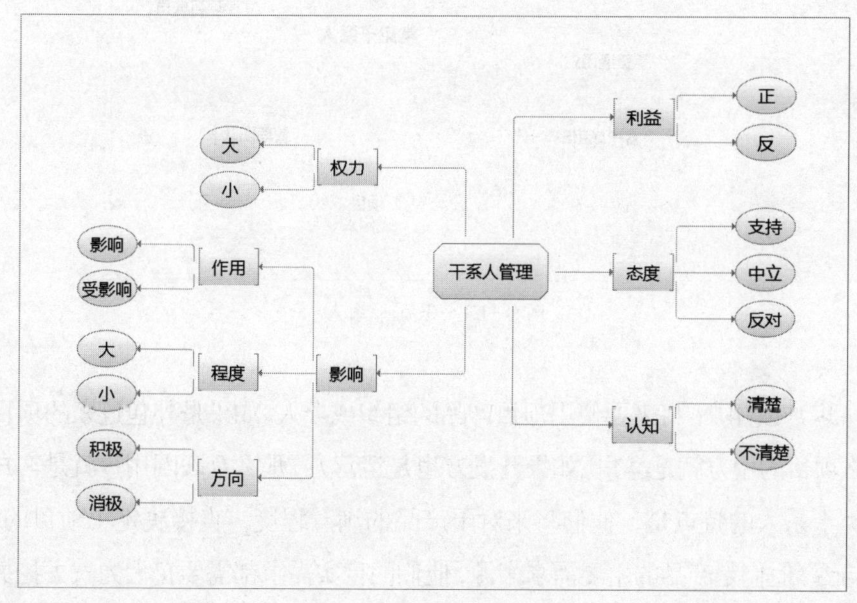

图 3-12　干系人管理拓扑图

3.9.4 干系人管理第一步——究竟谁是干系人

干系人管理第一步，是找到项目干系人，并仔细分析他们。找干系人这件事，也容易，也不容易。容易是因为，干系人一抓一大把。不容易是因为，干系人太多了，很容易遗漏，有时候还很难分辨。我们先来看看有哪些干系人是显而易见的，他们的特点又是什么。如图 3-13 所示。

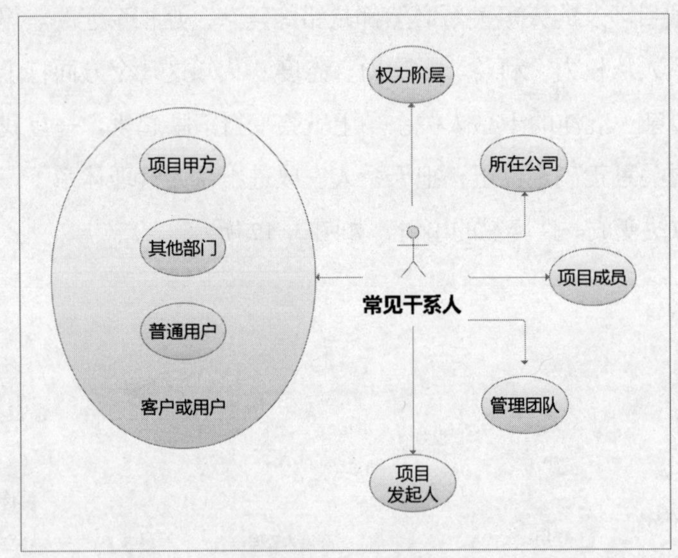

图 3-13 识别干系人

客户或用户：将来要使用项目产品的组织或个人。如果是外包过来的项目，那么项目的甲方就是客户。如果开发方也是运营方，那么互联网用户就是客户。这类干系人的特点是，他们将来对于产品的满意程度，直接决定了项目的成功与否，他们是产品的主要需求来源，他们的真实需求都需要花大力气去挖掘。

外包项目，客户是产品开发合同的甲方时，一般情况下，甲方对于项目的原生需求是很清楚的。比如，项目的业务流程，项目需要解决的实际问题等等。但是如何把原生需求转化成产品的开发需求，这却是甲方客户不擅长的地方。比如，将原生需求根据项目的开发资源实施分级，或者在来自不同干系人互相打架的原生需求之间进行整合等等。

在项目实施方面，甲方客户需要产品经理帮助他们对产品需求进行挖掘、梳理、排序，并在项目执行过程中，正确引导甲方客户，以免使甲方客户陷于原生需求，过多的耗费项目资源，拖延项目的实施进度。

面对这样的干系人，要求产品经理要像甲方员工一样了解产品所处的业务环境，同时又要比甲方员工强，要能控制项目执行。但由于产品经理与干系人分属两家公司，客观上互相并不了解。因而，这时候的产品经理需要从对方的组织结构、需求决策流程、各有关人物的话语权等等基础情况开始摸起，事无巨细，完全搞清楚为止。

如果项目的客户是公司内部的其他部门，比如编辑部、销售部、运营部等。这样的干系人最大的特点，就是对于产品需求和产品执行环境比较了解，因而对于自己想要的东西一般都会比较具体，并且坚持。

而说到互联网的普通用户，这类用户最大的特点就是他们是一个概念，不是具体的某些人，在整个产品开发的过程中，用户无法派代表来跟产品经理说，他们到底要的是什么。就算被产品经理选出来的典型用户，基本上也没有对产品经理需要了解的需求进行过系统、深入的思考。因此，这类干系人的意见永远无法直接拿来就用，必须要由产品经理去进去进一步的挖掘。

执行组织：雇员直接为项目工作的组织，也就是我们为之服务的公司。

项目组成员：执行项目工作的一组人，项目团队。一般情况下会包括：开发、产品、设计、运营这些部分。项目组成员比较在乎的是，项目工作配合、进展是否顺滑，项目是否能按时、按要求关闭。

项目管理团队：直接参与项目管理的项目组成员。

项目发起人：发起人是指以现金或者其他形式，为项目提供财务资源的个人或者团体。早在项目刚开始构思时，发起人即为项目提供支持，包括游说更高层的管理人员，以获得组织的支持，并宣传项目将给组织带来的利益。

在整个项目选择过程中，发起人始终领导着项目，直到项目得到正式批准。

发起人对制定项目初步范围与章程也起着重要的作用。谁提出的项目构想，谁负责去说服公司高层为项目投入资源，谁就是项目发起人。一般来说，项目发起人对项目的主观构想决定了项目的大体走向和基本面貌。

权力阶层：并不直接采购或使用项目产品，但是因为自身执行组织中的位置，可以对项目进程施加积极或消极影响的个人或组织。在互联网公司中，最常见的权力阶层就是董事会。

这些是比较常见的干系人和他们的特征。在实际项目进行过程中，一定会出现更多的干系人。而且某些干系人对项目的真正角色和作用不一定是表面看上去那样，遇到这样的情况只能是随着项目的推进，慢慢用心体会，随时调整对各干系人的认知。如果发生对某些重要干系人地位和作用的误判，往往会导致整个项目的失败。

3.9.5 干系人管理第二步——区别对待，各个击破

干系人管理第二步，区别对待，做好沟通。干系人找到了，接下来就该沟通了。人与人之间的交往，沟通最重要，沟通的要义在于，通过沟通，让沟通双方能够了解彼此，接受彼此。那么，在干系人沟通中，由于干系人身份大都非常不同，每个干系人都有自己独特的沟通方式，而项目存续时间一般都比较短促，干系人的沟通一定要保证是短时间内的见效沟通。

首先，产品经理最好给干系人做一个表格存档管理，把干系人的身份、特点，每次沟通之后对方遗留的问题，都记录下来。这样做的好处在于，干系人的情况不会只存在于产品经理自己的脑子里，干系人的状态信息可以在项目组重要管理人员之间传递。也可以让产品经理更好的针对不同干系人的

特点，和他们真正关心的问题，进行针对性强的沟通。找到每个干系人的核心利益诉求点，针对性的进行沟通，是干系人沟通的核心。

然后就是频率了，不同的干系人对于沟通的频度要求是不一样的，但基本原则是，只要干系人关心的情况发生变化，项目经理就需要在第一时间进行信息沟通。最后一点就是，如若在沟通中，干系人提出问题，项目经理一定不能遗忘，项目经理要做好记录，在干系人所提的问题可以回答的时候，尽早回答。若是问题较为复杂，难以在短期内给予答案，项目经理也需要在了解了基本情况之后，对干系人给出情况说明。这是对干系人的尊重，也是项目经理在干系人管理中应该具备的态度。

3.9.6 干系人管理第三步——学会走钢丝

干系人管理第三步，处理好干系人之间的利益博弈。不同干系人之间的利益很难有一致不冲突的时候，人与人的角色不同，利益诉求点不同，利益博弈在所难免。产品经理要做的，就是带着项目在各干系人的利益诉求间走好钢丝，既能满足所有干系人的基本诉求，又能按时交付。

举个很普通的例子，媒体网站开发一个新的频道，内容部门希望频道设计，广告位越少越好，页面上所有优质位置都用来展示内容。但与此同时，广告部门却是希望频道上广告位越多越好，广告位在页面中的位置越焦点越好。

那么产品经理在进行频道产品设计时，就应该充分考虑到双方的利益诉求，及冲突，频道设计中，全做内容推送，或是广告过多，都会为项目结果带来负面影响。于是，哪里放内容，哪里放广告，分别放多少，两个部门的利益博弈就需要产品经理从中引导和斡旋。

3.9.7 干系人管理第四步——盯紧消极干系人

干系人管理第四步，盯紧项目消极干系人。哪个项目都会有那么几个消极干系人，有些消极干系人，由于利益冲突，是在项目建立之初就存在的。而有些，是随着项目的推进，慢慢转变态度而来的。不管是哪种消极干系人，都必不可免的地对项目进行产生严重影响。

盯紧项目消极干系人，要求产品经理需要随时了解消极干系人对项目的看法和态度，搞清楚消极态度产生的原因。有些消极是可以靠产品经理的沟通减轻的，有些消极是产品经理不能改变的。但，无论是哪种消极影响，产品经理都应该时时关注，了解清楚，好未雨绸缪，为项目早做打算。

我自己就曾经经历过一个重要干系人（项目发起人）态度由积极转为消极而关闭的项目。这是一个 O2O 的项目，项目发起人启动该项目是因为看到了 O2O 的浪潮，并且非常看好 O2O 的广阔市场。但随着项目的执行和推进，项目发起人渐渐发现，O2O 项目与传统的互联网项目不同，很难在较短的时间内有大的起色，O2O 项目基本上一个长期艰苦的阵地战。它不轻、不快，相反又重、又慢，O2O 项目的这一特点，使项目发起人的态度渐渐转变。这种情况之下，项目只能被关闭。

3.10 项目成绩管理

难道，项目的成绩还需要管理吗？答案非常的肯定：需要。因为，项目的成绩，是一道主观题，虽然里面有很多地方可以进行客观的评判（比如：产品上线后的数据表现），但有更多的地方是依靠“考官”的主观感受来评判的。产品经理只有保证“考官”看到了项目的每一个闪光点，尤其是那些暂时在数据上无法显现出来的优点，才能保证让项目拿到一个好成绩。好成绩，意味着项目可以获得后续必要的资源供给，这有多重要，每一个产品经理都懂。

3.10.1 项目的成绩是“管理”出来的

好学生不一定就能拿到好成绩，还得学会考试。做得好的项目，也不一定就能得到考官的认可，还得学会在项目的一系列考核中，拿到好成绩。

项目的成绩，好与不好，如何评定呢？看产品上线后的数据，很多人会这么说，当然啦这是最公正、客观的评判方式。但是这种评定方式需要比较长的时间周期，需要的资源也比较多，首先产品得有机会上线，其次还要能够投入必要的运营资源运营一段时间。很多产品其实是没有机会走到被数据检验的那一步的，因为，在投入那些运营资源之前，一定是有人要来判断这个产品是否好到足以投入资源试一把。所以，绝大部分项目面对的局面是，评判它们好与坏的是项目重要的几个干系人，这种评判老实说很难做到客观、公正，很多时候评判都是带有浓厚的个人主观倾向的。但对于项目来说，只有通过主观评判这一关，才有机会进入到真正的接受市场检验，数据说业绩的阶段。

所以，如果一个产品非常幸运地闯关斩将终于有机会得见天日，并没有因为那些客观的、无力回天的自然原因胎死腹中，那么它起码要经过两次大考。第一次大考的主考官是老板，他来评价这个项目结果是否合乎公司的战略规划，是否有价值在项目身上继续投入更多资源。第二次大考的主考官是群众（用户），群众的眼睛是雪亮的，他们用脚投票，项目经理也终于可以用数据说话。

无论是主观的评判还是客观的考核，项目结果如果没有项目经理的积极介入管理，就好像是项目经理开了块儿地放在那里，完全靠天吃饭，想都不用想，结果一定不会是任何人想要的。

3.10.2 老板满意很重要

按顺序来，先说如何管理老板对项目的考核，如何在老板对项目的考核中拿到好成绩。这里，得先说一个前提，项目经理经过项目最初的需求采集、需求分析，再经过累月的项目开发，对于老板想要的是什么东西，应该已经是非常清楚的了。如果到了项目已经接近完成，但项目经理还没理解老板意图的，或者是悲催地发现老板自己的想法也是一天变三回的情况，那么对于第一种情况，我只能说现在来努力是晚了点，但不管想什么办法，还是先搞清楚老板的想法，再来继续管理项目的结果吧。在第二种情况下，想让项目结果合老板意，是不大可能了，这时候，项目经理唯一的出路也就是只能让自己合老板意了。如果项目经理合了老板的心意，也没准能为项目多争取一些机会。

在项目经理非常了解老板目标的情况下，项目经理本人需要清楚的判断，即将交付的结果，是否能让老板满意。如果项目结果很棒，老板一定会满意，那么在这些结果里是否能有给老板带来意外惊喜的亮点。如果有，就毫不客气的把这些亮点挖掘出来，放在最显眼的地方，让老板一眼就能看到；如果，项目紧赶慢赶，但结果也就是刚刚达标，无法做到优秀，那么项目经理就需要跟老板强调两点，第一工程安排已经合理，并没有出现大的问题。第二，虽然结果不是非常优秀，但是结果能达到基本要求；如果，项目的结果眼看就要不能达到老板的最低要求，这也不用太着急，项目经理如实地将项目的结果进行说明，最好是分好的部分和不好的部分，说完结果之后，一定要把导致结果不达标的原因解释清楚，并且给出后续的工作计划。

无论是哪种结果，项目经理在将结果通报给老板时，一定要做到的是：

第一，坦诚。项目结果是什么，就说什么，绝对不藏着掖着，项目的基本情况一定要如实告知。虚假的信息只会让老板做出错误的判断，让项目陷入更糟糕的境地。况且，项目的真实情况就在那里摆着，项目经理也做不了假。这是原则问题。

第二，提前告知。项目经理当然是最了解项目情况的那个人，他理所应当先知先觉。在所有人还未看到结果的时候，他就要预见结果将会如何。项目经理一旦确认项目结果的可能状态，就需要在第一时间把结果状态（如果是预警，就更要提前）预报给老板。千万不要等到最后出结果的那一刻才让老板知道项目结果，这样做的坏处在于，不管是好消息还是坏消息，都太容易吓到人。

第三，经常更新。项目结果的预期有变化，就需要告诉给老板。这样一来，老板可以和项目经理一起经历项目的起伏，老板对于项目的状态不是一无所知。如果项日结果有较人变更的可能性，也可以让老板及时地调整自己对于项目的预期。这避免了在最后交付项目成果时，货不对版，老板拒绝收货的巨大风险。

但需要注意的是，不要事无巨细，一定是对项目结果有较大影响的情况，项目经理才去告知。

第四，方式灵活。很正式的邮件方式啦，项目进度报告啦，或者是非正式的抽烟聊天啊，电梯碰到啊，抓住一切机会，让老板尽量多地了解项目的实施状态。

这样一来，在老板对项目的主观期待和项目的实际交付成果之间就有效的避免了出现重大偏差的可能性。如果不是项目成果实在太烂，不能达到公司的要求，只要是项目成果基本合乎要求，应该都可以拿到通行证，成功的进入到投入使用阶段。

3.10.3 用户满意是一点点积累出来的

项目上了线，就进入到用户考核阶段。要想在这个阶段的考核中拿到好成绩，自然产品设计本身是不是过硬是个核心问题。但无论产品本身是一颗金种子还是一颗草种子，都需要投入相应的运营的资源，试一试才知道。我们先假设上线的产品是一款基本靠谱的产品，那么在这种情况下，项目经理需要做的是，第一，提前预热。对内，需要在产品上线前，就提前跟需要配合项目的各部门沟通、宣传，只有各部门清楚地知道项目将会给他们带来的好处，项目经理才有可能在项目正式上线后得到其他部门的支持。对外，用户当然也需要提前知道，他们将使用一个什么的新产品。用户预热的手段很多，成本也不需要很高，比如针对性的产品广告，论坛发帖，或者简单的活动，都可以。第二，务必获得老板的支持。“会哭的孩子有奶吃”话糙理不糙，“会哭”的项目经理，总是能从老板那里得到更多的支持。怎么哭最有效呢？老板其实只关注一件事情，项目的投入产出比，如果你想获得老板对你的支持，那么你就要想办法让老板相信，将要投入的资源，会为公司创造值得的收益。第三，小步快走。千万不要指望项目所需资源能一步到位，这是不现实的。无论是内部合作部门，还是天天算账的老板本人，没有人会傻到无凭无据就往项目里砸大把的资源。所以，很多项目是从零资源启动的。这时的项目经理需要使用一小点、零预算的资源，让大家看到一小点项目的效果，然后据此效果去获得多一点的、有预算的资源。有了多一点的资源，等做出多一点的项目效果，再去获得更多的项目资源。项目的前进，真是从“跬步”积累而来，不要妄想一步跨到终点，更不要站在原地等待。

如果项目经理使项目通过老板的考评，顺利上线，通过用户的考评，数据增长，那么项目经理方可拿出硬气的产品数据宣布这是一个成功的项目，而这个结果真正是所有人想要的，皆大欢喜的，无论对项目的考评是来自主观的头脑，还是客观的用户数据，项目都是好的、优秀的。

3.11 考 PMP 有用吗

先给个明确的答案吧：有用！PMP 绝对是全世界、所有行业的项目经理经历了无数的项目之后，总结提炼出来的成理论、成体系的项目管理经验。只不过，要能让这些从实践中得来的经验能够为我们所用，还是有条件的。那就是：项目管理这条路，我们是要真正走过的，在行走的过程中，遇到过困难，我们自己曾经试图探索过解决方案，有的成功了，有的失败了。如果你是这样的项目经理，那么去考 PMP 吧，你将收获一种叫做“豁然开朗”的人生体验。

3.11.1 什么是 PMP

PMP（Project Management Professional，项目管理专业人士资格认证）由美国项目管理协会（PMI）举办，目前在全球 180 多个国家和地区推广。国内自 1999 年开始推行 PMP 认证，由国家外国专家局引进，国际监考机构普尔文进行监考及考试组织。简单说来，PMP 考试就是对项目经理项目管理能力的一个国际认证。项目管理能力已经成本现代企业中工作的基本能力。花费大量的时间和金钱去考 PMP 是否有价值呢？我们逐一来分析这个问题。

3.11.2 PMP 证书含金量

PMP 的证书“含金量”并不高。因为，如果找工作，有 PMP 证书的产品经理并不存在明显的优势。如果是产品经理在职拿到 PMP 证书，也不会单纯因为 PMP 证书而得到升职或加薪。不过，现在很多公司已将项目管理能力设定为员工的一项基本能力，如果没有项目管理能力证书不让上岗，这种情况就另当别论啦。

3.11.3 PMP 的精华是培训，挑个好老师，很重要

PMI 规定，参加 PMP 考试之前是必须要经过专业机构培训的。PMP 培训其实是整个 PMP 认证的精华所在。因为，如果没有 PMP 培训老师的引导，只是看《PMbok》里面已经精简到极致的项目管理知识，是很难理解和吸收的。而且，每个 PMP 培训老师自己也都曾经是优秀的项目经理，他们每个人都有丰富的项目管理经验，在常年教授项目管理课程的基础上不断提炼，对项目管理这件事，确实都有独到的见解。

听好的培训老师讲课，更像是在与行业前辈进行一场深入的业务交流，经常会惊喜的发现，很多曾经在实际工作中困扰不已的问题其实是有答案的。这些问题也在被全球千千万万的项目经理遇到，而他们已经探索到了有效的解决方案。

所以总的来说，要想靠几个月的 PMP 培训，让自己成长成为一名出色的项目管理人才，是不现实的。PMP 的证书真正在工作中似乎也似乎没有那么有用。但是，如果你是一位具备实战项目管理经验的项目经理，想要有个机会通过科学、系统的理论引导，对自己的经验进行梳理，以此来提升自己的项目管理水平，参加 PMP 认证就确实是一件大有裨益的事情。

第 4 章

工欲善其事，必先利其器

产品执行过程中用到的工具，就是产品经理闯江湖的“武器”。看过武侠小说的人都知道，一件趁手的武器，对行走江湖的大侠来说是多么的至关重要。当然了，真正的顶尖高手，树叶、砂石皆可为全天下第一利器，并不拘泥于一刀一剑。所以，我自己的观点是，各种产品工具，产品经理都要学、都要会，但是没必要太较真地去抠工具使用过程中的每一个细节，这样反倒掉进了舍本逐末的“坑”。了解用到的每一个工具的特点，很好的为我所用，够用即可，这才是产品经理对工具该有的态度。

4.1 学会用 PPT 表演

产品经理的每一个重要时刻，都是PPT在陪伴。项目立项的时候靠的是它，需求评审的时候靠的是它，产品推介的时候靠的是它，如果创业了，产品拿投资的时候，还得靠它。

PPT 好用，是因为它是形象化、可视化、生动化的演示工具，它可以很方便的把复杂的想法用图表、图片和动画，转变成形象的表演。好的 PPT，要点在一个“演”字上面，一定不是平铺直叙，一定是引人入胜。如何评判一个 PPT 是否足够好，有一种标准供参考：在未听演讲之前，完全看不懂：听完演讲之后，却突然觉得脉络清晰、重点突出。

好 PPT 原则一：结构清晰，逻辑性强。通过结构与布局，用清晰的逻辑把主题表达清楚。

好 PPT 原则二：简单表达，要点突出。PPT 内容精炼，表达简洁，才会受人关注。对于 PPT 的文字部分，遵循的原则一定要 “少”而“瞟”。少：文字是 PPT 的天敌，能删则删，能少则少，能转图片转图片，能转图表转图表。瞟：文字是用来瞟的，不是用来读的。所以，文字要足够大、字体要足够清晰、字距和行距要足够宽、文字的颜色要足够突出。我们来看看下面这 3 页 PPT 的演化，就很清楚了，如图 4-1 ~图 4-3 所示。

收缴工作现状分析

通过对部分省市公司电费收缴工作的调查和分析，可发现目前在电费收缴中存在的核心问题和产生问题的缘由

1、全国各地电费收缴管理水平差异较大，主要体现在：一是各地受历史沿袭和习惯用法影响，收缴管理中的名词术语名称不统一；二是各地收缴管理标准不统一，与各种社会化代收机构签订的协议也不相同，一些好的缴费方式难以全国推广；三是新兴缴费方式宣传力度不够，没有制定国网公司统一的建设规范，受客户认知度影响，各地新兴缴费方式推广应用程度不统一，部分地区对充值卡缴费、网上缴费等新兴缴费方式不认可。这些管理上的差异，给全国统一的标准化、规范化收缴管理工作带来很大困难，也制约了收缴管理工作先进经验的推广。

2、由于银行网点多、分布广，银行代收是现金缴纳电费的主要方式。但是由于公司集团化工作的需求，电费资金和帐户实行了集中管理，供电企业在银行的资金存量减少，严重影响了银行代收电费的积极性，银行柜员常常以网络不通等原因拒收现金电费，影响了供电企业服务形象。为此，部分网省供电企业提高了银行代收电费手续费，对银行代收电费的积极性起到了一定的促进作用，但难以从根本上解决居民缴费难的问题。

3、部分农村地区仍采用走收方式，由农电工上门收取电费，电费资金存在一定风险。

4、居民阶梯和分时等电价政策的推行，卡表购电和负控购电客户如何准确计量收费成为摆在各电力公司面前的一道难题。

锐普PPT

图 4-1　PPT 1

点评：

密密麻麻，半天也看不完。

收缴工作现状分析——主要问题

- 全国各地电费收缴管理水平差异较大，缺乏统一和规范。
- 供电企业在银行资金存量减少，影响银行代收电费积极性。
- 部分农村地区仍采用走收方式，电费资金存在一定风险。
- 居民阶梯和分时等电价政策的推行，卡表购电和负控购电客户如何准确计量收费成为难题。

锐普PPT

图 4-2　PPT 2

点评：

比较清晰了，但要边听边看，还是费劲

黄太吉现状摘要　白领精品外卖平台

- 目前日单量：**12,000**单；
- 业务规模月增长率：**70%**；
- 月营业收入：**1,040**万；
- 目前已有**3**家产能中心实现投产，预计年底投产**20**家；
- 目前北京CBD地区的外卖队伍已达**430**人；
- 截止2015年7月份已实现**单月盈利**；

图 4-3　PPT 3

点评：

这回好了，看一眼，不用费脑子，印象已深刻。

好 PPT 原则三：视觉化呈现。能用图的，就不用文字。如图 4-4 和图 4-5 所示

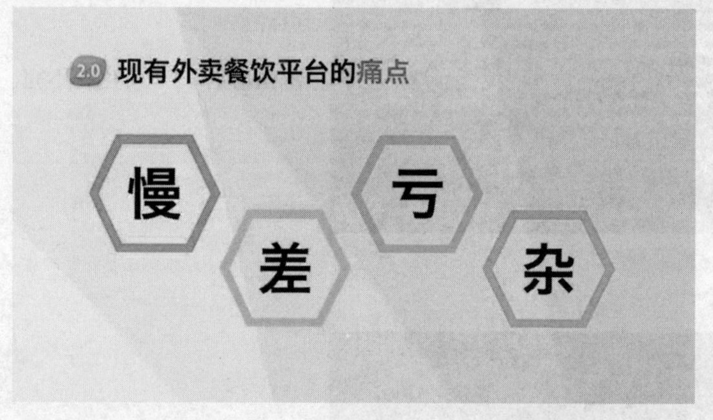

图 4-4　视觉化呈现 1

点评：

简单的关键字，也可以转变成形象图画呈现给听众

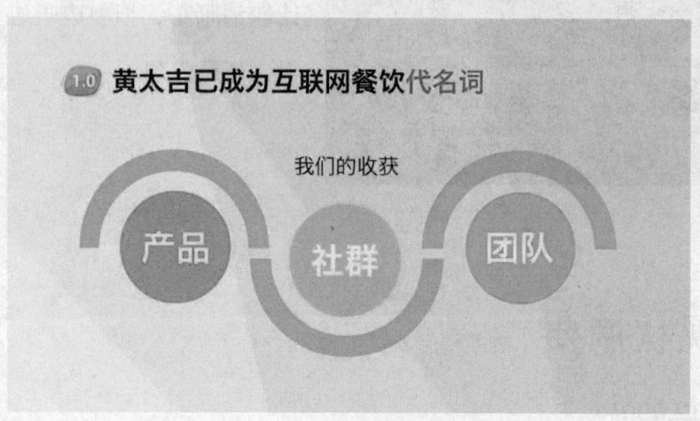

图 4-5　视觉化呈现 2

有了好的 PPT，真正的主角——产品经理，就该上场“演出”了。所谓“演讲”，以演为主，以讲为辅。演就是要通过产品经理的语言、动作，甚至是产品经理的仪态，让听众鲜明、完整的接收到自己所发表的主张。产品经理要想在做演讲时，表演好，需要注意以下的技巧：

从知识到形象，做好准备。演讲之前的准备工作是最重要的，围绕演讲主题的相关背景的了解，相关领域知识的储备。俗话说“台上一分钟，台下十年功”，肚子里有货，讲起来才能从容不迫。除此之外，演讲者的形象也很重要，产品经理的个人形象是一场演讲面对听众的第一界面。上场前产品经理在个人形象上做适当的包装，也是非常必要的。

开门见山，重要的先说。演讲过程中，把关键的、重要的、吸引人的东西先抛出去，让听众形成鲜明的印象之后，再慢慢阐述。

把握节奏，注意互动。边讲边观察听众的反应，节奏或快或慢，讲述或深或浅，时刻调动听众的兴奋点，让演讲是有料又有趣。

用PPT“表演”，意味着产品经理不能只是简单地把信息、观点灌输给听众，而是需要为听众营造完整的现场体验。要从现场氛围，“演员”形象，“故事”的引人入胜，听众情绪调动多方面来满足听众、传递思想。

4.2 Axure，网站蓝图快速生成

想象一下，如果身处古代，我们要盖座教堂，从构思、画图、做沙盘到建造到完工，这个过程起码要花去100～200年的时间。可是现在我们做一个互联网产品呢？工期慢的按月计，快的按周计。Axure当之无愧的就是加速互联网执行速度的那个利器。

Axure让产品经理完全不需要编码的情况下，快速构建起自己的产品DEMO。而且这种DEMO可以无限地逼近真实的产品效果。这点对于产品经

理来说，非常实用。产品经理用这种无限逼近真实状态的产品原型，来与用户或项目成员沟通产品构想和细节，无疑是最准确、效率最高的方式。

试想，如果没有一个所见即所得的产品原型，那么产品的框架、数据的逻辑、展现的形式，产品的方方面面都需要产品经理花费大量的语言进行阐述（如图 4-6 和 4-7 所示）。最可怕的是，一个复杂的互联网产品，用语言是完全描述不明白。说没有用，得做个 DEMO 出来大家看看。

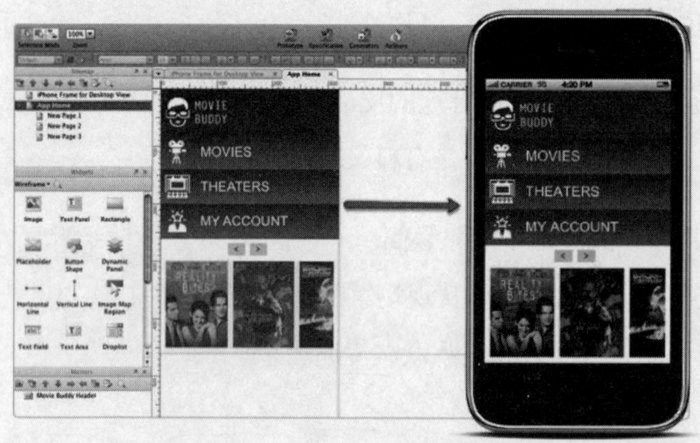

点评：

这样的原型用图片拼接，已经对产品进行了初步的视觉设计。看起来，更加形象、生动。

图 4-6　手机 APP 原型

点评：

这样的原型，完全由线框图构成。不利于看出产品上线后的全部效果，更利于展示各模块之间的逻辑关系。

图 4-7　网站首页线框图

4.3 PS，让产品活色生香

对于所有产品来说，视觉都是非常重要的一部分，对于有些产品来说，视觉绝对是至关重要的一部分。

比如，针对女性的产品，因为它们服务的是视觉动物——女人。我们可以去看看，所有的女性时尚类网站，无一不是以创造出颠覆性的美感为己任。用不美不活来形容这种类型的互联网产品是再恰当不过的了。

如图 4-8 所示，强烈、对撞的色彩和视觉冲击，让人一打眼就被它所吸引。

图 4-8　瑞丽女性网

如图 4-9 所示，仔细雕琢的纹理和细节，无处不体现出优雅的体验。

图 4-9　时尚网站

如图 4-10 所示，图形化表达，视觉空间永远是被图片填满。

图 4-10　yoka 时尚网

好了，现在让我们想象一下，如果上面三个范例的页面，画成黑白线框图，我们会得到一个怎样的产品原型图，这样的产品原型与最后产品想要达到的效果实在相去甚远，如果产品原型不配以对应的视觉设计，任谁也无法想象最后的产品效果。所以，我们得清醒地认识到，在某类产品中，产品的视觉（这在很多保守的产品人心中是不属于产品设计范畴的）占据着产品的半壁江山！面对这类型的产品，产品经理是不可以只交付一个UE稿就算完事的。

所以，如果我们做的产品是视觉与逻辑同等重要的产品，PS就成为产品经理必不可少的产品设计利器。足够厉害的产品经理，自己就可以使用PS做出高保真的产品原型。当然，并不是每一个产品经理都能娴熟的应用PS，尤其是要做到很好地掌握色彩之间的搭配规则，形状之间的摆放技巧，没有经过专业的训练和大量的实践磨炼是不可能的。

那么，在这种情况下，产品经理就需要求助视觉设计师的帮助，让视觉设计师的工作前移，让视觉设计师和产品经理一起来完成最初的产品原型设计。因为这时候，视觉设计就是产品原型不可或缺的一部分。实际上，专业的时尚类网站产品设计的时候也是这么来操作的。

第 5 章

如何让团队成员乖乖听话

你有没有过这样的时候：被开发工程师呛得恨不得当场吐血而亡；被开发工程师气得恨不得自己撸起袖子，亲自去敲代码；被设计师设计出来的东西，惊得半天说不出话来，说他做得不好吧，怕他罢工，说他做得好吧，又太违心；被运营团队提的需求搞得晕头转向；最后，被销售团队嘲笑得、白眼得开始怀疑自己存在的必要性。我想说的是，这些都正常，要搞定不同角色的团队，单靠诚意当然是不够的，还要靠套路，这里面满满的都是套路。

5.1 技术团队：单纯、傲娇

一般来说，技术团队是率直好相处的，做技术的人常年从事的都是跟机器打交道的工作，因此普遍来说，他们为人都比较简单，普遍的处事方式也都是有一说一，直来直去。对于产品经理所做的事情，他们若是支持，便会真做，但若是不支持，他们也不太会委屈自己将就别人。这样真性情的人，其实很好相处，只是做技术的人，大都智商高高，要让他们真正地打心眼儿里信服于产品经理，确实不是一件容易的事情。

想让单纯、傲娇，高智商的技术团队在工作中听话配合，产品经理忙需要做到以下几点。

第一：打心眼里尊重，任何事情都以诚相待。不聪明的人，做不了技术。而对于聪明的技术人员来说，判断一个人是否可以合作，首要的当然是判断这个人是否真诚。谁都喜欢和尊重自己，对自己坦诚相待的人合作。而高智商的技术人员，更容易计算出对方在与自己合作时，心里的“阴影面积”。所以，在与技术人员的合作中，以及隐瞒，不如坦诚。产品经理懂不懂技术没关系，对技术人员来说，最看不起的不是不懂的，而是天马行空，不懂装懂的人。

第二：展现你的实力。在做技术的人的世界里，从来都是靠实力说话的，他们只会信服于那些比他们更有能力的人。永远不要试图在某段程序的编码方式上去跟一个程序员较劲，但却务必要使产品层面的每一个判断、每一个设计，都滴水不漏到让程序员信服。这才是产品经理最应该体现实力的方式。这些事情对于产品经理来说，并不难实现，多花些心思，多做些功课就可以做到。当有一个项目要开展的时候，产品经理事先了解好项目的市场、背景，无论是项目的愿景还是接下来的工作计划都了然于胸。当产品进行设计时，产品经理在落笔定功能前，多请教技术开发团队的意见，了解清楚各功能点能做不能做，如果做的话，需要花多少的时间和人力。当开发过程中需求要更改，不得不影响开发工作时，产品经理搞清楚变更的原因，事先想好变更可能给开发工作带来的影响，以及产品层面应对的措施。总之一句话，只有当产品经理在自己的领域里展现出足够让人信服的能力，让技术人员看到产品经理是值得信任和依靠的好搭档，他们才会全心全意的配合产品的工作。

第三：尊重技术团队的每一份劳动成果。要说最让技术团队不淡定的事情，应该要算是他们加班熬夜做出来的东西不被使用了吧。想想也很好理解，一个产品功能虽然它的提出、明确，产品经理花了大量的心力、脑力，但是毕竟是技术团队一行一行代码敲出来的，从劳动强度上来说，技术人员在整个生产流程中是最辛苦的那个环节。加班不怕，自己开发的东西被使用了，最好是自己做的产品还火了，这对于技术人员来说，是最有成就感的。所以，无论是什么原因，如果在项目执行过程中出现开发的功能还未使用就被废弃，或是还没开发完成，就被废弃的情况，都是技术人员最无法容忍的。这样的情况会出现，很多时候产品经理也是无法控制的。但产品经理可以做的，起码要把客观事实向技术团队解释清楚，让他们能够理解项目的处境，而且，在未来新的产品设计中，要尽量使用已有的开发成果，尽量避免出现无谓的重复开发工作。

5.2 设计团队：最好的设计就是不返工

设计团队，跟产品贴得是最近的。产品框架设计完成后，第一个进入产品开发工作的团队就是设计团队。更有甚者，某些特别的产品，视觉设计师是陪着产品经理一起进行产品设计的，在这样的产品里，设计师更早进入工作状态。于是，设计师顺理成章地成为产品的第一个“试吃员”。产品设计得是不是完整，逻辑是不是严密，第一个感受、体验到产品经理水平的人，就是视觉设计师。当产品进入视觉设计阶段后，再进行微调的事实在太正常了。而视觉设计得好不好，又是一个充满了主观判断的过程。一版不好再做一版，重新调整，再重做，这样的事情在每个产品的设计阶段都会发生。很难有那种设计稿一次通过的情况出现。

因此来说，产品经理稍不留神，就很容易跟视觉设计师的关系搞得水生火热起来。要想避免这种情况，产品经理可以从下面几方面来操作。

第一：在交付设计前，务必保证产品没有大的疏漏。想象一下，如果我们自己是设计师，接到产品交过来的框架图，已经开始设计了，却发现前后页面有对不上的地方，问产品经理的时候，对方还表现出犹疑，一副没太想清楚的样子。这大概可以算最让人生气的场面了。所以，作为产品经理的我们，产品可以由于我们的考虑不周出现某些纰漏，但交付设计前，务必自己对产品流程已经走过多遍，每个产品逻辑点也都已经了然于胸。

第二：提前沟通，提前将大家的审美同步到一个频道上来。产品经理觉得美的东西，设计师也觉得美，这样的默契真是太可遇而不可求了。事实上，优秀的视觉设计师是很难赞同普通产品经理的审美的，而产品经理对于设计师的作品有时也是很难理解和接受。要想避免对设计结果双方的判断出入过大，提前沟通非常必要。开始设计工作之前，双方最好能找一些自己认为好的、可以借鉴的类似产品设计，多沟通讨论，找到一种，或几种双方都可以接受的设计样本。这样一来，可以有效地避免对成品主观判断偏差太大的问题。也避免了设计师的工作出现重大返工的可能性。

产品经理要极力避免向设计师发出描述模糊、指向不明的指令。比如，对设计师说，我们要时尚感强的设计。什么叫“时尚感”？黑白，还是炫彩？极简，还是繁复？不同人对时尚的感知相差甚远，光给一个“时尚感”，设计师是无从下笔的。这时候，最糟糕的做法是，产品经理告诉设计师，那你就多做几版不同风格的，到时候我们再挑。这种做法糟糕的地方在于，首先，这样会消耗掉项目大量的时间，设计师每做一版设计是很费时间的。第二，在有限的时间里，设计师需要提供大量的设计版本，设计师没有足够的时间把每个版本的设计都做到精美。第三，仓促之下做出的粗糙设计，很可能产品经理哪个都看不上。致使设计环节不得不拖延，或返工。若是由于设计环节的返工，激起设计师的心理反感，那么项目的设计环节从此将陷入恶性循环。

因而，产品经理完全可以通过在设计开始前增加设计目标的调研和讨论的比重，来有效减少设计师的工作量。这样做效率更高，结果更好，对设计师也最为尊重。

第三：不要太纠结，允许不完美存在。想要让一件足够优秀的设计作品诞生，需要火花一样的灵感，灵感一定得够亮，灵感之外，还需要足以把处女座都逼疯的细节打磨，缺一不可。灵感好说，但后面这细节打磨的事，没有大量的时间来沉淀，是无法完成的。因此，很多时候，面对设计师给出来的设计结果，产品经理就站在卓越和效率的中间纠结。“设计不如我想的那么好，要不要再坚持一下，让设计师再调一版？”这应该是很多产品经理都有过的心理活动。其实大可放下所有的纠结，本质上来说，我们做的是需要快速投产的网络产品，而不是传世的艺术品。所以，存在不完美，甚至不是我们心里所期待的美，都是可以被接受的。毕竟，上线之后才是一个产品真正的迭代期和修正期。基本上达到预期的设计作品，产品经理就可以安心收下了!

5.3 销售团队：他们只认钱

与销售团队的配合，曾经是让我最头疼的事情了。销售团队在老板那里的话语权总是很高，想使用搞定老板，让老板再去搞定销售这样的老套路，基本上是不可能的，任何一个老板对于销售团队对项目的判断都是极其看重的。这种情况导致，产品经理在与销售团队的合作中基本上都是处于弱势地位。如果处于弱势的产品经理必须要去说服销售团队配合自己，就会非常痛苦。因为，说到“忽悠”能力，销售堪称产品的老师，销售可没那么容易被“忽悠”的。因而，在刚与销售团队开始合作的时候，我遇到的最经常的局面就是满怀希望地过去，灰头土脸地回来。碰到个软钉子，那还是好的，更多的时候，是对方摆出个灰白的脸，面无表情，直截了当地告诉我：“你做的项目我不需要，我还有事，不聊了。”若是幸运，偶尔碰上老板全力推行的项目，碰完钉子，倒还是会有后来。项目该怎么做，还是可以做下去，销售团队也会按照老板的意思对项目进行配合。但是，“积极”两个字，就很难指望了。最后作为产品经理的我终于还是难免陷入到疲于奔命，打落了牙往肚子里咽的境地。后来，我渐渐地发现，要倒关于销售团队难搞的苦水，又何止是产品经理，技术开发、内容运营，大家坐下来，不眠不休，可以连着倒三天三夜的苦水，还不会重样。

再后来，和销售团队配合得多了，渐渐发现，要想获得销售团队的支持，其实也很简单，销售也有不高冷的时候。但前提是产品经理必须回答以下三个问题：产品哪里可以挣钱？什么时候能够挣钱？能挣多少钱？说来说去，就是要跟销售团队把钱的事情说清楚。只要记住“钱”这个信条，让销售团队看到产品的“钱途”，产品经理跟销售团队之间的合作就万事无忧了。“钱途”清晰之后，销售们会反过来积极推动项目的进度，他们只怕产品经理们推进得太慢呢！

在我自己做过的所有项目中，与销售团队合作最愉快的，是2015年做的一个婚庆O2O项目。这个项目启动时，我们按照对行业的认知，制定了产品运作规则，这些规则在与我们的销售团队沟通时，基本上得到了他们的认可，但是销售团队的态度还是比较游移和观望的，毕竟之前没有这么做过。而我们做出的新产品形态的规则调整，需要销售团队付出比以往更多的辛苦。销售团队态度的大逆转发生在第一个版本的产品上线之后，因为新产品的新规则为销售团队在短暂的时间内带来了可观的成交量。这比什么都具有说服力，从成交上升的时候起，销售团队的同事便不断积极地给产品反馈用户对产品的意见，他们自己也比以往更加积极地推动起了项目的进程。

对销售团队来说，人力是钱，资源是钱，时间是钱。所以，产品经理们要牢记的是，在和销售团队打交道时，我们是在跟对方谈一桩生意。既然是生意，那么钱越多越好，钱越靠谱越好，如果不挣钱，对方就会失去所有的兴趣，也不可能拿出任何的资源来做配合，连个合作的态度都会变成奢望。

在抱怨销售团队过于现实的同时，我们可以换个角度来看这个问题。任何产品上线的目的始终都是挣钱，产品如何实现商业价值的问题，是产品经理无法回避的重大问题。那种不问“钱途”的项目，不是没有，第一很少，第二，若真是不顾“钱途”，也未见得能做出非常优秀的产品来。销售团队就是产品的第一层试金石。销售是以营收为导向的工种，他们又都是一线的士兵，最清楚用户、客户的需求，或许很少会有销售像产品经理那样系统地考虑一个问题，并且提出对应的解决方案。但是，产品经理所提出的产品方案，是否能打中用户、客户的内心，销售们的直觉还是很准的，销售们的判断也基本上大体靠谱。如果碰到产品经理与销售对于产品的商业价值判断相去甚远的情况，而产品经理又坚信自己的判断是正确的。这种情况下，产品经理可以请销售介绍一些客户或者用户给到产品经理，产品经理直接拿着产品或者产品方案去采集客户和用户的反馈，如果反馈是积极的，那么这些积极的反馈，就完全能够说服销售团队，并且得到他们对产品经理的支持。

搞定了销售团队，就是搞清了产品的商业价值，这样的产品以及产品经理，应该是所有老板的心头大爱吧！

5.4 运营团队：思绪有些飘散

曾经有一次，我所服务的公司组织了一场关于如何有效表达的培训。在正式进入培训前，授课老师搞了一个小小的热身活动，让各业务的负责人用几分钟讲讲自己春节是怎么过的。给我印象最深的，是内容运营总监的讲述。在短短的几分钟里，我们听到她讲春节全家出行三亚的各种趣事，以及各种被骗被宰的囧境。全会场在她的带领下仿佛充满了上下翻飞的蝴蝶，热烈而绚烂，引人入胜，现场不断出现各种爆笑的场面，连授课老师都跟着笑个不停。这是一位非常资深和优秀的内容运营总监，当时的我由衷地认为她的讲述一定将是老师推崇的有效表达的样本。实际上，我错了。

当笑得停不下来的老师终于收好笑容，开始授课，他点评了这位内容运营总监的讲述：热闹、好听，但传递的核心信息不明确，不明显。也许，我们仔细的想一想，并不难发现，由于长期所从事工作的特点不同，不同工种的人也会在思维方式、表达方式上拥有各自很鲜明的特征。比如说技术人员，他们对任何事物的讲述必定是逻辑清晰的，可怎么听怎么都干巴巴，让人不耐烦。而内容运营的工作，要求从业的人员必须具备形象化的思考，他们要充满想象力，能把看上去互不关联的东西有趣地联系起来，然后就是必须要有生动的表达。这恰恰是我们那位优秀的内容运营总监身上所表现出来的极明显的优点，同时也是极明显的缺点。

做运营工作的人难免都会具有这样的特点，你会发现跟做内容运营的人聊天总是特别愉快，每次开会现场总是充满欢乐的，他们的思路发散、跳跃，有时候甚至是天马行空，真正让人脑洞大开，很长见识。不过，问题也就出在了这里，奇思妙想怎么落地？对产品来说，运营团队可是只管想，不管做的。“望山跑死马”的事天天都在发生，如果再碰上个强势的运营团队，产品经理的日子也真就不好过了。

如何应付这些思绪飘散的家伙呢？如何让运营团队飘散的思绪为产品带来源源不断的灵感，而不是源源不断的困扰呢？方法就藏在开始的故事里，培训老师说了，内容运营总监的讲述坏在传递的核心信息不明确，不明显，那么实际工作中，产品经理只要能够帮助运营人员找到他们表达中的核心思想，让这些核心思想清晰化、条理化，就算是大局在握了。

所以，产品经理们，尤其是女性产品经理们，在与运营交流时的第一守则就是时时谨记自己的交流目标，千万不要让交流会议轻易变成八卦时间，从产品说开去，从时事政局到明星八卦到公司秘闻全都了解了，唯独产品的事情，该怎么不会弄，还怎么不会弄。产品经理们得严格控制住交流的范围。

第二守则就是，所有商议过的问题，必须明确化。如何算是明确呢？比如运营人员提出他们需要了解产品每天的数据表现，那么产品经理务必要跟对方确认清楚：哪个数据？ pv 还是 uv，用户注册数还是点击数，以及每个数据的准确定义。数据抽取的时间段，数据每日提交的时间点等。一定要确保双方对接下来要开展的工作认知是一致的。因为，做运营的人考虑一个问题的时候，更多是从感性的层面去考虑，对于自己想要的东西，他们脑海里其实有的，是这个东西大概的样子。可具体怎么做，具体做出来是什么样子，做出来的东西跟他们原先的设想是否一致，这些问题，他们几乎是不会考虑的。所以，如果产品经理不来帮助运营人员补足这个缺陷，很容易就会出现，大家说得都很好，聊也很开心，执行意见也是一致的，可当东西做出来，运营团队却马上翻脸，挑挑拣拣，到了这会开始说这也不对，那也不对。要是出现这种情况，产品经理就太被动了。需求方（运营）不买你的账，而施工方（技术）也很难再信任你。刚刚做好的产品，需求方既然不满意，那么到底上不上线，到底要不要立即再次进入修改，这样的难题就留给了产品经理。但其实，不是运营人员没说清楚，也不是他们“事儿”，只要产品经理在跟运营人员定需求的时候，替他们多考虑，把要做的东西都明确下来，就能避免事后的被动了。

与运营团队合作，第三守则，发掘隐含需求。当然，这条是加分项。就是说，如果产品经理做不到很好地发掘运营的隐含需求，只是能把对方表达出来地想法很好地明确、实现，也够了，算及格过关。但如果产品经理能够很好的发掘运营人员的隐含需求，那么这样做出来的产品就必定会是非凡的。从这点上来说，产品经理不要轻易放过一线运营人员反馈的任何信息，哪怕是抱怨。每个运营人员都是冲在一些的战士，他们了解的一手情报是最珍贵的资料，但他们很少会有人去仔细分析每个现象背后的原因，也很少会去思考完整的解决方案。他们更倾向于看到什么说什么，遇到麻烦的事情就抱怨。产品经理需要的就是看到冰山的一角，然后把整座冰山挖出来。挖着挖着，挖出来一座金山，也是很有可能的事情。几年前，一个创业公司为我们的广告运营部门服务时，广告运营们抱怨的最多的就是，无法形象的获知每个广告位置、以及每个广告的实际价值，因为这个问题他们老被客户问，而他们自己也完全说不清楚。后来，创业团队里聪明的产品经理（公司的 CEO），从这个抱怨开始，为我们广告运营的同事设计了一套完整如何监控和评估在线广告投放效果，以及如何选择广告投放渠道的产品。这个产品在完善和打磨了几年之后，也使这家创业公司拥有了天文数字的估值。

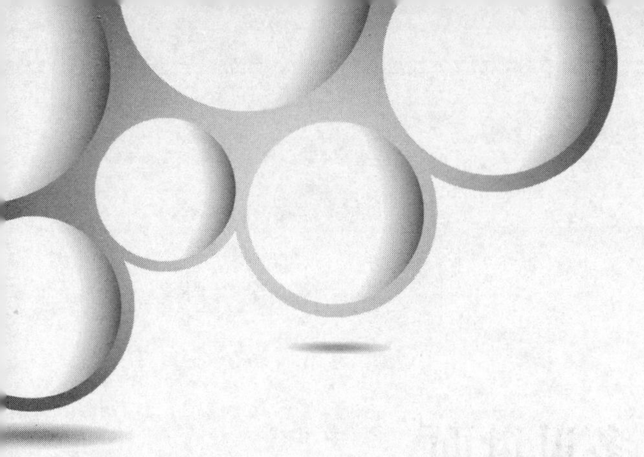

第 6 章

初级产品经理如何快速晋级

作为一个初级产品经理（或者叫产品助理），总是让人焦虑的。对于产品经理来说，刚刚入行的阶段，必然是最斗志昂扬的时期。所有的有志产品经理们都带着满满的想法，对早日收获充满期待。但偏偏在这个时期，产品经理们很难看得清局面，更别说把握住局面了。他们难免会终日陷入琐碎的工作，这日复一日的琐碎，难免让有想法的产品经理们开始焦躁不安。谁都希望自己能够早日摆脱为人打杂的角色，终可以独当一面。

话说，所谓的打杂，对一个产品经理的成长来说，其实却大有裨益，就是在这些琐碎的打杂过程中，一个伟大产品经理扎根于地的根须在渐渐形成。如何卓有成效的打杂，尽快生成足以支持自己进一步生长的根系，下面就是方法：

6.1 晋级密钥：多见世面

方法一：多见世面，需求方要什么都很清楚。对初级产品经理来说，见过的需求越多越好，见过的需求越古怪越好，正所谓“见多识广”。所以初级产品经理晋级的第一秘籍就是不要拒绝任何项目，无论多小的需求都不歧视，无论多怪的需求都不抛弃。

作为初级产品经理，有时候需要配合不止一个项目，有时候需要做一些明明不是产品范围内的工作（比如，帮销售团队出个广告投放数据表格，帮内容团队统计个内容发布数据），有时候老板会突然扔过来一个全公司都没想法的产品，说让你先出个市场调研，提提想法，或者会在状态不好的时候接到一个谁都不愿意接手的烂尾项目。

无论面对上面哪种情况，初级产品经理最正确的做法都应该是回答说：“我试试！”而不是回答说：“我没做过，我做不了。”因为，正由于是初出茅庐的产品经理，那么事情做好做坏，都很正常，这时候的产品经理输得起。

但，对于产品经理来说，却是在一个又一个的项目中亲身经历了形形色色的需求，天时地利人和都有，已经铺好道路，顺顺当当就能完成的项目，固然好，但那些奇葩的，谁都不愿粘手的项目，本身却蕴含着巨大的营养。不说攻克了，哪怕就只是看过，产品经理的收获也会很不一般了。那么，直到有一天，产品经理发现周围需求部门在说的需求自己大体上都能了然于胸的时候，恭喜你，晋级的第一个条件拿到了！

6.2 晋级密钥：跟技术团队站在一起

方法二：技术团队是我的好哥们。对于初级产品经理来说，能按照更高级产品人员细化后的要求使产品按时交付，是工作的首要目标。因此说，在这个阶段，产品经理必须使技术团队成为自己最坚实的后盾，务必确保无论什么情况下，技术团队都是支持自己的。

这是因为，对于初级产品经理来说，是很难从源头（需求）把握产品的，他们更多地处于产品执行的层面，协助更高级的产品人员完成产品开发。这样一来，难免有时候要接受不合理的需求，或出现需求频繁更改的情况。试想，如果碰到这种情况，产品经理对需求调整无能为力，而技术团队又拒不执行，工作岂不是完全无法开展了。

所以，初级产品经理必须跟技术团队站得更近，事事替他们着想，事事为技术想在前面，未雨绸缪。层级，有人问过我一个问题，他说他是做运营工作的，想转产品，但发现转产品的过程中碰到的第一个问题就是自己不懂技术，他发现不懂技术是他转产品的一个大拦路虎。但是，学习技术对于他来说，他又觉得太难了。所以，他问，做产品经理必须要懂技术吗？

我的回答是：当然要懂！懂的程度可以商量，但是不懂却是不行的。先不说，所有的互联网产品你都不知道是如何实现的，这难免让产品经理的想法陷入空谈，或者纯粹的脱离实际变成信口开河。就只说，如果完全不懂技术，如何去替技术团队着想，如何能和心地单纯、态度傲娇，只服对方技术技能的技术人员成为哥们儿？！

所以，初级产品经理如果不懂技术，就学点技术吧，不用精通，但起码如果开发人员之间互相用技术黑话打趣起来，你不至于傻呆呆站在那里，完全接不上话。多和技术团队泡在一起，就会更了解他们，就会更懂技术。当有一天，你清楚地知道产品的每个开发环节，你偶尔还能帮技术团队找些技术解决方案，你经常地能在老板提出不合理的开发需求时站出来替技术团队说话，在别人看来，你恨不得已经成为技术团队的第 N+1 个成员，那么，恭喜你，晋级的第二个条件拿到了。

6.3 晋级密钥：能按要求做出产品

方法三：可以按照要求做出产品，通关！初级产品经理的天职是按照更高级产品人员的产品细化要求按时做出产品，在产品中，初级产品经理的职责是做到，并不是想对或想好。在产品经理的初级阶段，磨炼的是产品开发过程各个环节的把控能力。疲于奔命，成天打杂的初级产品经理只要能按照要求做出产品，就算通关！

这看上去好像很简单，其实不然，“少即是多”，有时候少做点什么，反而对人的要求更高些。不爱思考的人，大概也不会来做什么产品经理。每一个产品经理心里应该都有一个要按照自己内心对世界进行改造的冲动，只是这种冲动，有的是想改变全世界，有的是想改变某行业而已。

可是，对于初级产品经理来说，真的还没有到大展宏图的时候，产品经理的初级阶段是学徒时期，正确的态度是收起指点江山的激昂，针砭时弊的尖刻，踏踏实实学会服从，实实在在学会配合。对产品有了看法，可以沟通、可以交流，但说到底，沟通之后的结果，无论是否符合自己的原有预期，都必须要按要求执行。坦率地说，这个阶段的产品经理，还不具备准确把握需求的能力，他们的很多判断，都只是从原有人生经验出发，是经不起推敲的，用这些经验来推断产品需求，很多时候是存在严重偏差的。

我曾见过一个很极端的例子，是一位潜质优秀的初级产品经理，男性，英俊帅气，偏做了一款纯女性化的产品，这时候的他在产品执行中，固执地认为哪怕是女性用户的原始需求，也不值得信任，因为她们说的，实在是和他以往的生活经验相去太远。产品的结果当然是毫无疑问的惨不忍睹。

这一条，也是产品经理学习收起“膨胀的自我”的第一步，我们要牢记，产品服务的是用户的需求，并不是“我”的需求。当有一天，初级产品经理，懂得控制自我，配合集体，做任何事情直指目标，那么恭喜你，晋级的第三个条件拿到了。

拿到这三个条件的初级产品经理，再琐碎地打杂已经埋不住你，从你手上经过的那些项目，无论成功的还是失败的，每一个都可以佐证你的能力，担当重任，独立负责完整的产品已是顺理成章，指日可待！

第三篇 中级篇

第 7 章

中级产品经理的特征

在我看来，成为中级产品经理才是成为一名真正意义上的产品经理的开始。因为，产品经理必须是对产品结果负责的，产品经理必须是要对真正的用户需求具备敏感嗅觉的，产品经理必须是要能带领产品团队跨越重重障碍的。对一名真正的产品经理来说，不存在任何借口，产品成是他的义务，产品败是他的责任。

第7章

中级产品经理的特征

7.1 产品经理的故事：一切失败都是产品经理逃不掉的“锅”

这是一个真实的故事。某公司项目，产品上线一周后，公司会议室里吵成了一团。该产品开发用了40天，动用了20人的开发团队，产品上线前广告宣传花费100万。可是，产品上线后每日的用户访问数却只有个位数……

会议室里，董事长沉默不语，CEO愤怒的指责整个团队，要求所有团队成员对项目执行力不足进行反省和自我批评。团队几乎所有成员都在指责产品经理，说他的工作不力，导致项目失败。产品经理不说话，心中已是怒火燎原。

散会之后，已成众矢之的的产品经理，拍着桌子，跳着脚，指着天骂：产品怎么做，都是老大和需求部门提的，失败与我何干？！这样的项目结果，真是遗憾，一个产品的上线让参与其中的每一个人都变成了被害人。

这是一个特别典型的产品经理从初级阶段迈向中级阶段会遭遇到的窘境。而这个产品真正的失败之处也在于，产品经理中级阶段核心能力的缺失。当产品经理处于初级阶段时，他只要能够按照老板或是需求部门的要求，按时把东西做出来就可以了。进度控制得当，便可完成任务。项目的最终成败，产品经理是不用负责的。但，当产品经理进入中级阶段，他的职责是对整个项目负责时，产品经理就不单单是要关心产品何时完成，更要关心最后交付的产品到底能不能让客户满意的问题了。

如果，这个阶段的产品经理放弃对产品核心关键问题的把控，不能把产品引向正确的方向，那么最后的结局，无疑就只能是跟故事的主角一样，加班加点，拼命奔跑，全速奔向失败的终点了，如图 7-1 所示。

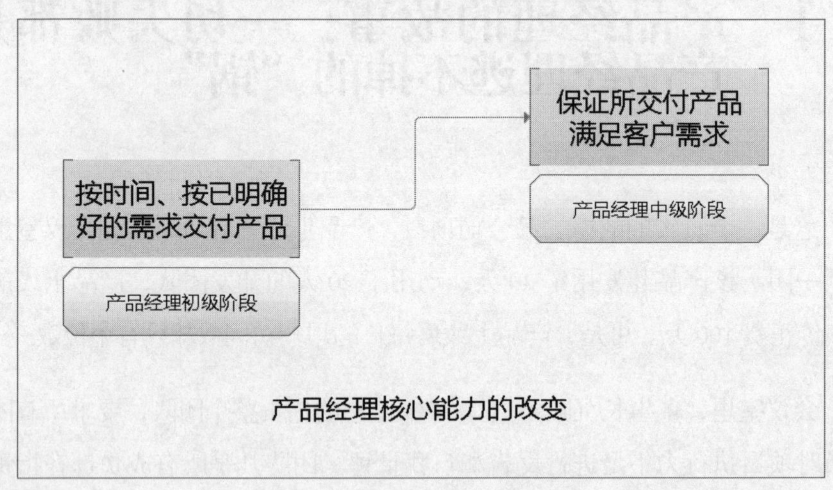

图 7-1　产品经理核心能力的改变

7.2　开始思考，别人提的需求对不对

当产品经理开始做一款产品时，会有多少人向他提要求呢？

首先，是老板（为产品提供资金的人）！谁都知道，老板的重要性！相信每个产品经理都愿意尽自己的最大努力把老板服务好。但，要命的是，一般情况下，老板提的要求要么是完全外行，瞎指挥。要么是云里雾里，飘在天上，难以揣摩，无法落地。

其次，是产品相关的业务部门，编辑部、运营部、销售部、市场部、技术部。

兄弟部门还好，他们的需求都很明确。比如：编辑部要尽量多的内容露出位置，销售部要尽量多的广告售卖位置，市场部要产品宣传有噱头。但是，兄弟部门也不大好。不同部门之间的需求很可能是互斥的，都是些满足了 A 就伤害了 B 的事儿，这时候会让你左右为难。

接下来，是产品的衣食父母——用户。用户对于产品来说，是如此重要，他们如果不喜欢产品经理开发的产品，那么产品经理就只能是根野草！而产品也只能是块渣渣。但，用户最让人郁闷的地方是，他们从来不开口说自己要什么，他们只用脚投票，很多时候，你都被 pass 掉了，甚至不知道究竟是哪里出了问题；因此产品经理需要通过多方面的渠道来完善用户的需求详单，要让他们主动说出自己的需求，更要从细微处体查用户的需求，具体的方法在后面的章节中会详细讲到。

最后，每个产品都还有一个隐蔽的、影子一样的需求方，就是产品经理自己。“我”，在产品需求阶段很少会跳出来大声宣布自己要什么，但其实，最后做出来的每一样东西都是这个“我”所选择的。所以，“我”虽然很少发言，但不要忽略他。

这时的产品经理面对的是第一手的、未经清洗的需求。这些需求来自四面八方，五花八门，鱼龙混杂，它们像洪水一样涌到产品经理面前，这需要产品经理具备一双慧眼，将璞玉挑选出来，打磨成惹人喜爱的美器。

作为一个产品经理，从现在开始，你要真正开始思考了！开始琢磨人，琢磨他们到底在想什么，琢磨他们为什么会这样想。这是产品经理中级阶段最内在的变化，也是最核心的特征。用术语来说，产品经理开始进行需求分析了，如图 7-2 所示。

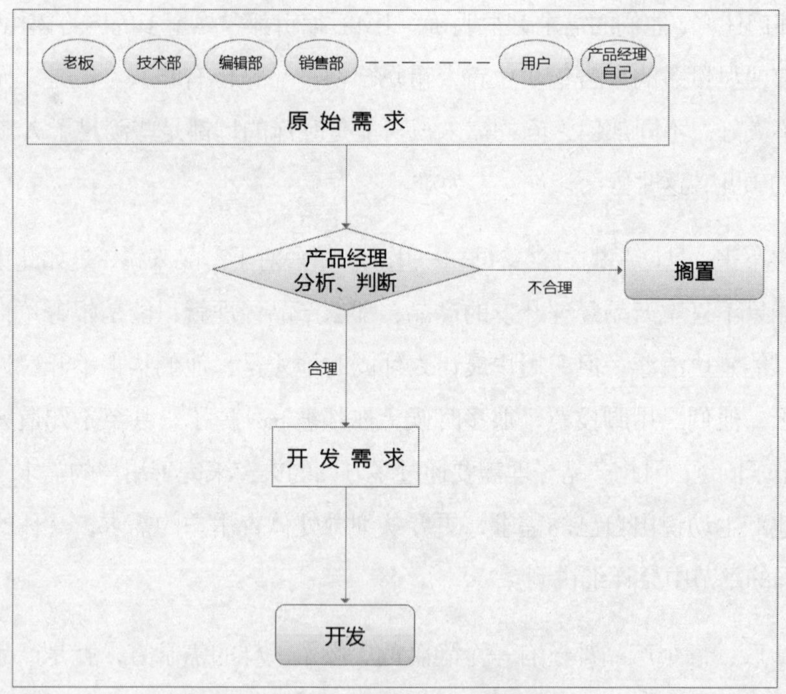

图 7-2 产品需求控制流程

7.3 你要负责完整的项目了，要对项目结果负责

那么产品经理中级阶段的外在特征，是什么呢？就是他要为整个项目负责了！不要高兴得太早，负责的意思，并不是公司会进行一个隆重的授权仪式，正式把项目交给产品经理。对于号称“小 CEO”的产品经理来说，大概整个职业生涯中都要在没有名分的情况下做着项目 leader 的活儿。

真实的情况是，虽然没有人授权给产品经理让他负责某个项目，但是，如果项目做砸，会有一堆人等着找产品经理的算账。

好吧，拍拍身上的尘土，走马上任吧！来看看，什么是完整的项目，如图 7-3 所示。

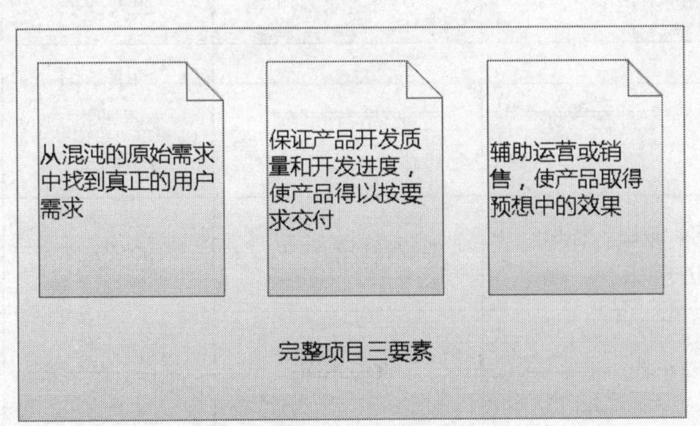

图 7-3　完成项目三要素

需求阶段，再也没有人告诉你项目要怎么做了！你需要从众人飘忽的、繁多的、自相矛盾的感觉里，建立扎扎实实的产品模型，你要回答诸如“高端、大气、上档次”这种纯感性的词语和页面上每一个按钮、每一行文字、每一种颜色之间到底是什么关系！

开发阶段，对开发阶段的把控，此时的产品经理也算是驾轻就熟了。当项目进入开发，应该是产品经理最轻松的时刻了吧。

产品上线，产品经理想要拥有一次从容的上线，大概跟熊猫想拍张彩色照片一样困难。但是，谢天谢地，就算千难万难，总算上线了！

上线之后，才是一个产品真正的开始。产品上线后，用户反馈，数据表现扑面而来，也或者，可能是毫无反馈！绝大部分时候，新生的产品，要面对的不会是鲜花和掌声，而是如潮水般的恶评。如何面对和处理来自不同人物的评价？能不能迅速痛定思痛，让那些或是批评或是赞美的意见，成为产品改进的动力，这是产品经理面对的严峻考验，如表 7-1 所示。

表 7-1　困境破解卡

产品经理困境	困境原因	通关技巧	秘籍所在章节
产品上线后，大家都在骂你	产品有问题	勇于承担 看数据 快速迭代	13、8 16、1 12 章
明明是老板让做的，做出来却被骂得狗血喷头	没理解领导的真正意图	读懂人心	9、3
老板瞎指挥	老板不懂	征服你的老板	11、3 11、4 11、5
他们都只说感觉，产品到底怎么做？	谁也不知道产品怎么做	逐步清晰	8、2
业务部门需求打架	各有各的利益出发点	平衡利益 组建利益共同体	9、2 9、4 11、4
用户痛点是什么？用户的真实需求到底是什么？	产品经理对用户及业务不够了解	千方百计 了解市场和用户	10、1 10、4
他们要的，跟我想的不一样 是放弃自己还是说服对方？	任何人的经验在新产品前，都需要修正	沟通 修正自己的想法	13、1 13、3 13、4
产品经理自己不是产品的目标用户	入错行	不疯魔不成活	10、5 13、9

第 8 章

一个产品的生命之旅

从“灵光一闪”，到孕育设计，到闪亮登场，到日渐成熟，到衰落退出，产品经理作为产品的操盘者，总是产品“命运”最直接的目睹人和执行人。只可惜，再能干的产品经理，也无法成为一个产品命运的“制造人”。每个产品都有自己与众不同的道路，产品，不过是借产品经理之手来到这世上。

8.1 产品的生命之路：一个产品一条轨迹

我自己总是觉得，产品是有生命的，每个产品都有属于自己的命运。产品的命运很大程度上在最初诞生的时刻就决定了。产品经理不过是产品命运的见证人和执行人，产品经理的个人能力确实能使产品更好或更坏，但却无法改变产品的行进方向。

正因为每个产品都是一个独立的个体，都有自己独特的面貌，我们才要更客观的来认知产品的生命周期。只有对产品的生命周期认知清晰，才能清楚产品经理各个阶段的角色和需要做的事情。图 8-1 是一个产品的完整生命轨迹，从最开始的灵光一闪，到后来的孕育清晰，再到开发面世，到接下来的生长、完善，到最后的衰退、消亡，每个产品都有自己的路要走。

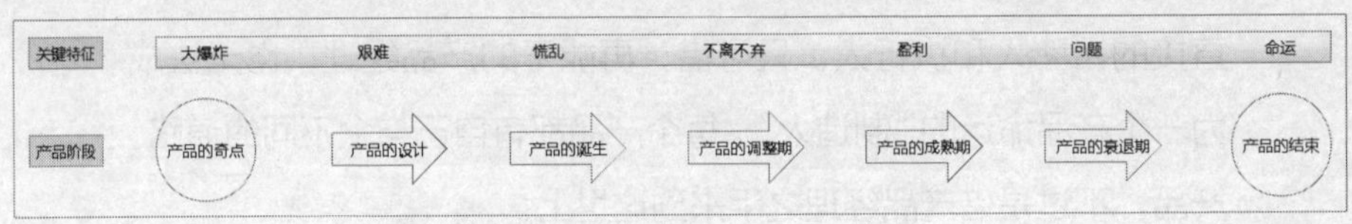

图 8-1 完整的产品生命之路

8.2 大爆炸——产品的奇点

一个产品的生命之旅是如何开始的？这就像宇宙的诞生和生命的起源一

样，它们都有一个奇点，都是起源于一次大爆炸。当产品经理（这里的产品经理指的是产品的主人，很多时候产品经理就是老板，老板就是产品经理）下定决心去做某个产品的时候，这就是这个产品的奇点了。但，是什么促使产品经理下了这决心，那些把产品带到世间的大爆炸的火光却真的说得上是千奇百怪。

我见过最感人的，也最不靠谱的产品起因，是兄弟情谊。给我讲这个产品的是一个在传统行业很有建树的老板，他是这个产品的主要合伙人之一。他说他们曾经试图做一款极具颠覆性的产品，这款产品的核心是通过分析图片，而找到图片中的对应商品，并提供购买。这个产品在花了 4 个月 40w 之后，宣布项目失败。

因为我自己以前曾做过类似的项目，我了解其中技术实现方面的难度，所以我很好奇地问他，项目开始前，你们难道没有进行过可行性分析吗？项目这么明显的问题，随便找个懂点的人问问，完全就能避免你们的损失啊！听完我的疑问，老板眼里飘出了伤感，他幽幽地说："我们其实也知道，但是做这样一个产品是我们已经去世的一个好朋友的心愿。不管成不成，我们都要替他试一试，算是了了他的心愿。"兄弟之间的情谊，好朋友未了的心愿，炸出了一个注定无法完成的产品。

我见过最顺理成章的产品起因，是为了解燃眉之急。郑在 5 年前还是京城的草根。他的公司是为建筑公司代办各种资质证明的，郑替他们跑政府流程。生意不大，但足够养家。可这门生意最让郑犯愁的地方在于，给建筑公司办资质的时候，他得为他们找大量的建筑工程师，用工程师的各种证书挂靠到这些建筑公司去。这对于在京城无根无基的郑来说，这是个很令人头疼的问题，他并不认知足够多的建筑工程师。

思来想去，他为自己的燃眉之急想到一个解决方案。做一个网站，让有证书的工程师主动来挂靠，他的公司有需要的时候，就从自己的网站上挑选证书。郑说，在有了这个网上数据库之后，他的线下业务，在北京做到了行业第一，也很顺利地在天津、沈阳开设了分公司。而他的这个工程师证书挂靠网站（www.58guakao.com）不想竟成了行业首家，在 5 年的时间了积累了 30 万建筑工程师的个人资料。5 年后，58guankao 网站自己也开始靠广告盈利，百万量级。5 年前的互联网，O2O 还是个尚未出生的概念，但郑的公司做了，而且很成功，不知不觉中。

现在风光无量、如日中天的拉勾网，当初的建立，也无非是 3W 咖啡的几位主创，日日被周围的朋友包围，要求他们给自己介绍好的开发、好的产品、好的运营，为了解决这日益增多的招人需求和找工作需求，他们才创立了专注互联网招聘的拉勾网。

我见过最“固执”的产品起因，是因为爱美。LI，她是当今国内最好的女性时尚类网站视觉设计师。LI 对于美、对于什么是时尚，有着近乎偏执的追求。当然，可想而知，在她决定做某个日后会声名鹊起的时尚导购网站时，她对于国内原有的时尚网站是很看不上眼的。她做产品的出发点只有一个，她要做一个真正充满时尚感的，真正与众不同的女性时尚导购网站。在后来的产品执行过程中，产品经历了严苛到令人发指程度的视觉设计，设计稿不知道被推翻了多少回，被修正了多少稿，一个像素的瑕疵也不会被放过。而这种对于美的“固执”，终于也换来了一个极端精致的时尚网站。

好多时候，我们为了要创造一款产品而挖空心思、伤透脑筋。我们学习了很多的理论，比如痛点说，我们也听了好多成功的案例，比如乔布斯的苹果，还有好多就在我们身边日夜野蛮生长的近邻，比如滴滴，比如拉勾，我们都希望我们的产品是划时代的，最不济，也要是小而美的。为了这个目的，我们苦苦思索，日日冥想，天天争论。找痛点，求创新，希望我们的产品从开始爆炸的那一刻起就是自带闪光的，就是甩开了所有竞争对手的。

不得不说，产品如何开始，从何而来，这颗种下的产品种子到底是什么样的，确确实实奠定了产品的后来，好多后续的故事，在产品生命的起点，大爆炸那一刻貌似就写好了结局。但是，那些讨论出来的痛点也好，机会也罢，你确定是属于我们自己的机会吗？别人的机会，不一定是你的机会，很多东西不过是甲之砒霜，乙之蜜糖。其实，不同的产品，不同的开始，不过是产品的创造者长久以来自身能量积累的快速释放过程，就如同宇宙的伊始。

所以，要想找到一颗健康的产品种子，忘掉别人的痛点吧，如果你想到所谓的痛点，身上并没有疼痛的感觉。回到自己的内心，做一款起码对自己来说是有意义的产品，无论这款产品挠到了产品经理的痛点，还是痒点，这才是产品的奇点。

8.3 艰难的孕育——产品设计

产品的设计过程，就像是怀胎十月。人类的怀孕，十个月里，从细胞开始，一个生命慢慢形成她的模样。产品也是，产品的定位是心脏，产品的框架是骨骼，产品的数据逻辑是血脉，产品的外观是皮肤。这些产品不可或缺的组成部分，在漫长的设计过程中，逐一而成。

人类世界里，无论做过多少次母亲，孕育过多少次生命，当新的生命来临，母亲总是必须要经历不同于任何一次的妊娠反应。这大概是因为每个生命的形成，都需要母亲倾尽精力，而每个生命又都与众不同吧。产品也是，再有经验的产品经理，无论他之前操刀过多少个产品，无论那些产品成功与否，面对新的产品，孕育一个产品所付出心力，不会比上一个产品少半分。艰难孕育的过程虽然极其相似，但是，各个产品在设计过程中需要解决的具体问题却又各不相同。

产品设计的过程，是一个从无到有，从模糊到清晰的过程。如何设定具体的执行方案和执行步骤，去实现感性的产品目标？这就需要产品经理按顺序回答以下几个问题：产品的目的是什么？产品要解决的具体问题有几个？分别是什么样子的？产品分别用什么方法来解决这些问题，如图 8-2 所示。

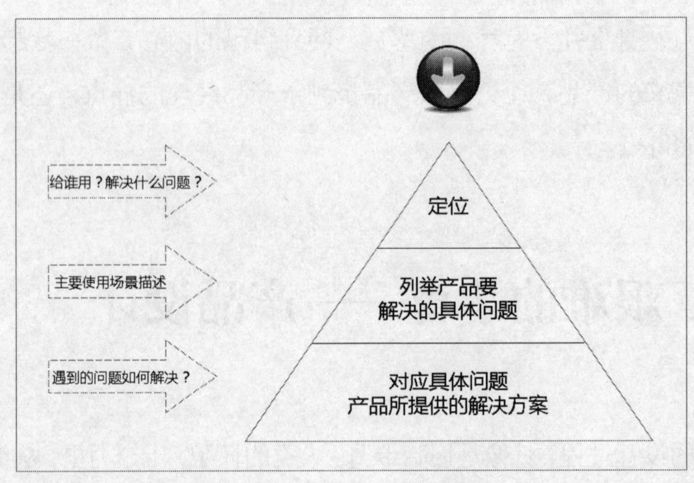

图 8-2　产品的设计过程

举个例子，如果要做的是一款利用 VR 技术，帮助客户在线挑选衣服（产品宏观定位）的产品。那么，产品的具体定位就可以按照图 8-3 所示来做。

需回答的问题	定位1	——————	定位n
面对什么人提供服务？	男性	——————	女性
人群特征？	商务	——————	时尚
主要解决的问题是什么？	不会搭配	——————	款式是否适合

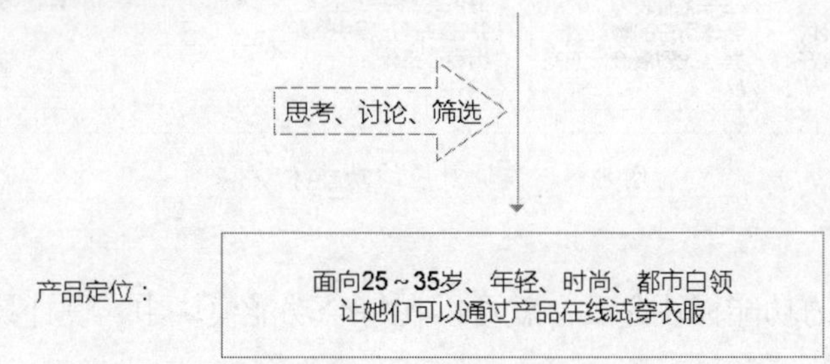

思考、讨论、筛选
产品定位：
面向25～35岁、年轻、时尚、都市白领
让她们可以通过产品在线试穿衣服

图 8-3 产品具体定位

有了产品定位之后，再围绕这个定位，来确定产品将要提供服务的典型场景。可列出所有产品经理认为对用户有价值的使用场景，然后在其中挑出产品要重点满足的核心场景。核心场景每次建议挑选 1 ～ 3 个即可，如图 8-4 所示。

场景一：
用户可依据自己的喜好，在线试穿最流行的衣服。并可购买。
—————
场景N：
用户第一时间在线试穿快时尚时装品牌（比如：ZARA、H&M等）的当季最新服装。并购买。
面向25～35岁、年轻、时尚、都市白领
让她们可以通过产品在线试穿衣服

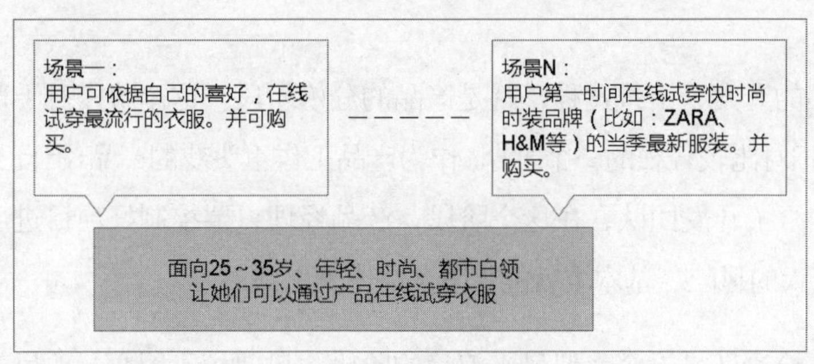

图 8-4 核心场景

有了核心场景之后，就可以针对不同的用户场景的实现，设计对应的功能模块，如图 8-5 所示。

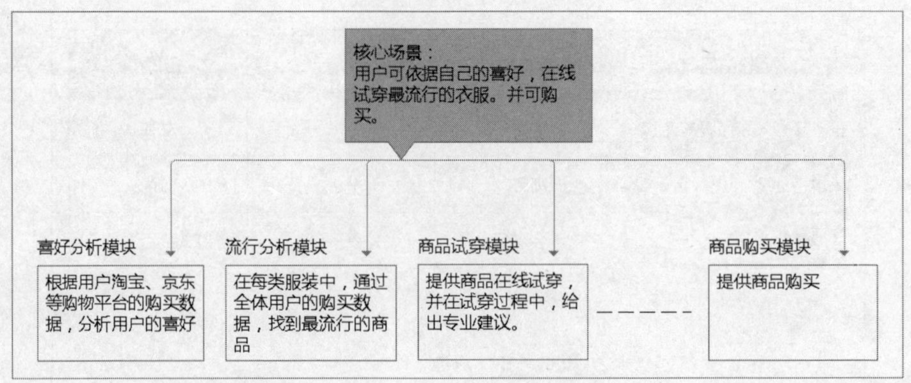

图 8-5　设计对应的功能木块

有了具体的功能模块之后，就可以在每个功能模块中，设计具体的技术功能点，以及产品数据流程和对应的用户界面。至此，一个产品就从虚无缥缈的概念，一步步走到了落地。

8.4　分娩都是慌乱的——产品的诞生

产品的开发、上线过程，就是产品的分娩阶段。这个阶段对于产品经理来说，是相对比较轻松的一个时期。作为产品工作重头戏的产品设计已经完成，顺利交付给了开发团队，在这个阶段，产品经理只要控制好项目进度，帮项目规避掉大的风险，基本上就能带着产品走到上线。

但，恰恰就是这个看似风平浪静的阶段，只要稍不留心，项目就很可能演变成一场慌乱的闹剧。因为这一阶段的工作，主要是开发团队在做，产品经理客观上很难监控到每一项工作的细节之处，而主观上，经过产品设计阶段的高强度工作之后，产品经理很可能会自动进入一个懈怠期。因而，在平静的外表下，这一时期隐藏着两个非常容易发生的风险：项目进度一拖再拖；做出来的东西跟想象的不一样，如图 8-6 所示。

工期拖延有两种，第一种是显性的，开发团队直接修改产品交付日期。第二种是隐性的，开发团队还是按照约定的时间交付产品，但是产品经理拿到的，很可能是一个“内测版”。所谓“内测版”也就是开发团队实在来不及按约定时间交付完整产品了，所以，先做一个应急的东西出来交差。这种“内测版”一般情况下是无法进行测试的，产品经理只能再静心等待一段时间，开发团队在“内测版”的基础上，修改之后，发布真正能使用的产品。

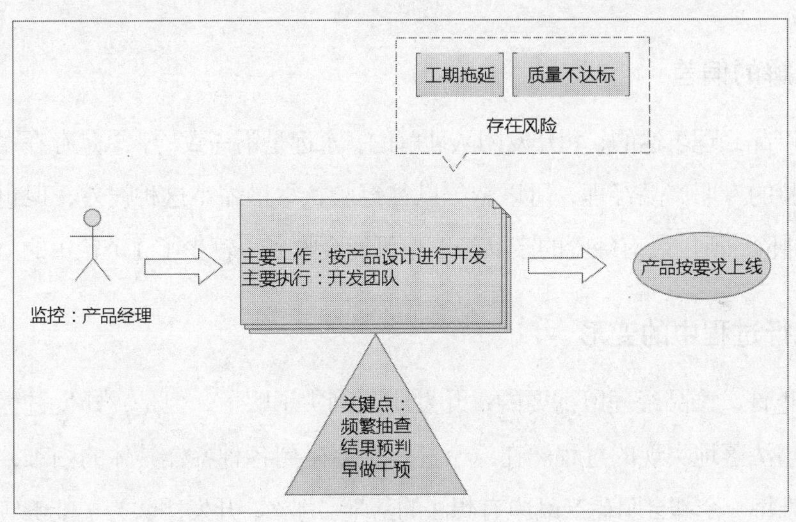

图 8-6　产品的诞生

说到产品经理在真正拿到产品时，发现产品与预期不一样的情况，就更加常见了。如果产品经理本人的本职工作是业务主管，或者是公司老板，那么他们很可能遇到的情况是：明明自己订购的是一辆汽车，但开发团队却交给他一只狗。“这东西完全不是我要的嘛！”这是最常听到的来自他们的抱怨。而如果产品经理本人是专职的产品人员，情况会好一些，产品经理很可能发现，自己确实收到了订购的汽车，但车上少 3 个轮子。

无论出现以上何种情况，从产品经理的角度，很容易直接判定这是开发团队态度有问题，不好好干活，或者开发团队能力有问题，做不了项目要求的工作造成的。于是，顺理成章的，接下来的戏码就是产品经理与开发团队之间的互相指责、推诿扯皮、一地鸡毛。

可是，这样的结果真的都是开发团队的责任吗？未必。从开发团队的角度来看，花了时间、花了人力，他们也希望交付的是高质量的产品，起码是合格的产品。以下是造成这个结果的真正原因。

1. 理解的偏差

产品经理表达的，和开发团队理解的，永远是不一致的，总是存在误差。有经验的专职产品经理，可以依据以往经验，尽量缩小这种误差，但也无法完全排除，所以最有经验的产品经理也可能会收到一辆少了 3 个轮子的汽车。

2. 执行过程中的变形

也许，产品经理所需要的，开发团队确实了解了。但是，开发过程是一个将想法落地实现的过程。在这个过程中会碰到各种各样具体的困难，而这些困难每一个都会阻碍产品原有想法的落地。那么，开发团队为了能够实现，很可能在做的过程中，在原有设计的基础上，这里修改一点点，那里修改一点点。每一点修改单看，都不打紧。不过，累积起来，从量变到质变，最后的成品与最初的想法，很可能就是“差之毫厘、谬以千里”了。

所以，在这个环节，成功避免拖延、货不对版这种常见风险发生的方法有以下 3 个。

1. 频繁抽查

原则上，产品经理应该每天都了解产品的开发状态。但，因为具体工作是开发团队在做，产品经理如果详细而密集的询问对方的工作状态，难免影响开发进度，甚至于引起对方的反感。因而，产品经理了解和抽查产品的开发状态，要讲究方法。

2. 结果预判

在搜集到产品开发状态的一手资料之后，产品经理就要对有可能出现的不利结果进行预判。比如，项目时间已经过半，但开发工作只进行了 1/3，那么这就意味着项目很有可能要延期。或者是开发某些重要功能的条件迟迟不具备，那么这就意味着将要交付的产品，很可能与预期会极不相符。

3. 早做干预

当产品经理判断产品开发状态与预期有较大偏差之后，产品经理首先要把自己的判断告知给开发团队——“项目现在的进度有些慢呀，我当心到时候做不完啊……”或者是“这个功能这样开发，跟我们想的不一样哦……”。在此基础上，再与开发团队一起探讨对策。幸运的是，这一时期出现的问题，一般都是可以解决的。如果是资源不足，产品经理就协调新的资源补充进项目，比如调配更多的开发人员，或是向公司申请更长的开发期限。如果是对需求理解的偏差，那就对存在理解误差的需求再次沟通。如果是原有需求实现条件不具备，那就修改原有产品设计。

综上，产品经理安全度过产品诞生环节，避免慌乱的法宝就是：尽可能多地了解产品开发状态，让产品开发过程处于产品经理的控制之下。控制住了过程，也就控制住了结果。

8.5　再丑也是娘的宝——产品的快速调整

细细想来，我做过和见过的所有产品，无一例外的，在上线之初，都是“丑陋”而且“见不得人”的。所谓的“丑”，并不是产品外观的不漂亮，而是产品“不好”“不好用”“不完美”。而所谓的“见不得人”，是指这个阶段的产品几乎没有得到过用户的认可。

我曾经做过的一款产品，产品上线时，整个团队信心满满，团队成员认为自己做的是一款与众不同的、颠覆性的产品。但是上线之后的用户数据却意料之外的差劲，线上的产品，每天除了自己团队成员的访问，几乎没有真实用户的到访。用户用脚投票，让整个团队知道了自己的产品有多“不好”。

另一款产品，在产品上线之后，团队成员发现产品实现的功能只有预期的 30%，完全无法承担相应的业务工作。于是，产品缺少的功能，团队补上，在这款产品上线之后的很长一段时期，整个团队加班加点，手工干起了程序该干的工作。

问题出在哪里了呢？首先，还是产品经理（或者是产品团队）“想得不对”，产品经理观察到的、理解的用户需求，与真实的用户需求之间有误差，有时候误差还很大。比如上面提到的我们自以为会颠覆整个行业的那款产品，后来才知道，那些我们刻意为之，与众不同的地方，恰恰是我们以为好，但目标用户不喜欢的东西。这不是弄巧成拙、南辕北辙了吗？

可是，在看到真正的用户数据之前，谁又能真的知道用户想要的是什么？所有产品出发时的需求，都只能是产品经理的猜测，唯一不同的地方在于，有时候猜得更准一些，有时候猜得更不靠谱一些。但不论对错，产品经理想的与用户要的，总是存在差距。

其次，是做的时候，出现偏差了。受限于项目资源——钱不够、人不够、时间不够，在一切条件有限的情况下，很难把产品的打磨完善，更别说产品的细节了。很多产品都是在只具备主要核心功能的情况下，就不得不上线。比如前面提到的我们用人替程序干活的产品，就是这种情况，如图 8-7 所示。

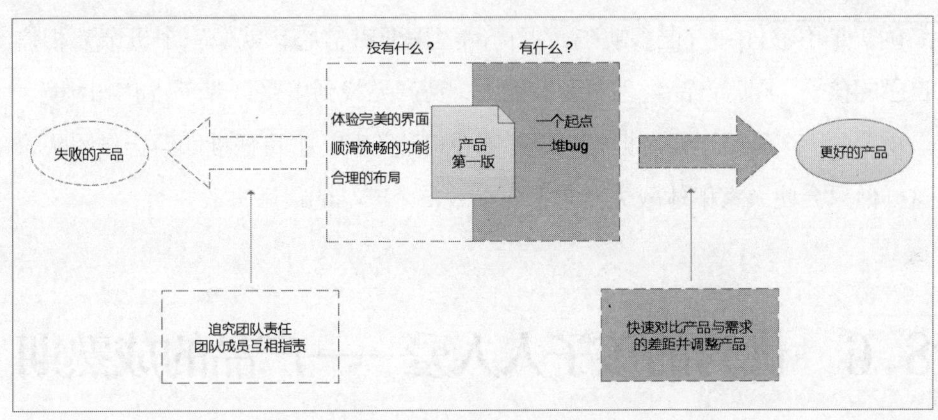

图 8-7　产品的快速调整

这一时期的产品经理就像是“救火队员”，面对这样的产品，老板“发火”几乎是肯定的，产品经理必须要能安抚老板的质疑，才能为产品的调整争取到时间；业务团队“着急”也是应该的，对业务来说，时机等不起，但又很难用一个“不好用”的产品去开展工作。产品经理必须要能帮业务团队解决掉因产品不足带来的不便，才能为产品赢得将来发展的机会；最后，是产品本身，“缺胳膊、少腿”“四处漏风”的产品状态在使用过程中，天天出现问题，是再正常不过的事情。产品经理必须要能在第一时间查缺补漏，才能使产品在最短的时间内完善起来。

要想安然渡过这一时期，产品经理首先要做的是救好产品自己这把“火”。无论产品的不足是来自需求误差还是执行偏差，这一时期都是产品最佳完善期。这时候，想法都变成现实了，用户也有反馈了，产品不再是纸上谈兵。

产品经理若是能把产品本身的情况分析好、梳理好，找到产品不好的根本原因，快速采取对应的调整策略，就能让一个“丑陋”的产品成为一个成功产品的起点。

这时候的产品经理，也是整个项目的“定海神针”。虽然这一时期的产品确实是不够好，有很多缺陷，但产品经理要有信心，就像一个母亲要相信自己的孩子，同时产品经理更要有能力，帮产品找到出路，带产品走出困境。最重要的，产品经理要有担当，千万不要自乱阵脚，把责任推卸给合作团队，这样做只会使大家集体散失信心，而导致整个产品的最后失败。

8.6 优秀的孩子人人爱——产品的成熟期

能走到成熟期的产品都是幸运的，进入成熟期的产品已经渡过了生死线，找到了产品赖以生存的模式。这一阶段，产品最大的特点就是“稳定”，产品经理不需要对产品做大的动作，只要做好产品的日常维护就可以。这时候产品最大的任务是“赚钱”，这也是产品的收获期。

处于收获期的产品，必定是“人见人爱”的，团队中与业务相关的每个角色（比如：老板、销售、运营等）对产品都会非常关注的，而他们对产品也都有各自非常强烈的要求。这些需求普遍来讲，会具有两个特点：第一，几乎都是必须要执行的，因为大部分与钱相关；第二，很多需求未必合理，因为需求只考虑了钱的角度。

举个例子，我服务过的一家公司，曾做过一个微信公众号。当时，这个微信公众号做得很不错，每天会定期推送来自业内的高质量内容，数据表现非常优秀。于是，这个微信公众号成为公司的优质广告资源，所有的销售都会优先售卖在微信号上的广告。

因为，公司其他产品的广告效果都得不到客户的认可，所以，该微信号不只是必须每天发布广告，还不得不拿出最重要的头条位置，每天不间断地推送广告。反倒那些真正有价值的、用户感兴趣的内容只能见缝插针的发布。时间一长，微信号粉丝越来越少，阅读量越来越差，到了最后，为了保证广告主需要的广告阅读量，每条广告都不得不通过刷流量的方式来完成任务。

上例中的微信公众号当然是一个再简单不过的小产品，但，从它的由盛而衰，却很清楚地看出这一时期产品和产品经理所面对的挑战——在众多方向不同的强力拉扯下，依然要确保产品行进在正确的道路上。并且，由于产品从建设期转入运营期，产品发展让位给业务发展，产品经理话语权降低，可调动资源减少，使产品经理这一时期的工作更具有挑战性，如图 8-8 所示。

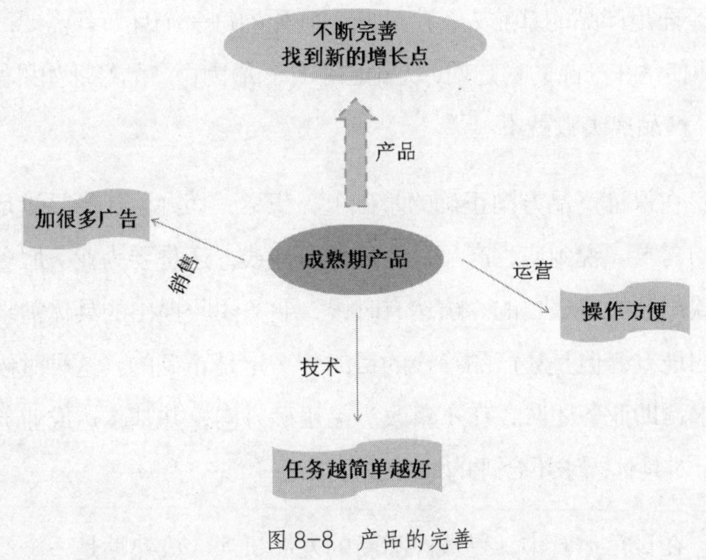

图 8-8　产品的完善

所以，这一时期的产品经理，首先思路要足够清晰，知道什么该做什么不该做，并且还要有足够的能力，能够平衡、协调好各方的利益，让产品得以在正确的方向上推进。具体来说，产品经理需要做到下面这三件事情：

第一：不可放弃对产品的主导权，无论是在主观上，还是在客观上。主观上的放弃指的是产品经理觉得自己的工作已经完成，可以交棒给下家，主动放弃对产品的控制权。这点上，我自己就犯过错。当时，我负责的产品建设已完成，并且在试运营期间数据表现良好，因而在产品正式移交运营部门运营之后，我便很少再关注产品的状况。令人没想到的是，产品在正式运营 3 个月之后，数据从上线之初的欣欣向荣变成了每日的零访问。

客观上的放弃，说的是这一时期产品如何做，会有很多来自各方面非常强势的意见，比如老板，比如销售。他们一开口，说的都是钱，哪个需求似乎都没有商量的余地，全是“必须”。这种时候，产品经理很容易“迫于强权”，就此放弃对产品的控制，由着产品随强势一方的意见改变。

产品经理是产品的掌舵人，产品从生到死的每一个环节都需要产品经理的把控，即使是在产品的稳定期，无论出于什么原因，产品经理如果做了“甩手掌柜”，产品离失败就不远了。

第二：在保证产品方向正确的基础上，想尽一切办法让产品满足各业务团队提出的需求。说到底，产品最终还是要挣钱，还是要为业务服务的，这是任何一款产品的终极目的。虽然有时候，业务团队提出的具体需求难免存在不合理的地方，但是让产品挣钱的目的却一定是正确的。这种时候，产品经理就需求帮助业务团队，在不修改产品正确方向，并基本达成业务团队目标的情况，对具体需求不合理的地方进行修正。

第三：在日常运营中，寻找产品新的发展机遇。成熟期是一个产品最辉煌的时期，不过，盛极而衰的道理万物都是一样的，最辉煌的时刻同时也埋藏着衰败的种子。微创新，就是产品“常葆青春”的法宝。微创新是在产品的细微处不断更新产品，使产品在大方向、大框架不变的基础上，保持不断进步的状态，以使产品能够不断的追随和满足用户的需求。

成熟产品上需要调整的细微处，是产品比对真实用户需求之后的偏差之处。这些偏差之处产生出来的需求，最大的特点是“真实”，他们是现实存在的东西，而非来自产品团队的臆测或经验。这些修修补补的需求，就是下一个“大机会”的发源地。

8.7 回天乏术——产品的衰退期

失败的产品总是比成功的产品多，多很多……因此，一个老产品经理，一定送别过很多产品，也经历过很多产品的衰退期。一个产品要多久才会进入衰退期？这不一定，有的产品 3 到 5 年，而有的产品，只要几个月而已。进入衰退期的产品，一定是产品本身出了问题吗？这也不一定，比如产品所在的公司突然倒闭，就算产品本身运营良好，也不得不进入衰退期。

总结起来，会导致产品进入衰退期的原因，可以分为“内在原因”和“外在原因”两大类。如果产品是由于本身不能修正的缺陷无法再适应市场，或者是产品设计本身存在严重的缺陷而不得不被放弃，这些情况，就是“内在原因”。如果产品是由于外力，无法再继续推进，比如公司倒闭、公司层面的产品战略调整，或是某些核心资源的无法到位而不得不被终结，这就是“外在原因”，如图 8-9 所示。

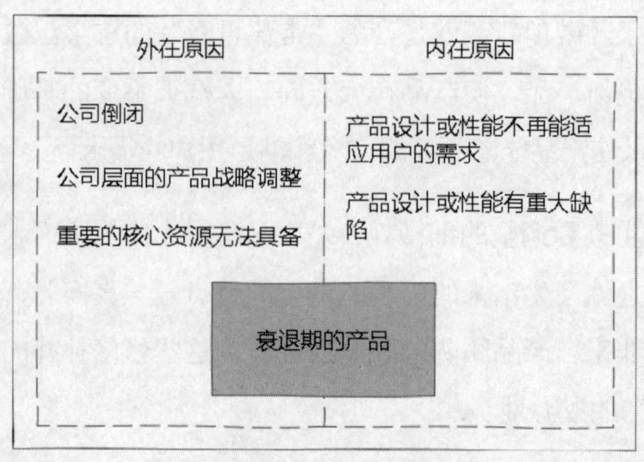

图 8-9　内在原因和外在原因

新浪微博 2009 年崛起，3 年（2012 年）后风头渐渐被微信抢走，5 年后（2014 年）人们开始在网上讨论“新浪微博是怎么一步步衰退的？”和“新浪微博为何渐渐失去了人气？”这样的问题。作为一款能够在纳斯达克独立上市的产品，它的崛起和衰退当然很难简单的总结出一两个原因。但是，我们只要想想自己的切身感受，为什么我们自己已经很久不再使用这款产品了，就能知道，微博的衰落虽原因复杂，但产品本身无法继续很好地满足普通大众用户的需求，一定是它绕不过去的核心症结。

“作为最早一批用户，使用至今，对新浪微博我喜欢过、沉迷过、爱过恨过、忽视过。这互联网上能让你产生强烈情感的产品的确不多。这四年来，我经历了新浪微博在产品上的所有变化。我觉得我就从来没有被尊重过。他们的产品经理，看来是有着一大堆建立在空中楼阁上的计划，只知道按部就班地实施，却基本上不考虑用户的接受程度。有多少次产品新功能上线，用户一片哗然，在微博上奔走相吐槽，甚至多有威胁说再也不用了云云，这都没有被重视。而最后，的确有很多人如我一般，被折腾地心凉了，走了，再也不回去了。”【引用自知乎《新浪微博是怎么一步步衰退的》】

事实上，由于互联网行业过快的发展速度，和过多的发展机会，大部分的产品根本等不到产品缺陷显露的时候，就会由于各种各样客观条件的不允许，提前进入衰退期。

2013 年时，我曾看过一个 O2O 产品，这个产品经历了近 1 年的摸索期，虽然最后也找到了可行的产品模型，但创始团队考虑到 O2O 产品投入大、收获时间长的特点，还是放弃了产品。2015 年时，我自己做过的一个产品，虽然产品上线后数据表现优秀，但随着上线半年后公司对应业务线的裁剪，产品也就没有了后来。

对产品经理来说，无论产品是因为哪种原因进入衰退期，产品经理这一时期最明显的感受都是“无力”。在我自己经历了很多衰退期的产品之后，更是觉得，每个产品都有它自己的命运，每个产品都是独立的个体，都有自己的道路。例如碰上行业变化、公司倒闭、公司产品大策略调整这样的事情，谁也没有办法改变客观条件，只能接受。即便不是碰到“天时”不利的情况，就算是产品本身的问题，很多时候，在一个产品存在了 3 年、5 年之后，也不是单单靠改变产品本身就能挽回颓势的。

这时候的产品，就像一位暮年的老人，垂垂老矣，一身毛病。产品经理唯一能做的，也就是尽量延长时间，总结经验，安顿好项目相关的人员。毕竟，有生便会有死。

第9章

产品之源头——需求

对产品来说，合需求者生，不合需求者死，这是铁律。需求重要，但难琢磨，似天边云，水中花。于是，有极端者索性放弃对需求的探求，高举“我即需求”的旗帜，他们说用户根本不知道自己要什么，产品经理就该说了算。但这其实是一种无用的逃避和自欺欺人，真实的用户需求，从来都真实的存在着。产品经理看，或者不看，它都在。

9.1 需求只能来自你对用户的了解

需求只来自你对用户的了解。不来自调研、分析、讨论或竞争对手。

——张小龙

张小龙这话，很有意思!

因为,从表面上来看,需求就是来自于调研、分析、讨论和竞争对手。当然，本质上说，真正进入开发的需求，又无疑是经过产品经理理解和挑选的东西，即：来自于产品经理对用户的了解。

让我们先来看看，从方法上来说，有哪些路径可以获得需求。

9.1.1 调研：搜集情报，摸清情况

兵法云："知己知彼，百战不殆"。若将产品开发比喻成一场战役，那么，市场是我们的作战环境，而用户就是我们的"敌人"。调研，就是要摸清情况。在获取产品需求的路上，调研是极其重要的一环，甚至可以说是首要的、核心的一步。

调研又分为市场调研（Market Research）和用户调研（User Research）。

所谓市场调研，就是指运用科学的方法，有目的地、有系统地搜集、记录、整理有关市场营销信息和资料，分析市场情况，了解市场的现状及其发展趋势，

为市场预测和营销决策提供客观的、正确的资料。

市场，是产品出生之地，也是产品未来生长之所，产品是否能够根正苗红，将来是否有机会成长为参天大树，都是和它所处的市场环境密切相关的。

当产品经理介入某个市场时，必须要通过调研来掌握市场的以下情况：

1. 市场的规模，这也是产品将来有可能达到的规模

比如我们要开发一款旅游行业的产品，我们通过数据得知在线旅游市场宏观上的规模，如图 9-1 所示。

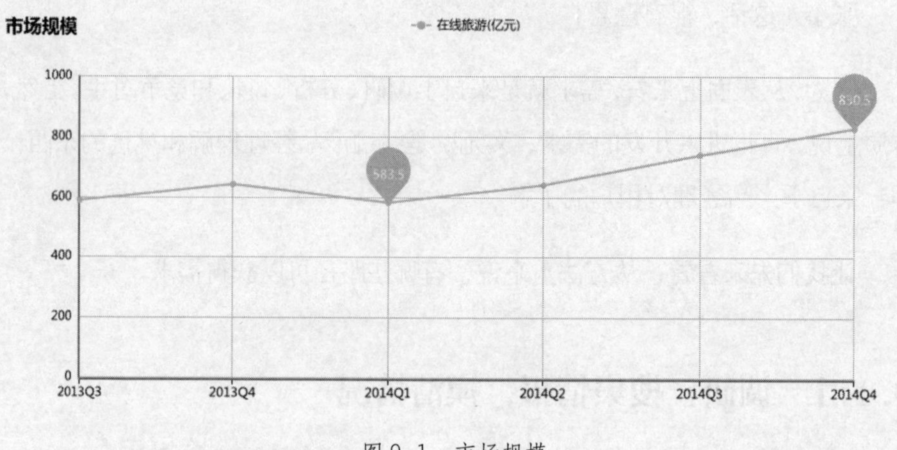

图 9-1 市场规模

这意味着产品即将进入的是一个 830 亿级的市场，就算产品将来只分得市场的 10%，也将是 83 亿的份额。这个规模对产品的发展空间来说，无疑是让人充满想象力的。

产品市场规模的大小，在产品开发完成，进入融资期间后，会极大的影响产品的融资规模。所以，在产品动身前，为产品挑选一个肥得流油的领域，是一件如此重要的事情。

2. 用户群体

这里的用户群体，指的是会使用某特定产品的人，我们需要了解这些人的年龄特征、地域特征、受教育程度、收入特征等。总之，就是搞清楚，用户群体的画像是什么。

比如，如果我们要做的是一款送餐产品，那么我们需要知道将来会使用我们产品的人，是工作在北京写字楼，中午没地方吃饭的小白领，还是公司的大老板，在家宴请客人时需要的餐厅送餐，抑或是在家照顾宝宝的主妇，没有时间做饭时需要的送餐服务。

用户群体的寻找，越精准越有效，在对用户群体做画像时，一定要秉承具体、具体、再具体，形象、形象、再形象的原则。

3. 竞争对手

首先，是为产品找到正确的竞争对手。

找竞争对手,并不是一件非常容易的事情。很容易陷入找到错误竞争对手，和没有找到竞争对手的困局。我们自己的一个项目，就曾经非常错误地将一款线上婚博会产品的竞争对手定义由于为线下婚博会。但其实，两个产品由于聚焦领域不同，在经营方式上非常不同的。他们其实并不存在真正的竞争关系。

又或者，产品经理很容易把产品的某个特征无限放大，觉得自己的产品并不存在竞争对手。比如说，我们要做一款针对老年人的打车产品，产品经理说我在市场上没有看到做同样事情的产品，因此我们是没有竞争对手的。这就完全是一个错误的判断。因为，老人打车的需求，已经包含在现有打车软件里面了。（比如，滴滴打车）

找到竞争对手之后，我们需要看看竞争对手都做了什么，他们的境遇是什么。因为竞争对手走过的路，即是我们将要走的路。对手做的好得地方，是我们的营养，对手做得不好的地方是我们的机会。我们需要从业务范围、产品结构、产品优缺点、产品经营效果、收入情况等等多方面来了解我们的竞争对手。

知道我们需要了解市场的什么之后，来看看有哪些常用的市场调研手段。

1. 阅读行业相关资料及数据。

这是最快了解全局的方法。站在巨人的肩膀上，直接吸收前人的研究成果。专业的行业分析和数据，本身就具备巨大的商业价值。所以，很多行业分析报告，其实是收费的。比如，易观国际的智库项目。就是以售卖各行业的分析数据为生的。

当然，也有很多免费的资料可以查看，这些资料常见于垂直领域的专业媒体。比如，36 氪、美发研究等。

2. 分析该行业从业企业发展变迁轨迹。

找到行业里的标杆企业，把每一家企业的发展轨迹绘制出来。所谓发展轨迹，就是他们什么时候，做了什么事情，取得了什么成果，或是导致了什么失败。然后，寻找这些轨迹背后的原因。这样做，你就可以轻松把握市场的脉络和风向。

3. 与行业资深专家进行交谈。

找几个行业里的专家做朋友，可以算是了解一个市场最直接、便捷、有效的手段了。行业的专家，他们都是在行业里面沉浮多年的人物，他们身上所经历过的故事，就是行业发展的脉络。去多听听他们对行业的憧憬、抱怨，这些就是最鲜活的行业现状。

4. 访问潜在用户，验证你对市场的认知。

潜在用户和行业专家是一个硬币的两面。光从行业专家的角度来了解市场，是不够的。行业专家的优势在于，他们对行业会思考，思考之后总结形成自己的观点。但是，潜在用户是最终的产品使用者，他们虽然不会主观能动的对自己的行为进行分析总结，不过，他们对产品最直接的感受就是产品经理取之不尽的宝藏。作为产品经理，去听听潜在用户对产品的好恶，然后分析这些好恶背后的原因，还有什么是比这些事更能让产品经理触摸市场的呢？So，访问潜在用户，验证你对市场的认知，这该算得上是最有价值的市场调研手段了。

所谓用户调研（User Research），是指通过各种调查方式，比如现场访问、电话调查、拦截访问、网上调查、邮寄问卷等形式得到受访者的态度和意见，进行统计分析，以了解到目标用户的真实想法。

跟市场调研比起来，用户调研显得更加 Detail。如果说市场调研是宏观的了解，那么用户调研就是微观的把握。如果说，在市场调研中，需要我们展现的是开阔的眼界，那么在用户调研中，需要我们拿出的就是我们细腻的心思。因为，只有我们足够细腻，心里有十八道弯，想得比用户多得多，我们才能洞察出用户行为后面真正的意图。

这里，有一个流传很广的段子，很能说明这个问题。

话说，有个妹子选男友，第一个男的说，我要带你去最幸福的地方，第二个男的说，哪儿都不用去，只要跟你在一起，任何地方都是最幸福的。女孩好感动，最后选择了更有钱的那个。这个故事告诉我们，把握用户的需求，其实并不简单。

这样的例子，在生活中比比皆是。用户说的，往往不是他们要的。要真正把握用户的需求，自然不是一朝一夕之事。但，通过下面这些方法，是可以让我们更快了解用户的。

1. 深度访谈（最容易、最直观）

找一个轻松的时间，和用户坐下来，好好聊聊，还有什么是比这样更好地了解用户的方法呢？深度访谈成功的诀窍在于，平等的对待用户。所谓平等，就是从心态上，不要带有先入为主的观点，千万不要向用户暗示和灌输你的观点。但是，也不要只是跟随用户的观点。你要先听，后问，和你的用户一起探索他观点背后的原因。

2. 问卷法（最具体）

问卷法就是通过让用户回答你事先设计好的问题，来了解用户的想法。问卷法成功的诀窍在于，问题一定要非常形象、具体，避免任何歧义，答案尽可能的直观，让用户做下意识的选择，不要让用户思考。

3. 从旁观察法

如果说深度访谈过于范范，而问卷法又过于具体，那么从旁观察法正好就介于上两种方法中间。比如，你如果要了解目标用户对颜色的喜好，那么你不必去通过聊天问用户，也不用让用户做选择题告诉你，你可以设计几个不同色系的 Demo，只是把 Demo 给用户，观察用户对不同 Demo 的反应和最后的选择。这么做的好处，是尽可能的避免了访谈者对用户的主观引导。但是，访谈者又目睹了用户选择的整个过程，过程中的所有细节和信息，都将非常有利于产品经理对用户想法的认识。

4. 产品 Demo 数据分析法（最客观、最真实）

假如，我们能够具备更好的条件，比如我们的产品已不止于是一个概念，已经有了一个基本可以运行的产品（用户行为数据）。或者，我们有足够的时间和人力可以开发不同版本的产品（产品 AB 测试）。又或者，我们能使用某些先进的仪器（眼动监测）。那么，我们就可以搜集到用户最客观、最真实的需求数据。

9.1.2 分析：逻辑推导，步步拆解

分析，是一个逻辑推导的过程。所谓逻辑，就是因果关系。调研是第一步，了解情况。当了解到情况之后，就需要对掌握情况的因果关系进行拆解，以找出现象背后的原因。这些原因，是用户真实的需求，也是产品前进真正的推动力。

能够成功分析出结果的秘诀是什么？看过侦探小说的人都知道，那些知名的侦探们共同的特点是第一，不会放过任何一个细节。第二，追问，每个现象背后的原因。第三，联系，看似不相干的环节之间是否存在某种联系？

这种不停追问的方法，在 1932 年，由美国政治学家拉斯维尔提出“5W 分析法”的概念。

所谓“5W 分析法”就是指针对要分析的每一个对象，问问以下 5 个问题：

1. 对象（What）——什么事情

我们做的是什么产品？试着用最简单的话回答这个问题。比如，微信做的事情，是让人们最便捷的联系到熟人，了解熟人。

2. 场所（Where）——什么地点

需求发生的地点在哪里？比如，海外代购产品的需求发生地，一定是在

国内。

3. 时间 （When）——什么时候

需求发生的时间。如果是一款新人筹婚产品，那它一定是在结婚前的半年到一年之内。

4. 人员 （Who）——责任人

需求人是谁。年龄、地域、学历、收入、喜好，甚至于相貌，尽可能地描绘需求人的形象。

5. 为什么（Why）——原因

需求为什么会发生？比如，小女生都喜欢粉色。那么，她们为什么喜欢粉色呢？

当然，想要具备强大的分析能力，并非一朝一夕之事。强烈建议可以从观看以下电视剧入手：《神侦探柯南》、《大侦探波罗》、《马普尔小姐》、《神探狄仁杰》、《神探夏洛克》，好吧，好剧实在太多了

9.1.3 讨论：集思广益，火花四溅

几乎所有产品的需求，都是诞生于各公司的会议室，可见讨论的举足轻重！

团队间对产品需求早期的讨论，我们通常称为“头脑风暴”(Brain-storming)。所谓“头脑风暴”，用大白话翻译一下，就是说，我们要做一个东西，但是不知道怎么弄，便请大家来说说自己的想法，互相启发一下。

鉴于此，头脑风暴身上便有两个特点非常显著：

（1）带来新的创意，碰撞出思想的火花，为产品带来极有价值的需求点。

（2）讨论很容易太容易发散，不着边际，没有成果，或所讨论之事无法落地。

头脑风暴法若运用得当便能收获黄金，而若运用不得当，那就无异于花时间办了个闲扯大会。因而掌握正确的头脑风暴法则便显得尤其重要。

法则一：控制参与讨论人数，以 5 ~ 10 人为佳。

少于 5 人，人数太少，很容易就陷入聊不起来的困境。但是，如果讨论人数超过 10 人，又很容易抛出太多讨论话题，对于主持人对整个局面的控制要求太高。因而，5 ~ 10 人的规模是比较理想的选择。

法则二：邀请产品相关领域的专家和潜在用户参与。

我们都希望用最短的时间获取最多、最有价值的意见，因而，选择什么人参与讨论，产品经理一定要有自己的“小心机”。选择产品相关领域的专家参与，有什么好处呢？能够成为某领域专家的人，一定是勤于思考的牛人，既然要讨论的产品是与他们有关的领域，那么牛人们一定在日常工作中已经积累了很多独到的想法。这些想法虽然肯定无法直接成为拿过来直接用的金矿，但是，一定也是含金量极高，极有启发性的想法。而且，在产品起步之初邀请专家们参与项目决策，实在是很能体现产品经理对专家们的尊重，想想看，将来产品开发推广阶段，是不是就会更顺畅了呢？而选择潜在用户参与，最重要的是可以听到最原始的用户需求，除此之外，通过观察潜在用户和专家之间的讨论交锋，还可以判断需求实现的可行性。真可谓是一举多得！

法则三：主持人在讨论前一定要做足功课，提前设定核心讨论点。

由于头脑风暴是只设主题不设边际的讨论。因而，主持人会前所设定的核心讨论点，变得异常关键。首先，讨论点的设计，要有趣，能聊得起来。比如，如果要讨论的是一款打车 App 的产品需求，那么如果主持人问“大家在 App 上需要在线支付吗？”大家就比较难聊。而如果换个问法，说“大家能说说自己在打车的时候都碰上了什么烦心事儿吗？尤其是给钱的时候”会议氛围就会变得不一样起来。其次，讨论点的设置，不能离主题过远。比如，还说打车 app 的讨论，讨论点可以是打车时候的苦恼，但是如果说是公司接待客人觉得出租车档次不够的问题，就不合适放在同一个会上讨论。主持人发现讨论离讨论点过远时，要及时收回讨论。

做功课这事，说难也不难，说不难也难。说不难，是因为，这事只涉及到主持人自己，是主持人自己完全能控制的范围。说难，是因为，这需要主持人在会前花费大量的时间，对相关领域进行了解和调研，有些领域对于主持人来说，或许都是全新的范围。

法则四：不要批评。

这一条，听上去很简单，但实际操作起来，却是很不容易。因为，对异于自己的观点进行排斥和批判，几乎是一个正常人的本能反应。头脑风暴的本意本来就是去听取和接受那些完全不同于原有想法的东西。因而，我们完全可以想象这么一个场景，就是大家坐在那里听一个哥们讲他用 5 天赚取 50 亿的奇葩想法，你不仅不能打断他，还要积极思考这个提议的合理性和可行性。在这一点上，需要参与讨论的人都有足够开放的心态。

法则五：记录、分析、提取可用之物。

这是一个沙里淘金的过程。淘的前提，是忠实的记录每一个想法。之后，需要产品经理依据自己的经验，对各想法的合理性和可行性进行判断。并将想法转化成为可落地于产品设计的指导思想。吹尽黄沙，方得真金。

当产品进入落地设计阶段，团队间需要进行很多会议（讨论）来对产品设计进行评审。这时候的讨论，比起产品早期的头脑风暴起来，是更好控制的。这一时期会议成功的关键之处在于，要对讨论设定范围，范围越小、越具体，就越有效。

比如我们如果要讨论网站的用户系统。该系统包括：用户注册、登录、用户中心几个模块。那么，最有效的做法是，将讨论分为 3 次，每次仅就一个模块展开讨论。讨论前，将该模块的产品设计稿发给参会人员，先让参会人员对所要讨论的产品有具体的了解。会议开始时，主持人需要明确宣布会议的范围和目的。比如，主持人需要在会议开始时明确宣布：本次会议讨论的是我们新的用户注册模块。这个模块的设计稿大家已经看过了，从大家看完之后反馈回来的意见里，我们今天需要讨论决定，是否在本次产品设计中，只允许用户用手机号进行注册。

9.1.4　竞品分析：最好的老师是我们的竞争对手

竞争产品是很优质的需求来源渠道。因为，从竞争对手产品身上可以看到非常明确的需求，可以看到针对需求的解决方案，以及这些方案运用到实际中对需求的满足程度。这些，都是专业人士非常可贵的探索成果。

要说需求来自竞争对手的成功案例，实在是太多了。互联网行业里所有的抄袭，都算。比如：腾讯 QQ 来自于 ICQ，当当和京东的电子商务来源于 Amazon，阿里的淘宝来自于 Paypal，新浪的门户来源于雅虎，百度来源于 GOOGLE，优酷来源于 YOUTUBE，千团大战、微博大战、CHECKIN 大战、KIK 大战……

产品经理不要耻于抄袭，因为，模仿是超越的第一步，而真正需要感到羞耻的是，照着抄都抄不好。当你真正动手去做一个产品，你才会发现就算前面有成功的产品在引路，要做一款成功的产品，也绝非一件轻而易举的事情。

从另外的角度来说，竞争产品的经营状态也是产品预期风险最好的预警。

举个例子来说明同类型产品如何对风险进行预警。

在 2013 年，美发 O2O 风行一时。行业里先后出现了很多同类型产品：美美豆、时尚猫、放心美、波波网，还有更多更小的产品。这些美发 O2O 产品都有相似的特征，就是都做得不是很大。就算拿到投资的，金额也很有限，只有两三百万人民币的量级。光从这一点上，就足以让后续想要进入美发 O2O 的产品好好思考行业风险的问题。因为，以上的产品有从 C 端切入的，也有从 B 端切入的，有互联网背景人士创立的，也有美发业内人士发起的。这些产品共同的不成功，一定意味着互联网改造传统美发行业这件事，在某些环节上是存在硬伤的。那么，如果在 2015 年，有人想要再进入这个行业，就一定要谨慎。起码，要搞明白以上产品不成功的原因才可以。

说了这么多需求获取的方法，看上去它们都是如此地科学和有效。那么，是否意味着只要掌握了科学的方法，就能得到真实的用户需求吗？

答案当然是：不能！

这就是开篇处，张小龙那话的意思。关于用户真实需求和产品经理所理解的用户需求之间的关系，真正可以说是一个哲学命题。这就是客观存在和主观意识之间的关系。所谓仁者见仁，智者见智。我们对世界的认知，严格遵从我们对世界原有认知的轨迹。

用户的真实需求会一定会在产品经理已有的对用户了解的基础上发生变形！按产品经理所希望的那样发生。

所以，严格意义上来说，产品需求是发源于调研、分析、讨论、竞争对手分析得来的结论，或从人的角度来说，发源于老板、相关业务人员、用户。然后，在产品经理对原始需求进行的主观变形之下形成最终的产品需求，如图9-2所示。

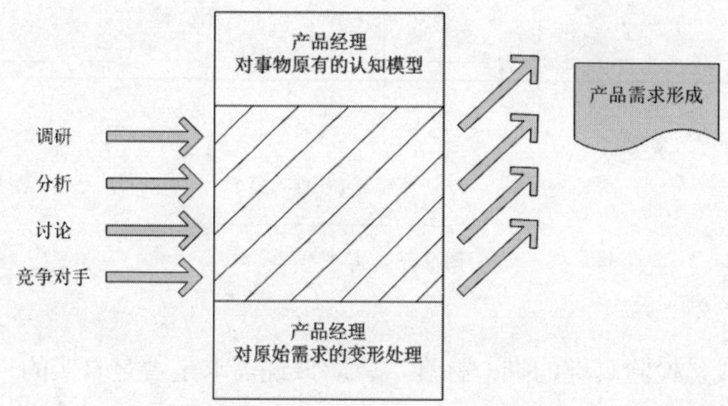

图9-2 产品经理对事物原有的认知模型

9.2 需求是平等的，而需求方生而不平等

判断一个需求是否必须要执行，是有双重标准的。一个标准是需求"真实"与否，这是从需求本身出发，这个需求是否反映了用户的真实诉求。另一个标准是需求"重要"与否，这是考虑了需求提出人的权重。按这个标准来分，几乎所有的需求都可以归纳为4大类。

（1）重要而真实。

（2）重要但不真实。

（3）不重要但真实。

（4）不重要并且不真实。

如图 9-3 所示。

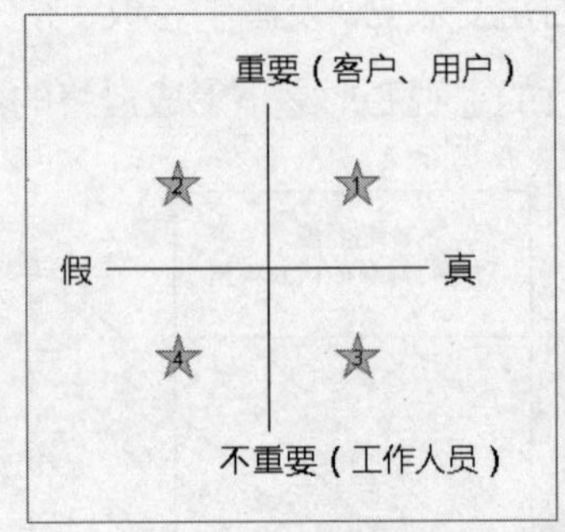

图 9-3 需求分类

“实践是检验真理的唯一标准”，应该说需求是否是真实的，只有看过产品上线后的数据表现才能下结论。因而，在产品开发前，需求采集阶段，关于需求是否真实的判断，就只能依赖产品经理的主观判断，如图 9-4 所示。

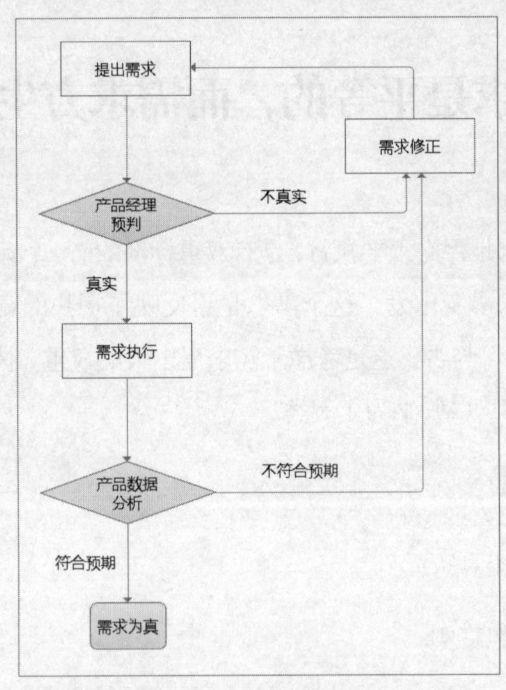

图 9-4 需求处理流程

正因为需求的“真实”性，在有数据前，只能依靠产品经理的主观来判断，因而一个产品需求是否要被执行的判断，更多时候是依据需求“重要性”来进行的。需求的“重要性”依据的是提出人的“重要性”来判断的。一般情况下，会对产品提出需求的人来自：客户、用户、工作人员，他们的权重是依次降低的，如表 9-1 所示。

表 9-1 对产品提出需求的人

需求提出人	定义	举例	权重
客户	为产品提供钱或资源的人	老板、甲方、会影响到资源配给的人等	★★★
用户	将来使用产品的人	普通用户	★★
工作人员	建设或运营产品的人	开发工程师、产品运营人员、产品经理等	★

需求提出人的身份很多时候是多重的，比如，他同时是客户和用户，比如一个为甲方而开发的产品；或者，同时是用户和工作人员，比如为运营团队的日常工作所开发的产品。如果是这样的需求，那么基本上是没有讨论的余地，肯定是要被执行的。

来自客户的需求如果不被足够的重视和执行，那么产品将会因为缺乏资源而导致无法生存。来自用户的需求，是产品赖以立足的核心，不能满足用户需求的产品，是没有前途的产品。因而这两类人提出的需求是非常重要的，产品经理必须打起十二分的精力来应对。

至于相关工作人员提出的需求，当然也很重要，工作人员一般情况下，都是某一领域的专家，他们的意见都很有含金量。但是，与客户和用户的需求比起来，工作人员所提出的需求，是可以商量的，在适当的时候被满足就可以。

9.2.1 重要而真实的需求：全力实现

晶晶，是一个传统电视媒体里新媒体部门的产品经理，最近的她对于手上的工作颇有怨言。原因是她正在做的一个创新型产品，需求方提出了明显“不合理”的需求，还给出了一个几乎无法实现的时间线。

由于需求方的传统电视背景，他们要求在互联网视频直播中，必须要保证视频播出的清晰、稳定，而且要有中央控制平台，能人工对互联网视频直播进行干预。这些做法，与互联网的本性及习惯做法是很不相符的，因而导致产品开发方叫苦连连。

对于晶晶来说，她很清楚需求与实现中间存在的鸿沟，但无论她如何抱怨，她也不得不尽全力，说服开发方让产品朝着需求方所希望的样子前进。原因很简单，对于这款产品来说，电视台的编辑记者是将来的产品使用者，他们所希望的产品就是传统电视播出的样子。产品的另一个使用者，普通观众，当然也是希望所看到的直播画面是清晰而稳定的，在这点上，产品两类最终使用者的诉求是一致的。最重要的是，该项目的开发资金来自于传统电视部门，如果产品的实现无法让传统电视部门满意，项目很可能就会被搁置。

因而，面对这样“重要”而“真实”的需求，虽然产品经理和开发团队认为“不合理”，他们也只能抱怨一下，还是必须全力以赴。如图 9-5 所示。

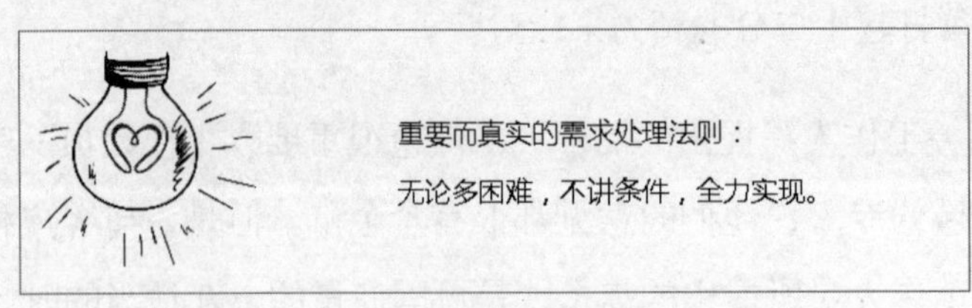

图 9-5 重要而真实的需求处理原则

9.2.2 重要但不真实的需求：巧妙回避

下面是我亲身经历过两个项目，结果上的明显差异也体现着产品经理的能力。第一个项目，公司董事长是一位纯正的美国人，他依据在美国的成功经验，给在中国的团队提出了与美国市场相同的产品需求。中国团队从总负责人到具体执行产品的产品经理，都认为董事长所提出的需求并不适用于中国市场。中国区负责人与董事长就产品的需求进行了反复的沟通，可是，董事长非常坚持。

于是，中国区负责人无奈之下，对产品经理说："我给你 30 万预算，你把产品做出来，证明给董事长看，他的想法是错误的。"产品经理却认为，明知是错误的需求，没必要耗费公司的资源去做。因而，她将董事长需求的核心点提炼出来，开发了一个小 DEMO，放到线上，运营了一段时间，搜集 DEMO 数据之后，又和董事长进行了沟通。面对真实的用户反馈数据，董事长总算是做出了让步。

另一个项目，产品经理在产品开端时，面对来自老板的需求，也曾经质疑过，但产品经理最终选择了只要是来自老板的需求，就全力执行的做法。可惜，在产品上线，遭遇了业内的恶评如潮，用户数据几乎为零，几百万产品开发资金打水漂的噩耗之后，产品经理毫无悬念地被打了板子。

很多时候，重要而不真实的需求是直接来自于公司的最高负责人，这样的需求几乎每一个都是烫手的山芋。全盘照做，产品经理当然会暂时得到公司领导层的支持和肯定，但产品总有上线时，总要面对市场的检验。当产品数据表现令人非常不满意的时候，要为产品失败负责的，还是产品经理本人。但若是上来就否定来自老板的需求，我们都明白，对于产品经理来说，意味着什么。图 9-6 为需求处理法则。

重要而不真实的需求处理法则：

与需求方充分沟通，若沟通无效，用最小的代价证明需求的不真实。

图 9-6　重要而不真实的需求处理法则

9.2.3　不重要但真实的需求：举着它们突围

有些人，确实是“人微言轻”的，这样的人，很多时候是产品的开发工程师，或者是基层运营人员。从产品开发流程上来讲，开发环节和运营环节，都处于产品环节的下游。也就是说，开发工程师和运营人员干的活，是产品经理事先规划好的。如果他们不同意产品经理的规划呢？

Jim，是我曾经带过的一位产品经理，他年轻、聪明、有干劲，他最喜欢做的事情是和开发团队的工程师混在一起，讨论技术问题。因此，他与开发团队的每一位开发工程师无论是工作中，还是工作之外，都是非常要好的朋友。与此同时，Jim 非常不喜欢编辑们日常谈话的家长里短，这导致他与运营团队的基层编辑之间，隔阂如山。

这种主观上的偏见，导致只要是来自编辑团队的需求，只要是技术团队说开发上有些难度，就都会被 Jim 毙掉。编辑团队只能靠加班来补足产品的不足，这种状况使得编辑团队叫苦不迭，时间一长，自然而然地也影响到了公司业务的开展。

需求本身，是平等的，无论谁提出的，并没有高低贵贱之分。一个合格的产品经理，首先要有一颗客观、公正的心。另外，老板说的话和基层员工说的话，在产品经理心里的分量自然是不一样的。可是，一个成功的产品经理就要有这样的能力，能在细微处发现有价值的需求。图 9-7 为不重要但真实的需求处理原则。

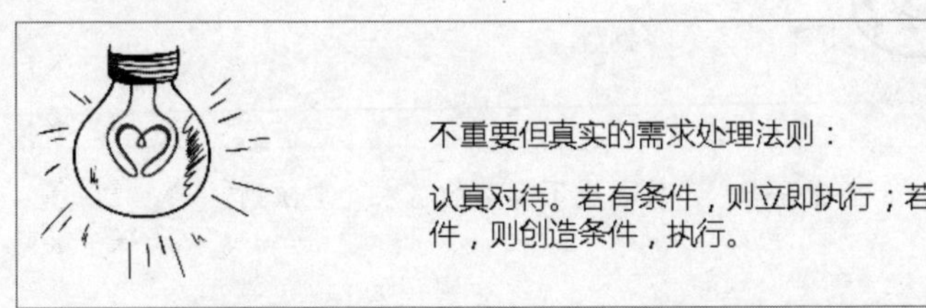

图 9-7　不重要但真实的需求处理原则

9.2.4　不重要也不真实的需求：搁置

有一次，我与一个创业团队讨论产品需求。当时产品的状态还处于非常早期，产品构想，以及核心功能点都还非常模糊并且不确定。这时候，运营负责人突然提出一个需求，他说他真正看重的是基于大量用户行为数据分析得到的用户特性，并基于这些用户特性去精准的进行商品售卖。

在产品所在的特定行业内，搜集大量精准用户的行为数据，并对数据进行分析，并依数据进行商业推广，当然是有价值的。但这个需求对于一个尚未起步的产品来说，实在有些过于遥远。产品要先考虑如何服务好用户，让用户喜欢用产品，才会有用户数据可搜集和分析。因而，运营负责人的需求，对现阶段的产品来说，就是一个“不真实”的需求。而基于他在项目中并不是举足轻重的人物，因而，对于他的这个需求，大家简单沟通之后，也就一笑而过了。

不重要也不真实的需求，很多时候会来自于团队成员对产品的憧憬，有时候也不排除会来自于团队某些角色的个人偏执。针对这些暂时对产品来说“不真实”的需求，若判断提出人并不是重要需求人，产品经理就可以在沟通之后，将需求搁置起来。图 9-8 为不重要也不真实的需求处理法则。

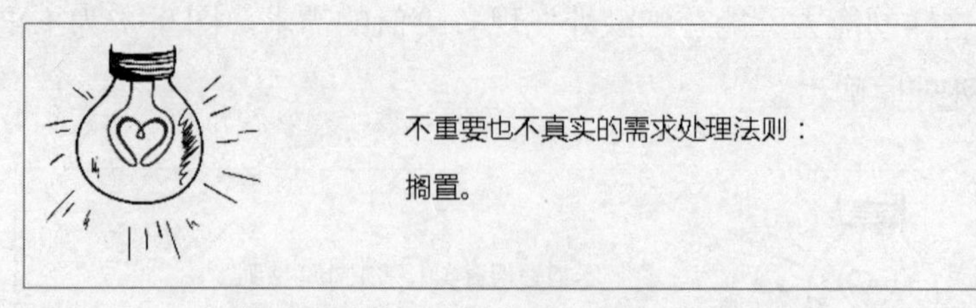

图 9-8　不重要也不真实的需求处理法则

9.3　弦外之音，真实需求追踪法则

现实工作中，绝大部分时候我们是不能直接听到用户的真实需求的。用户说的，往往不是他们真正想要的。用户的真实需求，就像是玄妙的弦外之音，也像是包裹在沙土里的金子，需要产品经理细心追踪，层层剖析。

普通用户没有经过产品方面技能的专业训练，因而，他们很难有相应的方法来支持他们将原始需求梳理、分析、归类。所以，他们表达的需求往往是原始的、零散的、感性的、残缺的。

除了不具备专业的方法，事先梳理自己的需求，再清晰的表达出来之外，在一些特定情况下，用户还会因为某些特殊的原因，不愿意完全的表达自己的真实需求。比如一个产品开发预算不足的老板，他很可能就会把需求说一半藏一半。

还有一种情况，对于产品经理想要了解的需求，用户自己还没有认真想过，这种时候，用户要的到底是什么，客观上是有答案的，只不过用户自己也不知道。所以，产品经理会发现，用户会非常善变，给过的答案，说变就变了，如图 9-9 所示。

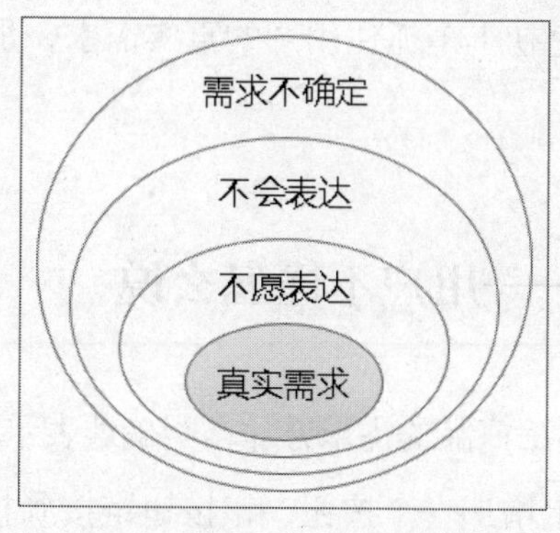

图 9-9 被层层包裹的真实需求

作为一个产品经理，如果碰到以下情况，不要感到吃惊：明明是按需求方的需求做的产品，但面对真正产品的时候，需求方却很不买账。比如，用户就是不来访问，老板说这完全不是我想要的，甲方说你的产品怎么做得这么烂，完全满足不了我的需求……

以上这些情况我自己全部碰到过，这种事情遇到的多了之后，我就开始思索如何把产品与真实需求之间的差距缩到最小。于是，想当然的，我想尽办法去和需求方反复确定需求，一遍一遍不厌其烦的问，甚至于曾经请需求方在需求文档的每一页都签字确认。

可是，坦率的说，这么做效果不大，鉴于前面提到的会阻碍用户顺畅的表达他们真实需求的那些原因存在，这种和用户确认需求的做法，是得不到真实的需求。产品背离真实需求的风险，依然存在。

最可靠的方法，不是听用户说什么，而是看用户做什么。观察、体会用户的言行，就能发现用户真实需求的蛛丝马迹。于是就有了“多版本盲测”“AB 版测试”这些方法，去辅助产品经理获取用户的真实想法。

抓住真实需求，是产品成功的基石。现实工作中，产品经理追踪真实需求的过程，就是真正构建产品的过程。“好的开始，是成功的一半”，产品经理若能在产品创建之初牢牢抓住用户的真实需求，那么产品毫无疑问地就已经成功了一大半。

9.3.1 障碍 1——用户不懂怎么说

我曾见过一个产品，产品的需求方非常明确地表示，产品需要做的工作，是在原有页面的基础上增加一个按钮，该按钮链接到指定页面。仅此而已，非常简单。需求方要求这个工作在一周内完成，如图 9-10 所示。

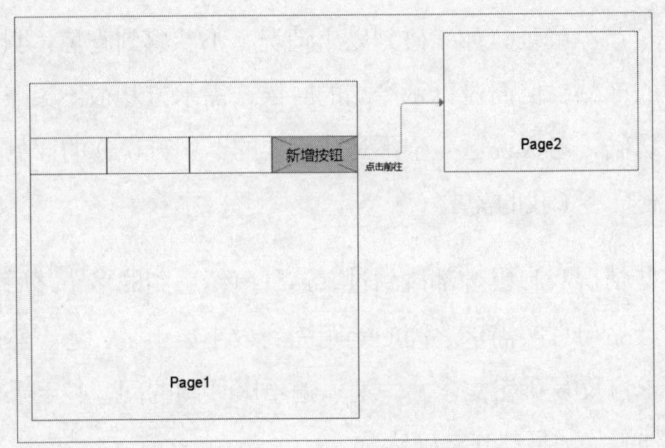

图 9-10　用户描述的需求

因为需求方对自己的需求非常肯定，所以当我们搞清楚需求方想要这个按钮来做的业务是什么，并梳理完全部产品需求后，着实被吓了一跳，幸亏没有轻易动手。没错，当整套系统完成后，用户需要做的仅仅是通过点击一个按钮来触发，就可以得到后面的所有服务。但是这个产品远远不是加个按钮这么简单，如图 9-11 所示。

这个案例中，我们所面对的用户，是一位非常典型的产品的普通用户，这一类型的用户毫无互联网经验，并不具备相应的专业背景。因而，他们是无法提出完整的产品需求的。在他们的眼中，只可能看到产品界面上的东西，并且是用到什么，看到什么。他们的脑海中不会存在整个产品的样子。所以他们的真实需求，和他们表达出来想要的东西，就会相差十万八千里。

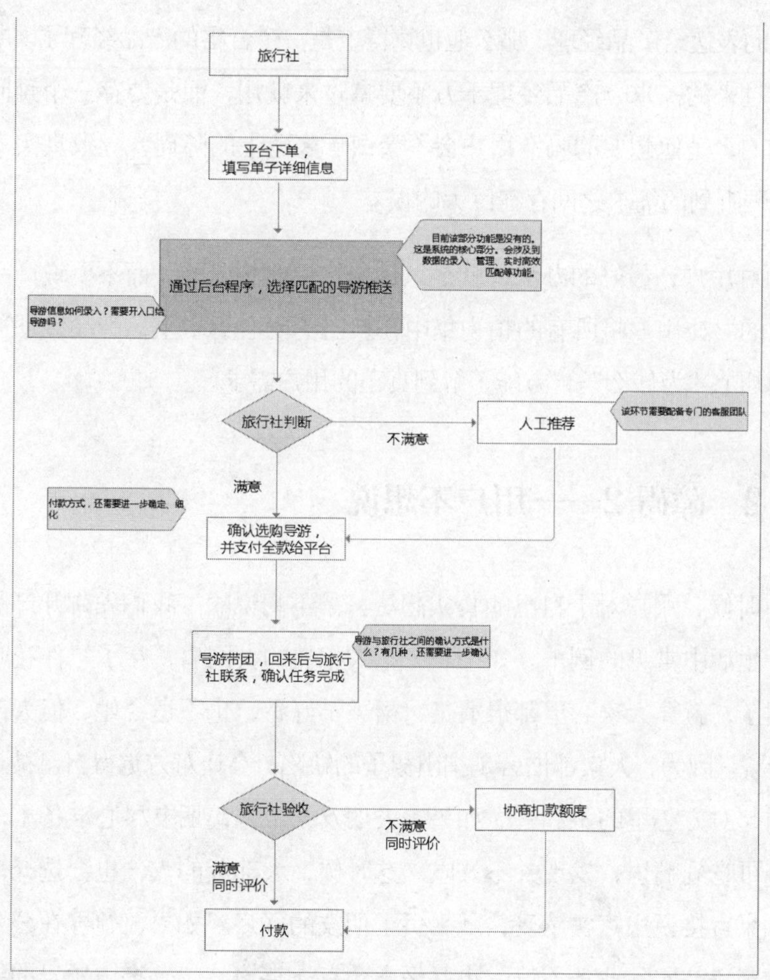

图 9-11　真实的需求

互联网公司中的业务行家会好一些，但即使是业务行家们经过思考，并且下笔绘制完成的产品“原型图”，每次梳理完后，也还是会发现诸多疏漏和不合理的地方。这一类型的需求往往是业务需求没说透，而产品需求又没说到点上。这就是一个未经专业训练的互联网业务专家型用户很容易遇到的问题。

无论是哪一类型的用户，如果他能把自己的真实需求梳理清楚，系统的、无偏差的表达给产品经理，那么他也算得上是一个合格的产品经理了。所以，用户给过来的需求，产品经理千万不要拿过来就用，而是要存一个疑问，用户表达的，是他想要的吗？用户会不会由于表达上的障碍，导致真实需求与产品经理听到的需求之间存在巨大的误差。

面对用户，最好的办法，就是只让用户说他想要的，而不要说产品经理应该做的。让用户将所有的精力集中在自己的内心诉求上，产品经理追着用户多问几个“为什么”，方能了解到真正的用户需求。

9.3.2 障碍 2——用户不想说

有时候，用户对于自己的真实想法，是不想说的。我们先跳开产品，来看几个生活中常见的例子。如果一个不太相熟的女同事，穿了一件花哨而老气的裙子，就算大家心里都很清楚，裙子不好看，也不适合她，但大部分的人不会说。因为，大家都怕若是指出裙子的缺陷，会让对方觉得自己被否定，从而引起对方心里的不高兴。如果，去朋友家做客，朋友尽心准备了一大桌饭菜，可吃到嘴里，发现并不好吃。这时候，大部分的人，也会选择沉默。因为如果直接说出真实感受，就辜负了朋友的好意。如果，领导在公开场合发表的观点与实际业务不符，也几乎不会有人直接站起来指出领导的错误。因为，大家都不愿意在公开场合挑战领导的权威。

这样类似的例子，在生活中简直是数不胜数。通过这些例子，我们可以发现，人们在明确知道自己的看法会对某人造成伤害，而对自己又不能带来切实的好处的情况下，就算对某事有非常明确的想法，但他们也会选择不说。

让我们还是说回产品工作，看看我以前遇到过的几个用户不想说出真实需求的情况吧。有一次，某公司的老板自己亲自做了一款产品，当我们拿着这款产品去访问该公司的员工（员工同时也是目标用户）时，大家都说好。不过，就是谁都不用。

还有一次，我们的客户（甲方）是一个大型国企，产品需求涉及公司中好几个核心部门。我们在需求采集的过程中发现，无论是哪个部门，对于自己的需求都是说一半留一半，凡是涉及兄弟部门的部分就开始欲言又止。

面对这样的用户，产品经理可以从以下三条途径努力，挖掘出用户的真实需求如图 9-12 所示。第一条途径，就是打消用户的顾虑。产品经理帮助用户重新分析他所面对的局面，让用户了解到，他的意见并不会对其他人造成实际的伤害，但同时却会有利于整体工作的推进。

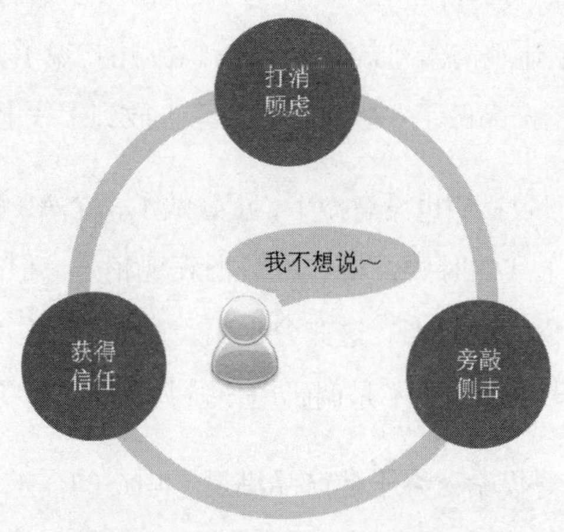

图 9-12　如何让用户说出需求

第二条途径，就是产品经理获得用户的信任。这是说，如果用户说出自己的真实想法，确实会对某些人产生伤害，但由于用户充分相信产品经理的人品，不会使用这些信息去伤害别人，而只会将他们的想法用于构建产品本身。

第三条途径，是产品经理去旁敲侧击，通过从旁观察得到自己想要的信息。这一途径应该是最好用的一个方法了，因为这一方法的实际执行人只有产品经理一人，用户本身可以完全不配合。

9.3.3 障碍 3——用户不知道

有一次，我们做的产品上线后数据表现不如人意。为此，我们做了一个用户调研，用户调研的目的是比对已经上线的产品，获取用户的真实需求，并以此来修正线上的产品。我们找了很多目标用户，向她们询问她们对于产品的感受，并请教她们对产品不满意的地方。

在用户给出的诸多意见中，相当数量的用户认为产品所选用的颜色太过冷清，很大程度上影响了自己对产品的好感。用户比较肯定地说，她们喜欢粉红色系，粉红色系让她们感到温暖、熟悉。既然用户说了喜欢粉红色，于是，项目组紧锣密鼓地给产品做了一版粉红色，马上放到了线上。

但与此同时，旧版我们也没有撤下，正好做了一个 AB 测试。测试的结果，比较出人意料，刚上线的时候，粉红版数据表现稍好，但时间一长，两版产品数据表现变得一模一样起来。这充分说明，产品的色彩对用户确有影响，但绝对不是致命的影响，完全不是调研用户强调的那么重要。

后来，经过反复摸索，终于使产品满足了用户的需求，并使产品获得令人满意的数据表现之后。再回头来重新审视用户这个“粉红色的需求”时，方才明白，用户心里真正不满意的产品的“冷清”，其实是产品能提供的内容和服务太少。

但为什么在用户的嘴中却变成了对产品色调的不满？这很有可能是因为

这部分被访问的用户，她们感知到了产品的“冷清”，但却未去思考，这“冷清”从何而来，又该如何消除。简单说，就是她们并没有好好想过，所以，产品哪里不能让她们满意，她们是不知道的。这种情况下，用户提到的需求，很可能轻易就发生变化。比如，她们可能再次被问到这个问题的时候，会说“紫色也不错”，或者，对于我们提供的“冷清”的色系，在产品内容丰富之后，她们也能愉快的接受。

9.3.4 法则 1——站在对方的角度想问题

有一个小白兔钓鱼的故事是这么说的：小白兔去钓鱼，用什么做鱼饵呢？小白兔想来想去，自己最喜欢吃的就是胡萝卜，于是小白兔选了胡萝卜做鱼饵。第一天，小白兔在鱼塘边守了一整天，什么都没钓到。第二天还是什么也没有。第三天，依然如故，鱼还是不上钩。到了第四天，鱼受不了了，浮出水面，对小白兔说：“你再敢拿胡萝卜做鱼饵，我打死你！！！”

站在对方的角度想问题，就是不要做用胡萝卜钓鱼的事。而要能站在用户的角度想问题，并不是一个态度问题，却是一个能力问题。惠子说过：“子非鱼安知鱼之乐”，人又不是鱼，怎么可能知道鱼是否快乐呢？

所以，对产品经理来说，就是要知道鱼不吃胡萝卜，就是要能体会鱼游于水的感受，这样一来，才谈得上“同理心”，万事也才能做到站在对方的角度想问题。

一个产品经理的阅历和他的学习能力，在这里就发挥了至关重要的作用。试想，如果产品经理以前做过开发、编辑、市场、销售，甚至自己创业过，干过老板。那么他在公司中运作一个项目的时候，他就能很轻松的知道与他配合的每一个角色的真实想法，也更能理解对方提出的需求。如果产品经理本身在自己所开发产品的领域里就是资深用户，那么他就会自然而然的、准确的抓到用户的真实需求。

这也是产品经理在初级阶段为什么一定要打杂的原因。只有打过杂，什么角色都干过的产品经理，才是一棵把根须扎得深、扎得广的小树，将来才能长成苍天大树。没有打过杂的产品经理，意味着见得少，阅历不够，就算在某一方面专业再强，也无法成为一个合格的产品经理。工作中如此，生活中也应如此。对自己尚未经历过的东西保持好奇心，去经历、去了解。

我曾见过一位这样的产品经理，她所交付的产品不合格，大家在分析产品流程是否符合用户的使用习惯时，产品经理说："我没有这需求，我也不是产品的目标用户，我不知道。"一个专业的产品经理，遇到一款自己不是目标用户的产品，这是非常正常的事情。毕竟，大千世界，我们曾经经历过的总是少数。遇到这种情况，产品经理必须要用"好奇心"做敲门砖，用"学习能力"做工具，迅速的了解目标用户的世界。既然"我非鱼"，那就跳进水里游一游，让自己起码成为半条鱼。

最后，话要说回来。庄子说："井蛙不可以语于海者，拘于虚也；夏虫不可以语于冰者，笃于时也。"每个人受限于自己的出身背景、性格特点、成长经历，总是会存在某些难以逾越的认知边界。

我曾见过一个产品男经理，他所负责的是一款面对孕妇的产品。他说产品总也做不对，他发现根本原因是他不了解孕妇们到底是怎么想的。为了搞清楚孕妇的处境和想法，他先是找了大量的书籍阅读，同时请教了心理学教授。最后，他用一个星期的时间，每天坐在妇产科门诊部的候诊室，实地观察孕妇。做完这些之后，他已经能轻松说出孕期会影响孕妇情绪的激素名称，甚至能如数家珍般地说清楚每一阶段小宝宝的鞋码大小。但他说："我还是无法体会怀孕是什么滋味，我还是不知道是什么导致了孕妇的情绪发生变化。"

所以，说到底，尽量挑选那些自己熟悉的领域。

9.3.5 法则2——层层剖析

层层剖析的意思就是知道用户为什么要这么做（目标），层层剖析的方法就是去“问”用户，他为什么要这么做（多途径），而层层剖析的终点就是，产品经理确定自己已经了解了用户行为产生的原因（验证）；如图9-13为用户行为背后的真实原因。

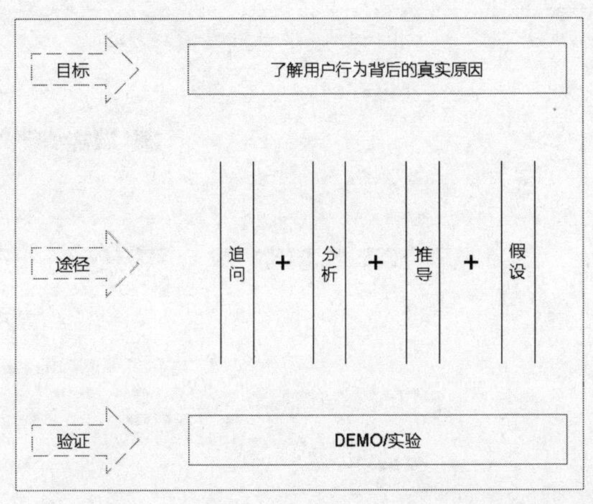

图9-13　如何获得用户行为背后的真实原因

追问，是一个非常常用的，而且有效的剖析方法。追问，就是问“为什么”，从用户的第一个要求开始，一环扣一环的往下问“为什么”。用户的第一个要求就是线头，一环接一环的追问，就是一层一层对真实需求的剖析。

我们用前面提到的，用户想在原有旅游产品基础上增加一个按钮的那个案例来说明，如何在探寻用户真实需求的过程中使用“追问”这种方式，并且如何将用户原始而模糊的需求，通过追问的方式，和产品的具体功能点连接起来，如图9-14所示。

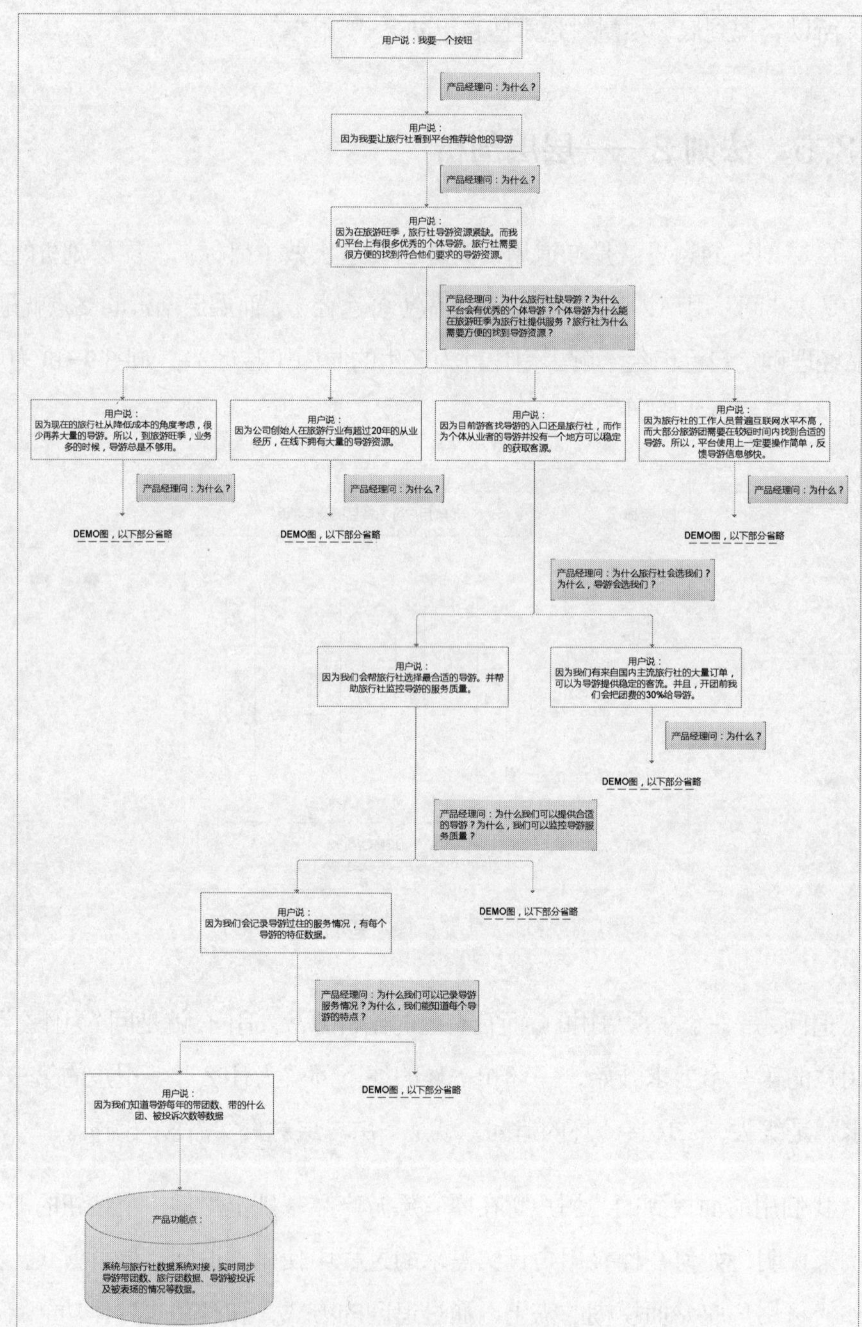

图 9-14　需求剖析过程演示

请注意：该案例为避免侵犯客户隐私，部分信息做了处理，并不完全真实，并且只在DEMO图中列出案例分析的一个分支，供大家参考，此方法如图9-15所示。

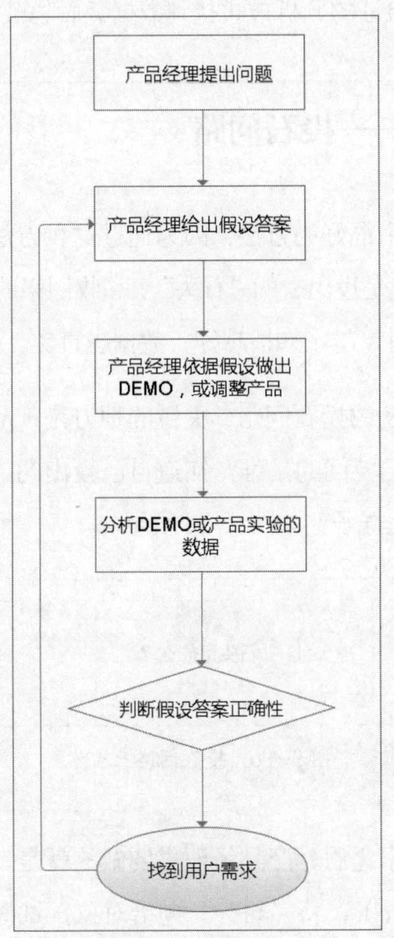

图 9-15 用假设的答案找到真实的需求

很多时候，产品经理可能没有机会直接面对用户，进行这种“剥洋葱”式的追问。或者，用户并不如我们上面案例中的用户那样了解自己的需求，只要产品经理进行引导式的提问，就可以画出整个产品的需求脉络。

遇到这种情况，产品经理就要在发现蛛丝马迹之后，自问自答，将自己回答的答案投入到实践中去，验证答案的正确性。最具有代表性的情况就是，当我们观察到一个产品的数据，无论是表现好或是表现不好，都可以通过这种提问→假设答案→验证的分析方式找到数据背后隐藏的用户需求。

9.3.6 法则 3——投石问路

投石问路，是一个很好的方法，因为通过这种方法得到的用户需求非常准确。投石问路的关键是投出去的“石头”，和收回来的数据。在这种方法中，被测试，被“问”的对象越不知情越好，数据越真实。

想要操作一次成功的投石问路，关键的地方是产品经理要在事前，准备好三样东西：知道自己要问的是谁？知道自己投出的“石头”是什么？知道用户的反馈大概是什么样子？如图 9-16 所示。

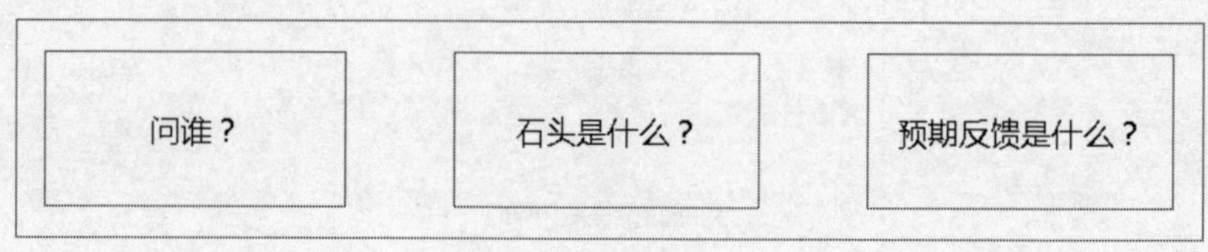

图 9-16　投石问路三要素

有了这些必备要素之后，产品经理需要做的就是，尽量在对象不知情的情况下（模拟真实情况），将“石头”抛给对象，试探对象的反应，通过对象对“石头”的真实反馈数据，产品经理比对原有预期和实际情况，得到对象的真实需求，如图 9-17 所示。

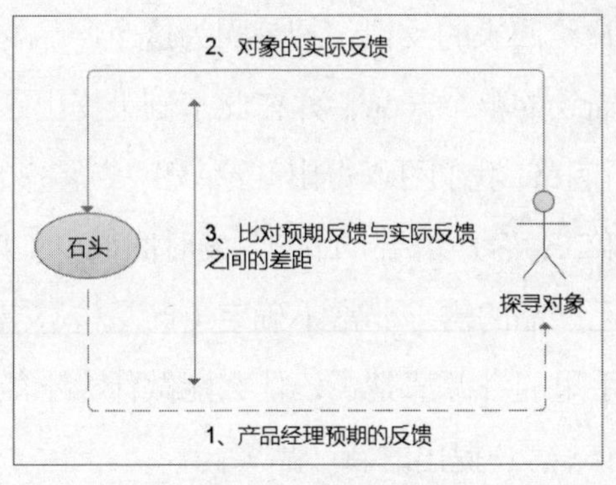

图 9-17　投石问路过程

对一个互联网产品来说，最经常用到的“石头”有以下几种：方案（产品流程图、产品设计 UE/UI 稿）、最低配置版的产品，或是可实现产品的核心功能的（减配）替代产品。

方案型的“石头”经常被用在产品成型的最初阶段。这一阶段，无论是产品经理还是目标用户，对产品的模样都还没有清晰的脉络，处于混沌状态。这一时期的用户（尤其是甲方或老板）很容易这也要，那也要，产品能满足的需求越多越好，也不管需求之间是否存在逻辑冲突，很容易陷入混乱。面对这种情况，产品经理若直接询问更具体的需求，客户没有，因为他们没有想好。若是直接指出某一需求的不合理，那么会因为缺少依据，难以让客户接受和信服。这种情况下，给客户看他表达的需求的产品方案，是最直接的投石问路。

比如前文中，我们提到的那个旅游产品的案例，客户在围绕自己的项目目标表述了很多需求（其中不乏不确定的、互相冲突的需求）之后，我们给客户看了按照他们的需求所绘制的产品逻辑图。根据这个图，我们详细而具体的把产品的样子梳理出来，并描述给客户。我们的预期是，客户会接受逻辑图中的大部分环节，但会对其中几个比较耗时的环节存有疑虑。

不过，真正客户给回来的反馈，却是因为这个产品的花费、耗时超预算而推翻了逻辑图所描绘的整个产品，并在此基础上提出了另一个产品构想。于是，通过这次投石问路，我们可以得出结论：第一，客户的产品预算很少（具体数字知道了）；第二，客户留给产品的开发时间很少（具体时限知道了）；第三，客户对于自己产品的需求非常不确定（产品核心需求如此轻易就被推翻）；第四：客户手里的资源清楚了，什么能做什么不能做；第五：客户的最低心理预期知道了（客户提出的新产品）。

用方案做“石头”，是成本最低的一种做法，快则半天、慢则几天，产品方案基本上由产品经理一人就可以完成。所以方案法（包括逻辑图、产品原型图、UI 图）在产品经理的工作中是非常常用的一种方法。

可是，方案法也有不奏效的时候，如果方案这块“石头”投向的是完全没有互联网产品概念的用户，或者是数量众多的某个用户群，方案就不行了。第一，有可能对方看不懂方案，产品经理解释也没用；第二，产品经理连解释的机会都没有。

这时候，产品经理就需要拿一个 DEMO 出来，给用户用用试试，分析用户的行为数据，以获取用户的真实需求。这里的产品 DEMO 可以是一个只提供了核心功能的产品最低配置版，也可以是其他能完成主要功能的其他替代产品。这么做的唯一目的，就是在用户需求尚未非常明确，又需要动用开发资源做出能使用的产品时，尽量的压缩成本。

比如，我们曾经想要开发一款时尚生活类的 APP，在这个产品上，为用户提供和时尚生活相关的资讯，并提供给用户优质生活物品的购买。这是产品的大方向，具体落地时，所提供的资讯的领域是什么？服装？美食？旅游？健身？还是别的？至于可供购买的商品，用户能接受的价格区间是什么样的？商品门类是哪些？

这些需求当然不会直接影响到产品的功能设计，完全可以把产品先做出来，运营工作铺上去，慢慢查看数据，再做调整。但是，如果换个思路，在 APP 动手开发前，来一次投石问路，就可以节省更多资金及时间，在 APP 动手做之前，拿到用户的真实需求。

于是，对于这款资讯 + 销售型的产品，我们先做了个微信公众号，在公众号上，每日推送不同类型的资讯，观察用户对每类资讯的兴趣度。同时在微信公众号上，也很容易就挂上了能够进行商品购买的页面。这样一来，本是一个以月为单位的产品，在一两周的时间内，就实现了基本核心功能。当然，微信公众号与 APP 不可同日而语，但用一个微信公众号来测试目标用户的需求，预热项目团队的运营能力，怎么说都是一件经济又有效的事情。

9.4 需求变来变去，如何管理

我曾经遇到过一个做了一年多的项目，在这一年的时间里，产品共发布了大小 17 个版本。项目团队每天工作 12 个小时，全年无休，每天都在讨论产品的新版本需求。同时，每天也在开发新版本的产品。产品在所在领域内，用一年的时间，尝试了几乎所有该领域内可尝试的方向和做法。当然，也时常出现，改来改去，又改回原来版本的情况。产品需求就这么频繁的，大幅度的变化着，还有更多的产品版本没来得及发布，就被新的需求所取代。需求如此变化的一个恶果是，项目越走越不知道方向在哪里。另一个恶果是，项目团队成员陆续选择了离场。

我还遇到过另外一个项目，项目团队的每一次全体例会几乎都会否定上一次会议通过的产品需求。这是一个让人有些无奈的项目，产品陷入了“讨论需求→确定需求→产品设计→审核产品设计→否定需求→讨论需求”的恶性循环中。产品根本没有机会进入开发环节，更没有机会接受市场的检验，这一产品的产品经理完全沦陷在变来变去的关于需求的理论讨论之中。

在互联网行业的日常工作中，产品经理们听得最多的估计要算“变化”和“速度”，这两个词了。互联网奉行的是“唯快不破”的圣经。因而，无论是主观上，还是客观上，大部分的产品经理在心里都是默认和接受需求的快速变化的。虽然这种需求上的快速变化确实给项目的执行带来巨大的障碍。但，产品经理们还是尽力从工作方法上（比如更纯熟的项目管理技巧等）寻求突破。

这里，有一个问题非常值得我们思考，用户的需求本身，确实是时刻充满变化的吗？如果，用户的需求本身天生就是充满了变数，那么那些比互联网慢无数倍的传统行业，是如何做到满足用户需求的？如果，用户的需求本身并不是如我们感知到的那样变来变去，为什么互联网行业如此快的速度，都赶不上满足用户的需求？

带着这些问题，我们来看一个案例。我认识一位模特朋友，她年轻而美丽，最初的时候，她只是一个小姑娘，谈不上任何知名度，于是她为一些摄影论坛的线下摄影活动做模特。之后，她在业内慢慢积累了一些人脉，于是她开始为一些大型的推介会（网络游戏或者汽车等）做模特。后来，有一些面对年轻人的化妆品品牌和服装品牌开始找到她，请她做代言。现在的她，自己是一名成功的模特，同时还组建了属于自己的模特公司，如图 9-18 所示。

现在，我们试着把这个生活中非常常见的案例，当成一个产品来分析，看看会有什么收获。我的模特朋友一直以来，她所提供的产品都是模特（之前是一个人，后来成立模特公司后是多人），无论是什么平台上的用户，她满足的都是用户“爱美”的核心需求。但是，她的“产品”所服务的场景却是根据市场变化，一直都在改变。

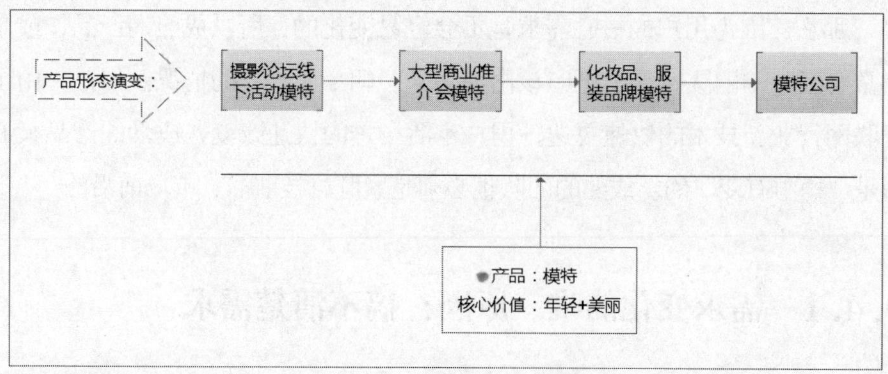

图 9-18 “模特”产品演变过程

通过这个案例，我们可以得到一个结论：用户的核心需求是不会轻易改变的。这个用户核心需求，就是“人性”。但用户对产品的使用场景却是很容易改变的，这种产品使用场景的快速变化，源自当今科技的快速进步和中国社会需求的快速改变，如图 9-19 所示。

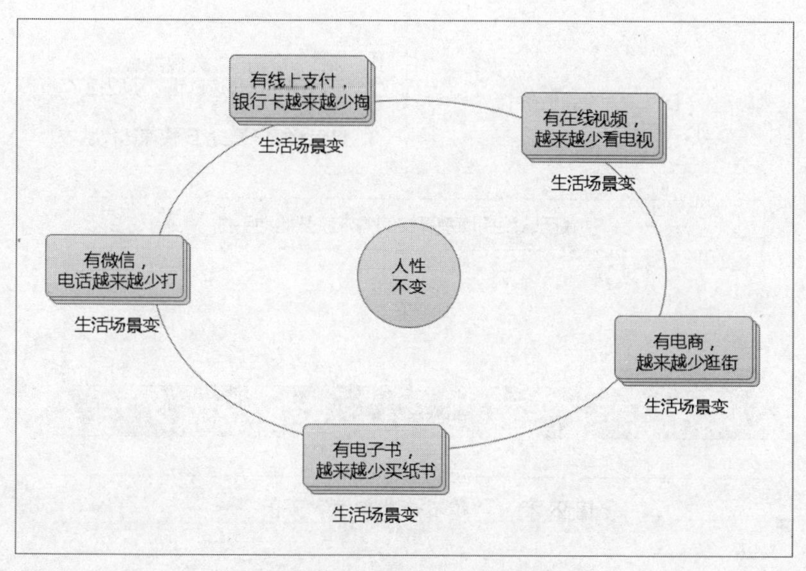

图 9-19 需求的“变”与“不变”

那么，因为用户的核心需求是不会轻易变化的，所以成熟的产品，或是非常有经验的团队，完全不应该出现需求“朝令夕改”的情况。但是，由于互联网行业新技术的快速更迭，用户生活场景的快速改变，成功的产品又必须是“稳中有变”的。成熟的团队也必须是紧盯科技前沿、市场前沿的。

9.4.1 需求变化的唯一原因：搞不清楚需求

虽然，用户需求本身并不是不可捉摸的“烟云”，但绝大多数产品经理的日常工作，还是会陷入到需求的飘忽不定，朝令夕改中去。出现这种情况的唯一原因是：决策团队没把用户的需求搞清楚，正是因为对用户的需求拿不准，需求才会一直被改来改去，如图 9-20 所示。

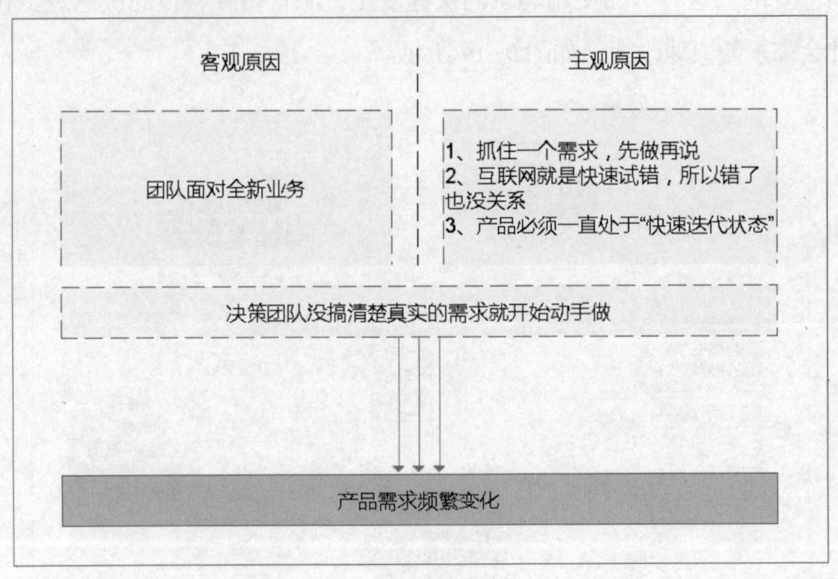

图 9-20 “搞不清楚需求”原因分析

有的公司，很可能会经历这样的阶段：公司产品的战略方向是什么？全员讨论，今天说往东，明天说往西（变）。公司该做什么产品？全员讨论，今天说做这个，明天说做那个（变）。好不容易上马的产品，执行过程出现问题，全员讨论，今天改这个，明天又改那个（变）。产品上线后，数据表现不如意，全员讨论，索性推翻原来的产品需求，重新再来（变）。

我自己就经历过这样的项目，在那段特殊的时间里，上午的我，完全不知道下午的产品又会要做怎样的调整，产品的需求变化几乎是以小时为单位进行的。这样的情况，很容易出现在刚刚从传统行业进入互联网行业的公司，或是互联网公司转入一个全新的业务领域时。

面对新的业务，决策团队几乎没有能力决断什么是正确的需求，什么不是正确的需求。因而需求变来变去，也就成为情理之中的事情。

对一个产品经理来说，无论如何，忠诚的陪伴公司走过这段特殊调整期，都是职责所在。而且，如果产品经理是新手，在这样一个阶段，与团队一起探讨、一起决策、一起失败、一起成功，这就是最好的学习和成长。如果产品经理本身很有经验，那么这时候的产品经理就应该有所担当，成为团队的引导者。

除了上面的这种特殊情况之外，很多时候，我们面对是那些已经明明知道不确定的需求，还是会被大张旗鼓地投入到开发中去，导致刚上线就修改，甚至于还未上线就被修改的悲剧。会出现这种情况，主要是因为决策团队存在以下的三种误区。

误区一：不做出来试试，怎么知道对不对呢？在不太为开发资源犯愁（公司有钱）的项目中，这样的情况还是很常见的。我就曾经见过一个项目，由于项目组内部对于产品该怎么做争执不下，于是公司给项目拨出了 40 万预算，让产品团队先把一版产品做出来，放到线上看看用户数据，然后再决定哪个产品意见是正确的。

如果公司不缺钱，不缺时间，当然是按照完整的产品思路做出来，放到线上做过测试之后，最能验证产品需求的正误。可是，这样的做法是以完全牺牲项目的效率（钱的效率，时间的效率，人力资源的效率）为代价的。这类型项目的需求不改来改去，是不可能的。

误区二：互联网就是要快速试错啊？快点、再快点！这是整个互联网行业很普遍的一种焦虑心态。所有人都在争分夺秒，舍不得花时间吃饭，舍不得花时间睡觉，甚至于害怕如果自已在中午打了个盹，就会被对手超越。于是乎，如果有了一个想法，完全不能容忍自己去掂量，只要不是在第一时间去执行，就是辜负了这个时代！

需求没经过论证就上马，那如果做错了呢？快快的改呀，互联网不就是“快速试错”吗？在这样的心情之下，于是就出现了上面案例提到的那种产品还没上线，就被新的需求替代掉的情况。因为大家太焦虑了，每天都在思考，每天都有新想法，每天都在否定前面的产品需求。这种情况之下，需求变来变去，是再正常不过的事情了。

误区三：产品必须一直处于“快速迭代”的状态。这是一种很纯粹的自我欺骗的状态，用产品的不断“变化”（不管有没有需求，不管执行的需求正误与否，总之有活干，有变化就可以）为自己买个心安。

在这种情况下，无论是基于什么考虑，决策团队要的并不是产品高效而准确的去满足用户的某项需求，他们要的只是产品表面上的“活性”。这种产品的“活性”或许是做给领导看的，或许是做给投资人看的，唯独不是由真实的用户需求推动的。这样的东西做出来，用户不买账是意料之中的事情。那么，因为用户不买账，而缺乏存在价值，因为投资人（或领导）需要，而必须要时常更新。这样的需求怎能不变来变去呢？

9.4.2 产品经理就是定海神针

无论产品是因为什么原因导致的需求过度变化，一个合格的产品经理都是这个局面的“定海神针”，也是困局的突破之处。话说回来，搞清楚需求，并确保团队行走在正确的方向上，这本来就是产品经理最重要的职责。那么我们就来看看，一个合格的产品经理，如何完美的履行这一职责。

当决策团队搞不清楚用户需求的时候，产品经理必须要想尽一切办法，用最短的时间去搞清楚。一个团队都搞不清楚的需求，产品经理能搞清楚吗？这个问题的答案是肯定的，产品经理能够搞清楚产品需求，也必须搞清楚产品的需求。

用户的核心需求是基本不会改变的，之所以会出现搞不清楚用户需求的情况，基本上都是“老问题遇上新情况”。实事求是，不带成见的去对用户的“新情况”进行观察和研究，是这一环节能够成功的关键所在。

当项目团队认知不统一，或者出现误区的时候，产品经理去统一。所谓团队，人一多，想的就多，每个人的经历背景和考虑角度都不一样，对同一个问题，各人有各人的认识，这是再正常不过的事情。但是，如果因为这种人与人之间认知的多样性拖延了项目的进度，或是将项目带入了错误的方向，这种时候，就需要产品经理站出来。

当决策团队对用户需求不确定的时候，经常会在决策上出问题，要么是迟迟决策不了，要么是今天说，明天变。这种时候，就需要产品经理去推动，协助决策。产品经理将客观的、可信赖的标准找出来，给到决策团队，让决策团队有据可依，更高效的做出判断。由于团队对需求的不确定，而当心决策失误使项目出问题，产品经理就做好记录，做好预警，如图 9-21 所示。

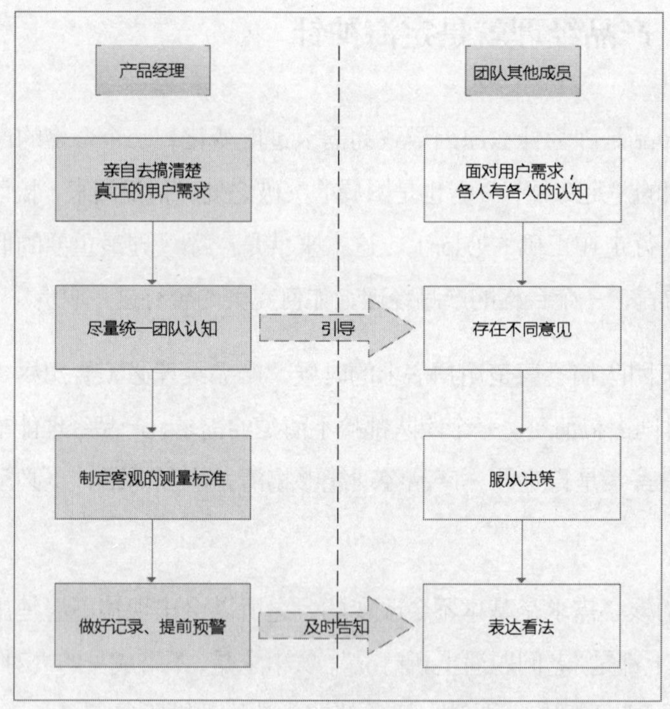

图 9-21　产品经理是需求的“定海神针”

9.4.3　必须拿到用户的第一手需求

产品经理要想搞清楚用户需求，首先要做的，最基本的，就是要确保自己拿到的是用户的第一手需求。找用户拿需求，这个表面看上去小到不值一提的小事，有时候却恰恰不容易做到，而也正因为它看上去很“小”，往往还很容易被忽略掉。

我曾经见过一个项目，这个产品的用户是普通的美发师和美甲师，这些用户的日常工作情况对一个互联网的产品经理来说，是比较陌生的。而这些用户又分散在城市的街角巷尾，这就需要产品经理拿出大量的时间来“扫街”，一家接一家的访问，深入了解普通美发师和美甲师的工作与生活，获取他们的原始需求。

项目的产品经理算是比较有经验的产品经理，因而，为了获得产品需求，产品经理顶着夏日 40 度的高温开始了“扫街”的工作。不过，非常遗憾的是，产品经理仅仅把这种需求采集的工作局限在自己原先认识的几家店里，并且，他只愿意跟老板交流。

可想而知，这种貌似接了地气，实际上仍然高高在上的做法，是无法获取到用户的第一手需求的。产品上线之后，产品经理对于普通用户表现出来的对产品的完全不买账，困惑不已，最后进而全盘否定了产品的立意（也许，这个产品根本没有存在的必要，用户根本无此需求）。

这里面有一个值得产品经理思考的问题，我们知道我们的用户是谁，但是，我们足够尊重他们吗？我们愿意以平等的姿态——不高看，也不小瞧，去和每个用户对话吗？进入他们的内心，倾听他们的诉说，体会他们的感受。还是，我们只是挑选那些“符合预期”的典型用户，用来佐证自己原有的认知。

曾经帮朋友分析过一个失败的项目，这个项目是朋友公司非常重要的一个项目，承载着公司的未来。董事会对项目有非常具体的方向和需求，朋友是产品经理，负责产品的实施落地。但可惜，他级别不够，因而在整个产品开发周期里，他都没有参加过任何一次董事会，而所有的产品开发需求，都是来自于他的直属领导。

朋友项目的结局是，刚刚上线就迎来了扯皮大战。董事会说：得罚！这完全不是我们要的。朋友的领导说：领导明鉴！我就是按董事会的要求传达的。朋友说：我委屈！我每一步都是严格按照上级的要求做的。

这样的情况，在规模偏大的公司里非常常见。当董事长对某项业务有了具体的需求，他一般只会把自己的想法传递给 CEO，而 CEO 在对老板的想法进行消化、理解之后，再传递给产品团队的负责人，最后在产品负责人再次进行消化、理解之后，把产品需求传递给末梢的执行人——产品经理。

产品需求在这样的层级结构中传递，出现原始信息丢失或被扭曲的情况，是再正常不过的事情。“差之毫厘、谬以千里”，信息传递的过程中，任何一环出现任何误差，都有可能直接导致最后产品的失败和项目的“一地鸡毛”，如图 9-22 所示。

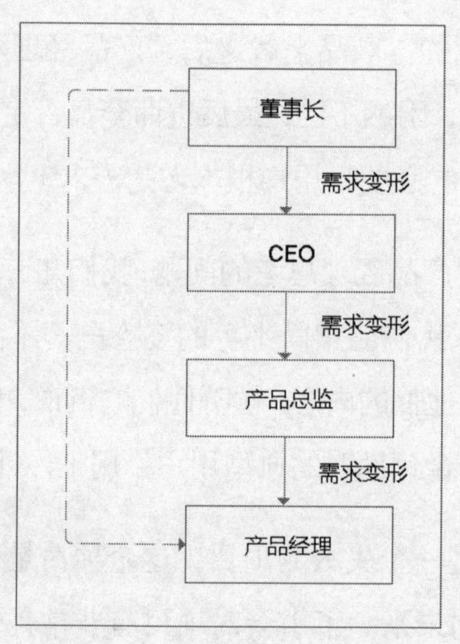

图 9-22　层层传递的需求，变了

摒弃职级观念，让需求方和执行人直接面对面，是这类问题的唯一解决方案。说到底，这是一个公司管理制度的问题。面对这样的局面，一个产品经理要想将产品正确做出，就不得不自下而上的去推动公司修正已有的管理制度，难度和阻力可想而知。如果制度没有赋予产品经理直接面对董事长采集需求的权利，那么产品经理就只能想尽办法，从旁突破。

无论产品的用户是扫地的阿姨，还是统领万人的成功企业家，只要他是产品的用户，产品经理就要用顽强的信念，跨越重重障碍，与用户直接对接上。只有与用户对接上了，才有可能获得一手的，真实的用户需求。

9.4.4 反复讨论，直到达成共识

产品团队中，哪怕是仅在规模很小的产品决策团队中，大家的想法要保持一致，也是一件很难的事情。团队成员观点的差异，会直接导致产品需求的漂浮不定。想法不一致，意味着各成员很可能各执己见。无论产品方案按谁的想法定，都会有人不乐意；无论产品的结果最终如何，都会有人不满意。如此一来，产品的源头——需求，必然成为各方人马的“必争之地”。来自不同方向的意见，就像不同方向的风，吹得需求落不了地，项目无法推进。要不然，就是吹得需求忽东、忽西，变来变去。

面对这样的问题，作为项目“定海神针”的产品经理就需要多方奔走，有方法、讲策略，找到有效的沟通方式，将团队对产品的认知统一在一起。在讨论和沟通之后，最好的结果，当然是团队的想法能完全一致的统一在一起，大家心往一块儿想，劲儿往一块儿使。可是，哪怕是结果稍次，异议仍然存在，但毕竟决策过程经过充分沟通，有理有据。所以，就算项目必然要放弃一部分成员的想法，项目结果必然会有这样那样的瑕疵，产品需求也不会出现非理性的，超出掌控的变化。

那么，如何进行讨论呢？反复讨论就是反复开会吗？我曾遇到过一个这样的项目，团队在需求上存在意见分歧，于是项目负责人组织团队开始了漫长的会议之旅。3 天 1 大会，所有与项目有关的人员都会参加，大讨论，从各个角度展开讨论产品需求。1 天 3 小会，各团队成员之间互相再分别展开讨论。这样的状态持续了整整一个月，好不容易有了一个全体通过的需求版本。可惜，

这个“共识”甚至于都没能坚持到开发完成，就再次被打破。刚刚交付开发不久的需求，面临变更，团队怨声载道、士气低落，如图 9-23 所示。

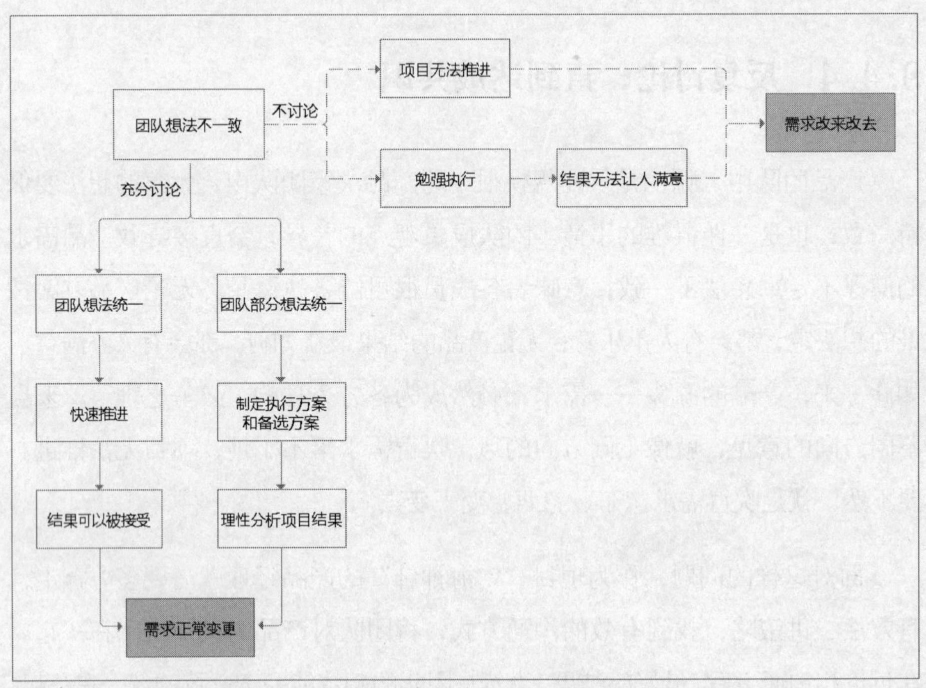

图 9-23　需求必须要经过充分的讨论

这样的结果，是由讨论的“无效”带来的。讨论≠开会。开会，也就是仅仅通过口头表达这种方式，是很难将观点准确传达的，听众也很难仅仅通过这种方式就完全理解对方的观点。要想保证讨论的“有效”，一定要打“组合拳”。

首先，产品经理要摸清楚团队存在多少种需求，尤其是重要人物的需求（摸清楚有多少门派）。然后，产品经理领导大家制定出得到大家认可的需求取舍规则（制定游戏规则）。

接下来，产品经理给出方便讨论的具体的东西，比如产品原型（树立靶子）。

最后，使用一切方法，包括会议、用户评审、DEMO 线上测试等一系列方法，全方位的检测各个需求与目标之间的差距，得出客观、公正的取舍结论（统一认知，得出结论）。

有效的讨论，就是要在每一次讨论之后，使局面更加清晰，使项目更加接近目标。

9.4.5 引入客观标准——用数据说话

无论是用户真实需求的难以把握，还是围绕需求的各方争吵，或是需求今天定、明天改的非理性变更，究其根本原因，都是由于需求的“主观性”造成的。

产品启动之初，用户的真实需求是什么？对真实需求的把握准确度如何？这些，很多时候仰仗的都是产品经理的“悟性”和“阅历”。这样得来的需求，不可谓不主观。若是产品经理的认知稍有偏差，产品需求马上与用户需求相去甚远。只依靠经验的判断，只能算是“揣测”。而产品经理很多时候就是靠着“揣测”去获取用户的需求。

而既然每个人所理解的用户需求，都只是基于个人“阅历”，那么人与人之间的看法不同就是理所应当的事情。团队成员之间互相无法说服对方接纳自己的观点，也就成了常见戏码。这种情况下，产品经理往往需要来回奔走，多方说服，但又难免落得个“按下葫芦起了瓢”的局面。出力而不讨好。

在项目纷繁复杂的千头万绪中，只有数据是理性的，是客观的，它并不是来自谁的观点，也非谁的主观意愿。因而，数据可以成为一把标尺，去丈量每个人观点和看法的对错。而也正是这把标尺，真正可以保证项目行走在正确的道路上，如图 9-24 所示。

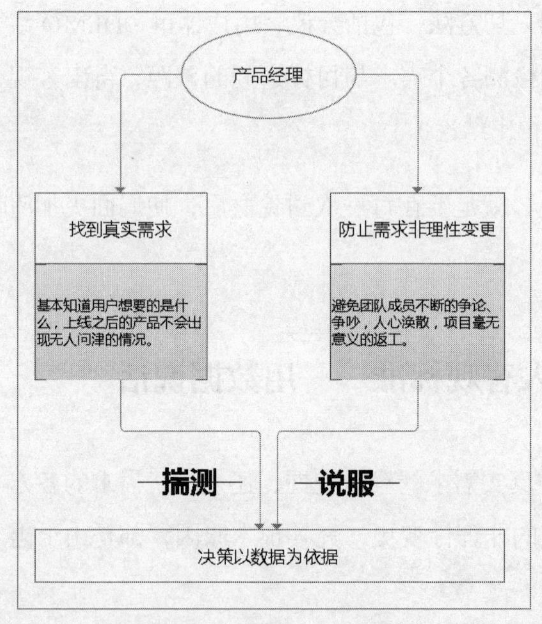

图 9-24　用数据来评判需求

但是，在产品开始做之前，怎么可能会有数据来给产品经理提供决策依据呢？产品经理想要用好数据这根标杆，首先就要学会把想法（需求），化整为零、变大为小、删繁就简。比如说，我曾经碰到的一个产品，这个产品的原始设计包含内容、电商、社交等多个模块，而且涉线上线下的关联交易，是一个大而复杂的产品。当然，设计看上去毫无漏洞，但是，这是否真的就是用户的需求呢？

如果这份看上去堪称“完美”的需求，并不是用户的真实需求，项目的开发将为公司带来不可估量的损失。为了规避风险，验证用户需求，最终产品决策团队用了一个办法。团队用几天的时间，开发了一个 H5 页面的产品 DEMO，这个 DEMO, 并不包含产品的功能实现，只是让用户能清晰地看到产品可以为她们提供的服务，如果用户对产品所提供的服务感兴趣，可进行下一步的操作。

在这个案例中，产品经理将复杂的产品设计、产品功能，压缩成一张清晰友好的“产品说明书”，通过用户对这份特殊的“产品说明书”的反应数据来论证产品设计（产品需求）的真伪。这样的做法不仅通过真实用户数据矫正了产品需求，而且非常经济，如图 9-25 所示。

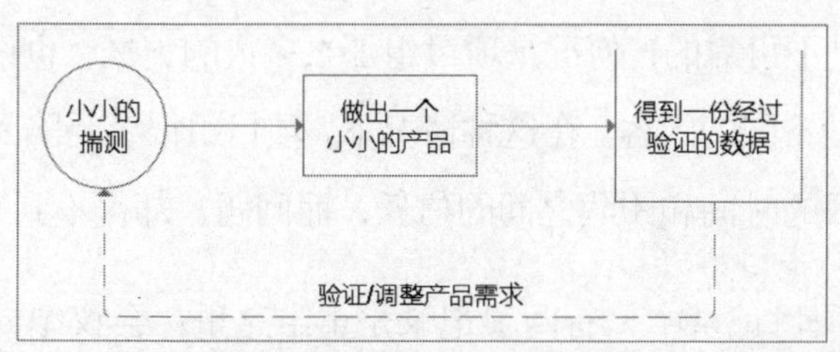

图 9-25　将对需求的假设最小化

让数据成为决策依据，在团队成员的意见存在重大分歧时，显得更加必不可少。我曾经经历过一个项目，团队为了在产品上使用哪种技术而争执不下，整个公司针对哪种技术更加合适的问题，进行了旷日持久的争论。争论之后却依然没有结论，项目一再被拖延。

为了解决这个棘手的问题，公司决定让每一方都拿出自己的产品 DEMO，然后，在同样的环境条件下进行测试，比较测试数据。让数据来说话，停止无谓的争论，终于使技术选型的问题得到了完美的解决。

数据，是产品经理脚步轻快时的指路灯，是产品经理步履蹒跚时的好拐棍，无论何时，产品经理都要学会找到数据、创造数据和毫不犹豫的使用数据。让数据辅助我们思考，让数据替我们说话。

9.4.6　做好记录、做好预警

就算是最科学、最严密的决策体系，也难免会有出现失误的时候；而最有经验、最高效的执行团队，也难免会有出现偏差的时候。所以，对于产品经理来说，固然是已经在决策前下足了功夫，但还有最后一个保证项目正确性的步骤，那就是做好记录、做好预警。

记录，让项目执行过程留下痕迹，当项目出现问题时，可以很好地回溯和排查。记忆是不可靠的，何况是项目组那么多人的记忆，也许同样的事情，每个人记忆的是不同的内容。在这种情况下，项目组很容易陷入无谓的争吵，白白消耗掉项目的时间和团队之间的信任，而问题，却得不到有效的解决。

在所有的项目记录中，有两项记录是重中之重：会议纪要和产品文档。这是因为，需求阶段，很多有效的信息都是来自大大小小的会议。会议纪要首先可以让这些信息不遗失，都能记录下来。同时，在整理会议纪要的时候，也给产品经理提供了一个梳理信息的机会，记录在案的信息不会事无巨细、庞杂难辨。至于产品文档的重要性就不必多说了，每一个重要的需求节点，都需要有对应的产品文档输出，这是产品经理的基本工作职责。

要想完成一份优秀的会议纪要，需要产品经理做到以下几点：

（1）客观记录会议内容，不选择（比如：产品经理觉得不对的内容就不记录）、不遗漏。

（2）会后对会议内容进行梳理和提炼。整理出清晰可见的信息：形成的结论、遗留的问题、争论中各方的观点、需要会后推进的工作清单等。

（3）会议纪要正式的通发给所有相关人员。

对产品文档来说，需要注意以下几点：

（1）产品文档并不需要拘泥于特定文档的形式。用什么形式来整理产品文档，取决于团队的工作习惯，同时兼顾速度。也就是说，那种又快、又清楚，大家一看就明白的形式，是最好的形式。

（2）做一个一目了然的项目进度表，进度表上清楚的说明，项目进展到什么地方，有多少工作已经完成，有多少工作正在等待，项目预计结束的时间等。并把进度表挂在显眼的地方，或者定期发送给团队成员。

如果，在项目的执行过程中，由于需求的非理性变化严重影响了项目进度，导致项目迟迟无法推进，或者是出现非常不合理的需求变化。碰到这样的情况，就需要产品经理启动项目预警。

项目预警，就是产品经理告诉大家，项目有可能会出现问题，需要对现有的部分工作进行调整。预警的目的是为了提醒团队，避免可能出现的失误，及时采取调整措施。不过，值得注意的是，预警是讲究方法的，方法使用不当，很容易造成不好的影响。

（1）预警不宜波及大面积的团队成员，产品经理先与重要的、核心的人物，私下、深入沟通，双方达成共识，并找到有效的解决方案之后，再将相应的信息同步给团队成员。

（2）产品经理把看到的危机说出来，并不是真正的目的。真正的目的是要避免项目有可能遭到的损失。因而，产品经理在预警的同时，给出危机解决的方案才是最有价值的部分。

（3）预警工作，一定要适可而止，产品经理要守住自己的边界，切忌越俎代庖，更不要因为预警未被采纳而心生怨恨。对产品经理来说，提出预警信号和调整方案之后，完全不意味着项目一定会按产品经理预期的那样改变。有时候，预警不一定会被认同，看上去，项目失误终于还是无法避免。即使面对这样的情况，产品经理也要坚守自己的职责，产品经理的职责只是将项目状况如实的告知给项目决策人（比如老板），做出决策的永远是决策人。产品经理只要把事情说明白了，就可以了。

第 10 章

产品之孕育——设计

产品设计，是产品经理工作的核心地带，如果说从所有产品经理的日常工作中只挑出一样来，是产品经理必须要做，那就是产品设计。产品设计，最直观和肤浅的理解，就是产品经理把产品要实现的样子，画下来。那么问题随之而来，怎么画？有方法可遵循吗？画的到底对不对？有标准可对照吗？

10.1 产品设计经典 3 步模型

要设计出一款优秀的产品，当然是非常不容易的，需要产品经理的经验、悟性、耐心，还得加上运气。况且，“罗马并非一日建成”，好的产品，更不是完全靠设计，就设计得出来的，还需要在实践的过程中慢慢打磨。

于是，很多时候，产品设计的过程被描绘成了高深莫测的技巧和艺术。产品经理必须要能高屋建瓴，行业趋势了然于胸；要通晓互联网技术，对各种新兴的、没落的互联网技术如数家珍；要能熟练的使用各种工具，快速而准确的交付产品设计；最重要的，还要能通晓人性、把握不同人群多变的需求。

“九层之台，起于累土”、“千里之行，始于足下”，要想打造完美的产品也是有章可循，只要遵循产品设计的经典 3 步模型，很容易就能构建起一个产品的主体结构。所有产品的共通之处在于，它们被创造出来，是为了完成一项使命（目标）的。所以，我们先要找到产品的使命。接下来，要想完成目标，就要为产品找到完成目标所使用的方法。比如，如果产品的目标是销售商品，那么方法就是清晰的列出可供购买的商品，并且保证它们能够被轻易的买到。最后，要想将产品设计中的各方法付诸实践，必然要配给相当的资源，所以，产品设计的最后一步就是为产品实现准备必需的资源。而这些资源里面，有的是现成的，有的是需要想办法获得的，有的是想办法也不能获得的。自然，如果碰到资源无法到位的产品设计，产品经理只能忍痛割爱，返回去将其删除。

这就是通用于所有产品设计的“经典 3 步模型”，如图 10-1 所示。

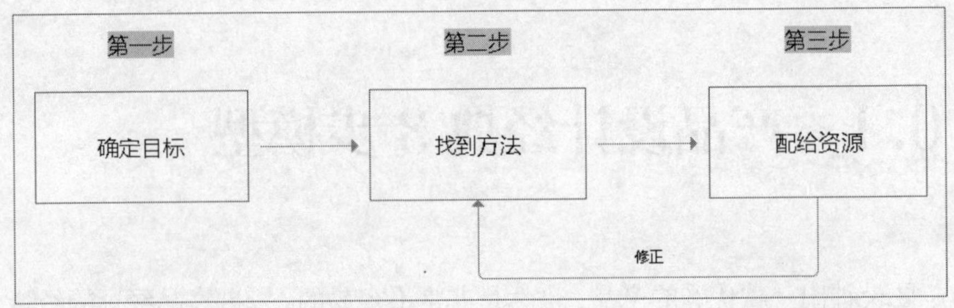

图 10-1　经典 3 步模型

10.2　设计第一步：定位

产品的定位。这是个首当其冲的问题，如果不把这个问题想清楚，回答明白，接下来的一切工作都无从开展。产品定位是产品设计要走的每一步的指路明灯：产品颜色该用黑白还是粉红，产品界面该简约还是繁复，甚至于产品中出现的文字该如何表达，所有问题的答案，都藏在产品定位中。

可以这么说，产品执行过程中遇到的每一次摇摆都是来源于产品定位的摇摆。要为产品找到正确的定位，必须要诚实不欺的回答一个问题：我们是谁，我们（产品团队）能为用户提供什么？人贵在自知，产品又何尝不是。同样是做一款女性时尚类的产品，如果是时尚集团来做，就得走高大上的路线，如果是一个草根创业团队来做，就得走亲民路线，这是显而易见的。

给产品做定位的时候，成功的关键是“少”，一个产品原则上只能有一个准确的定位。比如，产品的定位是高端还是亲民，只能是其中之一，绝对不能两个都要。在给一个产品进行定位时，最容易犯的错误，就是不断地把定位边界扩大，我们以为这样可以让产品拥有更强的适应性，给产品带来更多的用户。其实不然，一个貌似适用于全人类的产品，不就是完全没定位的产品吗？

会出现定位边界不断外延的情况的最根本原因，还是产品的执行团队对产品能够在某一定位上做得出色信心不足，把握不强。因此，希望通过扩大产品的范围来弥补产品的不足。这当然是完全不会奏效的，如果对于团队来说，一件事都没有能力做好，又怎么可能同时做 10 件事？定位的边界不断外延给产品经理带来的不过是一种虚妄的安全感——感觉上是安全的，实际上是有害的。所以，在做产品定位时，不要犹豫，认准一个点，不断挖下去就好了。

但是，对于成功的产品来说，产品设计阶段确定的“定位”只是一个起点，产品“定位”必然会在产品上线后的运营中，根据运营情况不断调整，直到最后，产品定位非常清晰，而这种定位又是经过实践检验的，这才最后成为一个产品真正的定位。

我自已曾做过一个美甲类的微信公众号，一个特别小的产品，在定位的问题上，都经历了数次摇摆。不过正是因为产品很小，所以让定位对于一个产品的影响看得更加明显。第一阶段，我想让这个微信号承载跟美甲有关的一切，所以当时的定位包括：美甲花色、美甲产品、美甲店经营、美甲师培训、DIY、美甲店介绍、美甲店优惠发布……后来发现，做得很累不说，每类内容的用户数据都不太好。

于是我就想，数据不好，是不是因为只说美甲的事太枯燥了？于是进入第二阶段，在美甲内容之外，我加上了星座、情感……说真的，这个阶段更累不说，运营数据反倒越来越糟糕了。接下来，顺理成章地进入第三阶段，既然内容种类已经这么多，也积累了一段时间的数据。我想我可以看看，数据表现不好的，试着删除一下。并且，在这个阶段我开通了与用户的互动，用户想看什么，让用户告诉我。

所以，接下来我很容易的删除了星座和情感的内容。并且发现用户最感兴趣的内容还是美甲花色。在用户的参与下，第三阶段微信号发布的几乎都是各种不同风格的美甲花色。有了主题的花色反倒变得深度起来，比如我发到印象派美甲时，顺便也就介绍了印象派的画作。经过这 3 次的定位调整，这个微信号终于找到了自己的定位，只发美甲花色，但却成体系，有内涵，微信号的特色马上鲜明起来，用户数据也越来越好。

给产品做定位时，成功的另一个关键是“定”。产品无论被产品经理预设到什么位置，无论对错，首先都是要把这个位置定下来。定下来的位置，相对应而来的产品的做法、打法，产品经理需要用一个完整的过程，得到验证数据之后，才能去验证这种预设的正确与否。比如在上面提到的我的美甲微信号案例中，每一次的产品预设其实都并不十分正确，有的时候，与用户的实际需求还相去甚远。可是，如果定位定不下来，来回摇摆，左右不是，又或者无论什么定位都只是挖一锄头就走，这样的定位不定，我就无法有足够的时间来检验预设定位的正确性，并且在经过检验的基础上，对定位做出越来越正确的调整。

微信号的定位当然容易把握和调整，当产品经理真正去领导产品团队对一个产品做定位的时候，情况可就要复杂得多得多。首先说，不同的人对产品往往会有不同的定位，同一个产品，如果有人认为它该走高端路线，基本上肯定就会有人认为它走草根路线其实更好。真实的情况是，很可能是哪种定位的路都是能走通的，严格意义上来说，不同定位难有对错之分。正因为如此，团队很可能会就往东还是往西的问题，争论不休。

然后，当大家终于能就某种定位达成一致的时候，很可能彼此对定位本身的具体体现认知是不一样的。比如说，产品定位在高端消费人群，那么很可能产品经理理解的高端消费人群是客单价 1500 ~ 2000 元的人群，而有人认为的高端消费人群是客单价 200 ~ 400 元的人群。所以说，对于产品定位来说，真正是一个产品经理逐步了解团队成员想法、倾向，并将南辕北辙的不同想法逐渐统一起来的艰苦过程。但话说回来，产品团队成员思想的统一，产品定位的确立和清晰，真正是“磨刀不误砍柴工”，真正是“好的开始是成功的一半”，如图 10-2 所示。

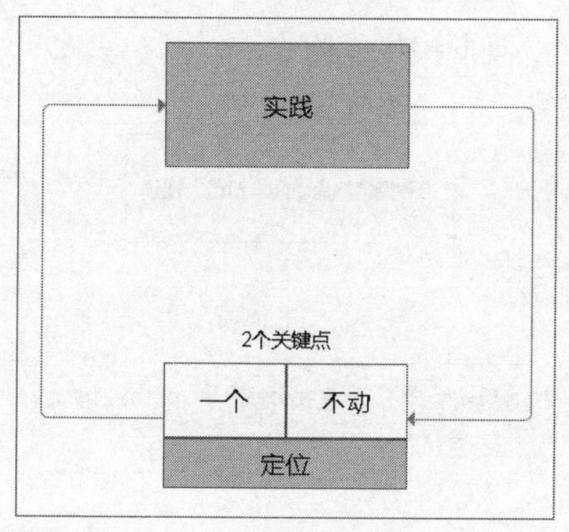

图 10-2　如何找到产品定位

10.3　设计第二步：找到方法

在产品设计中如何找到目标实现路径的问题，并将产品实现路径转化为产品设计的问题，我们用一个案例来说明。

今日头条，这是一款基于数据挖掘的推荐引擎产品，它为用户推荐有价值的、个性化的信息，提供连接人与信息的新型服务，是国内移动互联网领域成长最快的产品服务之一。之所以选这个产品作为案例，是因为我发现，一天中自己花在研究这个产品上的时间，应该算是最多的了。

我们先来看这款产品要实现的目标。它的产品目标是"推荐阅读热点新闻、资讯、视频"，为了实现这个目标，让用户能够及时读到热点的、感兴趣的内容，今日头条为用户设计了两条实现通道：个性化推荐和用户互动。这两条实现路径的设计非常常规，个性化推荐，使用者可以以最小代价找到对自己有价值的信息，而互动，则让阅读不再是短暂的、枯燥的、个人的事情，有效增加了产品对用户的黏性，如图 10-3 所示。

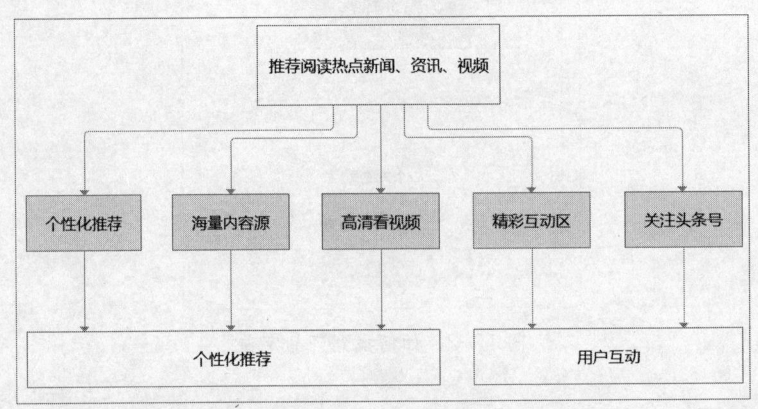

图 10-3　今日头条实现产品目标的方法示意图

接下来，我们来看，从产品 UE 设计的环节，今日头条是如何把目标支撑路径，变现为用户使用的界面的。

从上面的页面设计中，我们能看到，页面中最大的空间给了经过个性化引擎计算之后推荐出来的内容，这一主要区域就是用来实现个性化推荐这个功能的。而页面顶端和底部的导航栏作为功能区，使用户可以按照自身的需求，选择引擎推荐之外更多的内容进行阅读。并提供给用户进入互动区域的便捷入口。

至此，今日头条“推荐阅读热点新闻、资讯、视频”的产品实现目标，得到了实现，如图 10-4 所示。

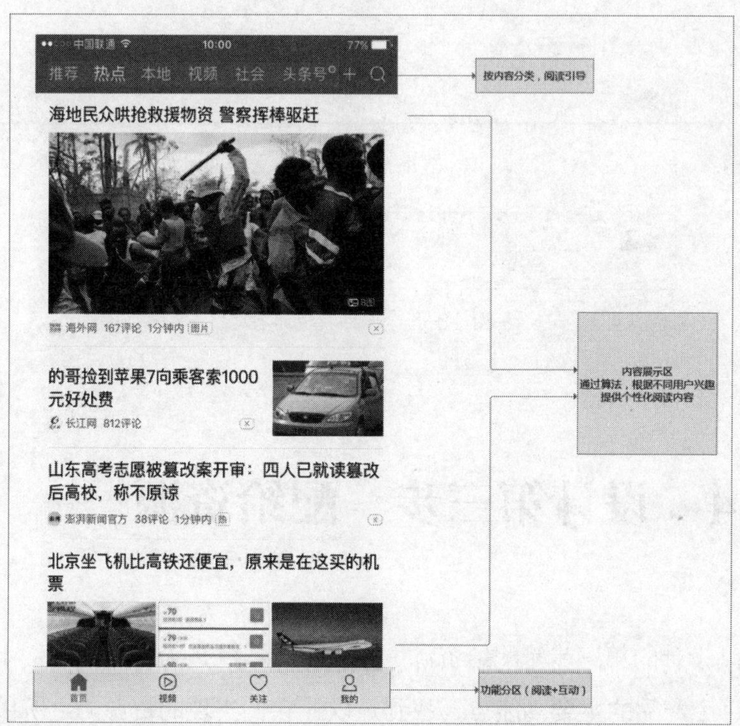

图 10-4　抽象的方法转化成视觉的产品设计

以上的例子，只是用“今日头条”这款产品简单拆解和分析了如何找到产品实现方法的问题。在实际的产品设计操作中，我们很可能会发现要想实现一款产品的既定目标，是可以找到很多的路径和方法的。

从原则上来说，越简单直接、越接近用户使用习惯的方法就越是好方法。

产品有了定位，就有了目标。产品经理接下来要做的事情，就是为这个目标寻找到实现的方法（产品实现路径），如图 10-5 所示。

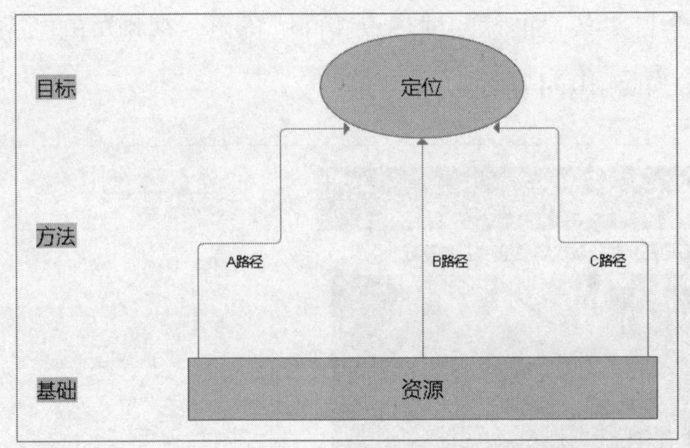

图 10-5 产品实现路径

10.4 设计第三步：配给资源

产品设计的第三步是配给资源。顾名思义，就是为我们在第二步中设计出来的每个产品的主要功能点，找到足以让它们实现的资源。之所以把配给资源的步骤放到产品设计中，而不是运营环节中，是因为，任何一个产品都是层层递进的，产品内部的板块之间也是分层和彼此关联着的。

我们还是来看“今日头条”的例子，看他们是如何一步步构建和实现“按用户喜好推荐内容”的。想要实现这一目标，需要做好两件事，首先，是海量的内容。想让不同用户看到不同的内容，做到内容推送的“千人千面”，因为用户是海量的，内容也必须是海量的。除了内容量之外，内容提供的视角也得是海量的。只有如此，才能从产品的层面保证，每个用户都能看到符合自己兴趣的内容，并且，随时刷、高频刷，都有新内容。

在有了海量、高质、全视角的内容之后，如何将特定的内容投放给喜欢它们的用户，是这个产品的另一个关键点。这个点的实现依靠的是高超的技术水平，这部分内容，我们就不在这里分析了。

通过图 10-6 可以清晰地看到，从资源配给的角度，今日头条如何层层下推，构建起自己的产品。其中，星 1 所标注的地方，是一个纯粹的技术产品，这个产品的核心，是算法的智能。星 2 所标的地方，是今日头条与其他平台数据间的对接，如何让这种数据的对接，更加高效和节省人力，是这款产品的核心。星 3 所标的地方，是今日头条整个产品中非常重要的组成部分。头条号及头条号广告两个产品的存在，为内容生产用户设计出能够源源不断激励其创作的机制。

通过上面的例子，我们很容易看到，从资源配给的角度来设计产品，是一种逻辑性极强，很容易操作，非常可靠的方法。

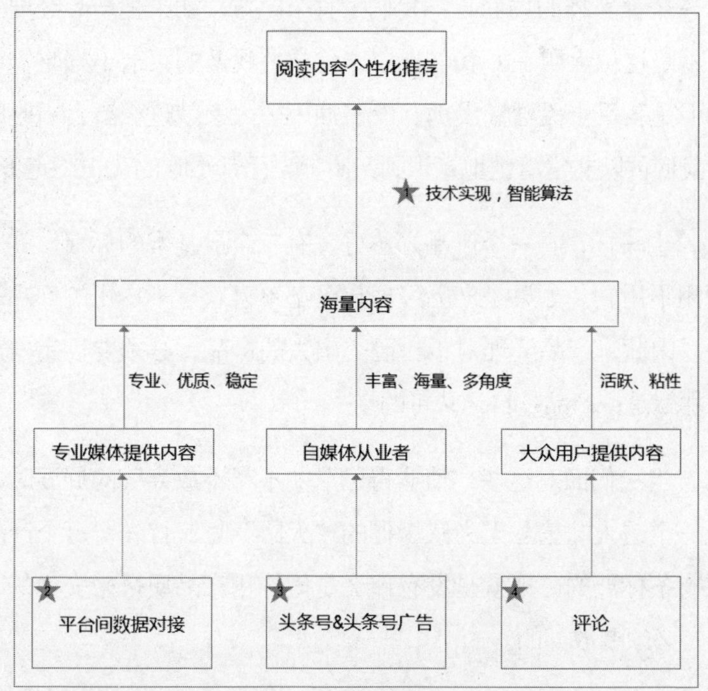

图 10-6 看“今日头条”如何配给资源

10.5 自己不爱吃的菜，没人爱吃

产品工作中，总是难免会见到一些很奇怪的产品设计，这些产品奇怪的地方在于，它们在设计上存在明显不合理的地方，但是，产品经理却拒绝对它们进行修改。至于产品经理拒绝修改的原因，听上去还挺难反驳的。

产品经理也许会说：“我自己本人不是这个产品的目标用户，我不知道用户真正的需求是什么。所以，我不知道该怎么改。”

产品经理也许会说：“这是领导让我做的。”

产品经理也许还会说：“投资人说他要的就是这个。”

这是一个什么样的局面呢？我们来打个比方，如果把产品经理比作一位大厨，那就是这位大厨在对我们说：“我知道我做的菜很不好吃，我自己也不爱吃。但是我手上没盐、没糖、没酱油……大家就这么凑合着吃吧。”这种时候，我们可以非常清楚地意识到：厨师自己都不吃的菜，一定不好吃。

产品，也一样，看一个产品好不好，有一个最基本的标准，就是看它的产品经理用不用它。如果是产品经理自己都不喜欢、不使用的产品，也好不到哪儿去。因此，产品经理对于自己交出去的产品，必须要设定一个最低交付标准，那就是：产品是自己认可的。

那么，当我们面对这些“情非得已”“不得不放弃”的局面时，如何避免沦落成一个遭人吐槽、无力感爆棚的“大厨”呢？首先，每个产品经理心里都应该有条标准的，那就是没有什么是值得用产品质量来交换的，也没有什么放弃是必须要放弃的。

无论因为什么原因，产品经理对产品的放弃只会换来局面的失控，而失控的项目，只会带来让任何人都无法满意的结果。因而，作为产品的“大厨”，也有一套完整、成熟的方法，来保证我们在手边“无盐、无糖”，且身后还有老板、投资人不停提要求的情况下，得到较为理想的结果，如图 10-7 所示。

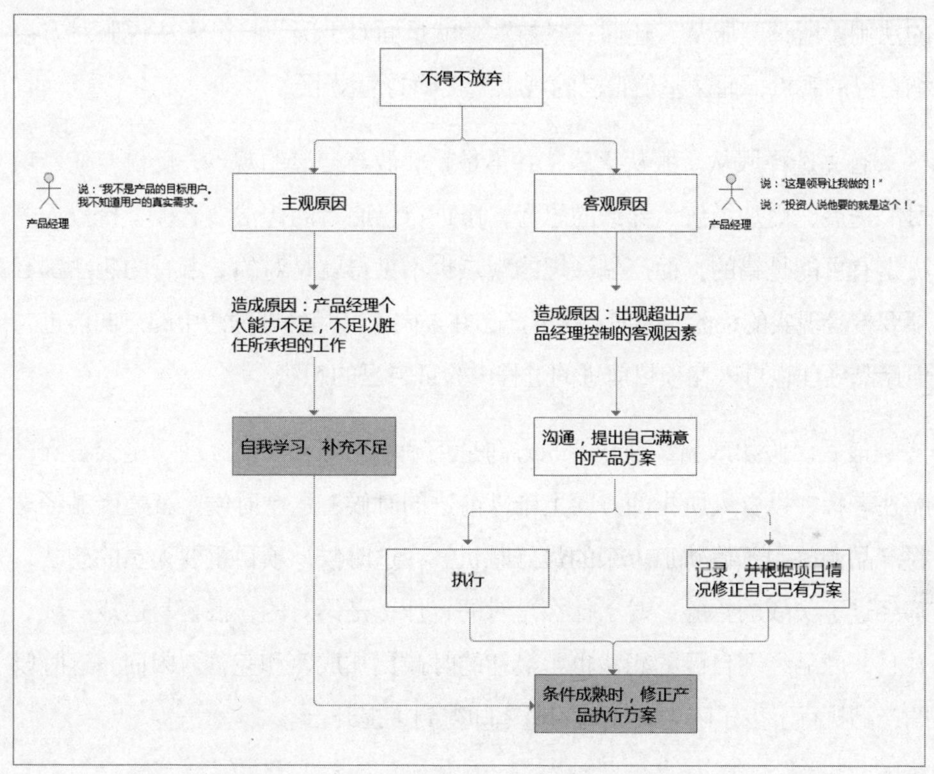

图 10-7　当项目超出产品经理控制时的处理

在导致我们放弃项目的众多原因中，部分是产品经理主观的因素，部分是产品经理不能控制的，客观的因素。所谓主观的因素，无非源自产品经理的态度问题和能力问题。比如产品经理说她本人不是产品的目标用户，无法了解真实用户的真实需求时，只能说明这是一个不合格的产品经理。即使情况真如产品经理所说，她在操作的是一个与她本人过往经验差别很大的产品。

她本人也应该在项目要求的时间内，把自己变成产品的目标用户，从而使自己能够了解和掌握产品的真实需求。

在产品经理面对强势且对业务不甚了解的老板或投资人时，如果产品经理对于产品的观点与对方不一致，产品经理完全可以采取“服从、迂回、坚持”的法则。所谓“服从、迂回、坚持”，就是面对上级，自己无法说服对方接纳自己的观点，而又坚信自己的观点是正确的情况下。

首先选择服从。服从之后，并不是就此放弃自己的观点，反倒要随着项目的进展，更加系统、详细的思考，修正自己原有的想法。老板、投资人的决定有可能是错的，而产品经理的观点也不见得就是对的。所有的想法都必须要接受现实的检验，因而，就算产品并未向着产品经理理想中的方向前进，但产品经理也可以在项目前进的过程中验证自己的想法。

最后，假如产品经理认定的方向是正确的，那么产品经理一定会看到产品在老板、投资人所指的方向上难以前进的时候，这个时候，就是产品经理将产品调整到正确轨道上来的最好时机。在这时候，项目重要人员的想法，都经过了实战的检验，对于什么是对的，什么是不对的，很容易达成一致。并且，产品经理自己的想法也比最初的时候更加成熟和完善。因而，这时候的产品执行上少了阻力，成功的概率却得到了提升。

但是，这是一条曲折的道路，产品经理在这个过程中，随时可能由于客观环境的影响而否定、放弃自己的想法。又或者，因为耐不住“寂寞”，采取激进的进言方式，或消极放弃的极端态度。因而，对产品经理来说，非常重要、最不容易的一步，也就是最后一步就是：坚持。

10.6　漂亮或者实用，谁更重要

产品是漂亮重要，还是好用更重要？这个问题对于初级产品经理来说，是不构成困扰的。因为，在初级产品经理的世界里，产品本来就是功能的组合，当然是好用更重要。能不能用，好不好用，是产品的全部生命。

可是，当产品经理慢慢成长之后，会发现情况跟以前很不一样了。我们来看下面这个案例。

Celine，国内非常资深的媒体人，她曾带领自己的团队在某行业取得过傲人的成绩。同时，她也是产品经理 vv 的新老板。可惜 vv 这个她重金挖过来的产品经理让她非常不满意。原因很简单，vv 提交了一份“不可理喻”的产品设计，Celine 为此大发雷霆。但，对于 Celine 的不满，vv 却毫不知情，因为，她不过是按照互联网公司约定俗成的产品设计流程提交了一份 UED 设计稿给老板。最后，因为这份“没有设计，毫不漂亮”产品稿，vv 丢了工作。

刚开始的时候 vv 觉得自己万分委屈，她实在不明白自己哪里做错了。后来，在 vv 合作了更多的老板之后，慢慢地，她发现老板们似乎都有一个共同的特点：都是视觉党。老板们喜欢看的是特点鲜明、简单易懂、界面漂亮的产品设计，最不喜欢看的就是线框图。

这是为什么呢？分析案例，我们不难看出：

首先，就算是互联网产品的老板，也并不一定代表他就有深厚的互联网产品设计知识，实际情况是大部分的老板是没有实操做过产品的，没有经过产品专业技能培训的。他们在看到一个产品的 UED 时，无法自己脑补出产品成型后的模样。也很难像一个专业的产品经理一样，把产品内在的逻辑看清楚。

其次，老板们都很忙，他们每天要处理很多不同的事情，能给出阅读产品设计的时间非常有限，如果放在面前的产品设计不能在第一时间抓住老板的眼睛，老板们很可能就会失去探究产品的兴趣。

我们能说，这样的状况是因为产品遇上了不合格的老板造成的吗?

当然不能!

老板只是产品面对的千千万万用户中的一个，典型且特殊的一个。老板更挑剔，老板可以表达不满，说："拿回去重做"。老板的这两个特点（不懂互联网产品 + 没时间细看），也是每一个普通用户身上的特点。因而，如果是一款无法让老板这个典型用户满意的产品，普通用户大约也很难买单。

外貌重要，还是内涵重要的问题，在知乎上的答案非常经典，我们来参考一下：

一个人的外貌，决定了我是否有兴趣了解他；一个人的内涵，决定了我是否会离开他。对人如此，产品亦然，漂亮的外表用来吸引用户，顺畅的功能用来留住用户。漂亮和实用，并非二者必居其一，而是相辅相成。

我们先看一下图 10-8 中的两个产品界面。

如果两个产品是同时的第一次出现在用户面前，毫无疑问，用户会优先被左边的设计所吸引。视觉的冲击，也许只能带来 1 ~ 3 秒钟的吸引，但如果用户因为这 1 ~ 3 秒钟的吸引，动手点了产品，产品设计就算成功了。

而对于产品目标是向用户传递艺术、品质、格调的这一类产品来说，产品视觉设计的重要性就更加不能忽视，毫不夸张的说，产品的视觉几乎等于产品的生命。这一类产品，它一般没有很强的功能设计，因为在这一类产品中，美、调性，才是产品的核心输出物。

图 10-8 两个产品的视觉对比

【经典案例——一款靠设计胜出的产品】

2012WWDR“苹果（中国）高校开发作品大赛”中，由中央美院 DESIGN LAB 交互设计实验室开发推出的非物质文化遗产系列——《中国古典家具》获得全国唯一最高奖项“最佳作品奖”。大赛专家组给予《中国古典家具》应用程序高度评价，认为其“运用图片、3D 等方式详细介绍中国古典家具的相关知识，优雅地展现出精美典雅的古代家具及其制作流程，以现代科技诠释古典文化。作品具有优秀的用户界面和使用体验，以及良好的整体实现”，如图 10-9 所示。

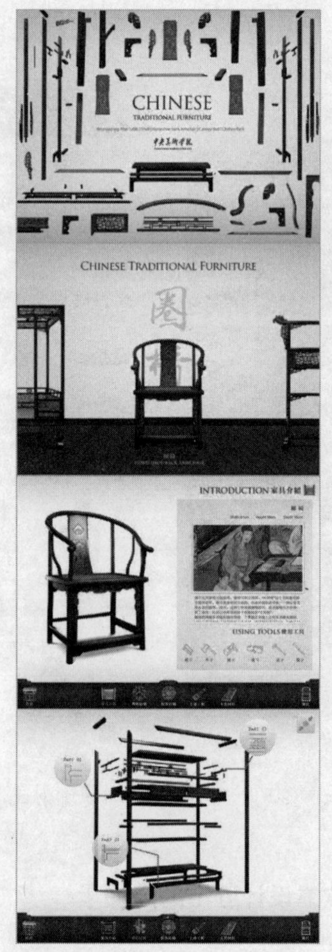

图 10-9 《中国古典家具》应用

倾国倾城的“颜值”和顺滑流畅的功能，是一个优秀的产品不可分割的两个部分，缺一不可。所以，不要再去纠结，谁重要，谁不重要的问题。产品经理唯一需要花心思解决的问题是，要用多少时间、要花多少资源，将产品变得又漂亮又好用。

10.7 产品原型，很纠结

“什么是原型和设计？

原型：用线条、图形描绘出的产品框架，也称线框图。

设计：综合考虑产品目标、功能需求场景、用户体验等因素，对产品的各版块、界面和元素进行的合理性排序过程。

原型设计的重要性是怎样的？

产品阶段：Idea→需求采集→功能结构→原型设计→产品需求文档（PRD文档）→Roadmap

原型设计在整个产品流程中处于最重要的位置，有着承上启下的作用。原型设计之前需求或是功能信息都相对抽象，原型设计的过程就是将抽象信息转化为具象信息的过程，之后的产品需求文档（PRD）是对原型设计中的版块、界面、元素及它们之间的执行逻辑进行描述和说明。所以，原型设计的重要性无可替代，产品经理应当要对此有绝对的控制和驾驭能力。”

上面的文字摘自网络，这是一个在互联网行业里广泛流传的产品经理的标准工作流程，任何一个稍加训练的产品经理都能了解和遵循。理论上，既然已经有了行业通用的标准工作流程，大家照着做就好了，不应该再出现问题。不过，或许，就是产品经理们对此流程的严格遵循，造成产品经理在这一环节工作中的烦恼和纠结。

我们想想，在工作中是不是总会遇到这样的情况：产品需求讨论的时候很热闹，产品思路也非常被认可，出完原型图，大家对产品也没有提出任何异议。可是等到依照敲定的原型图，出完 UI 稿，甚至在项目进入开发环节之后，老板（或者需求方）突然对产品发难。他们开始觉得产品这不对，那不对，要求修改。这一改，拖住了项目进度不说，一般情况下，基本上也很难改到一个令大家都满意的结果，项目往往就被卡死在这里。

造成这一困局的根本原因，不得不说，是产品经理的“产品原型”做的不好。为什么不好？因为产品经理严格遵照了标准工作流程，在产品原型的环节画了“线框图”，并且只画了“线框图”。

在应该画“线框图”的时候，画了“线框图”，这有什么问题吗？

要解释清楚这个问题，我们得先来分析，为什么产品经理需要一个产品“原型”。团队在需求讨论的环节，大家交流的、描述的都只是“感觉”。需求讨论结束之后，团队每一个成员都想借产品经理的手看看自己脑子里的产品到底是什么样子。

可是，团队里每一个角色期待看到的“产品原型”是不一样的原型。

对老板们来说，他们想要通过原型图看到产品的“市场效果”，老板期待通过原型看到产品吸引人的地方，产品与众不同的地方。面对这样的诉求，无论产品的亮点是漂亮、好用还是其他，都是一个线框图完全表达不了的。

如果产品经理给老板看一个线框图，基本上会得到下面的两种结果。

第一，老板对产品设计不满意，这里不满意，那里不满意，各种不满意，产品经理改来改去，还是不满意。

第二，老板会通过产品设计，但是，等到产品照此原型真正开发上线以后，老板开始反目，质问产品经理怎么把产品做成这样。

第一种情况，是老板努力看了原型，没看懂，脑补也没有补上，因而会不停的折腾产品经理，不断的对原型不满意。

第二种情况，是老板看了原型，没理解，放过去了，等到产品真正上线，方才明白原来产品经理是这个意思。不能接受，折腾，重来。

不要给老板看线框图，这是一个成熟的产品经理的基本素养。

最喜欢看线框图的，就是开发人员了，因为他们看得懂。我甚至于认为，原型图 = 线框图的定义，就是开发人员定义的。

在早期的互联网的世界里，只有程序开发这种人，那时候的产品经理，都是开发工程师。对于开发工程师来说，要开发个什么东西，先画个草图看看，是合情合理、又省时省心的事。虽然现在互联网的世界，除了开发工程师之外，又挤进了很多的角色，但对于开发工程师来说，他们是天生爱看线框图的，唯一一点与产品经理所提供的线框图可能有出入的地方是，开发工程师要求的线框图一般情况下都比产品经理提供的更加具体、更加细致。依此步骤非常具体和细节非常完善的线框图，开发工程师就可以进行开发工作了。

而对产品经理自已来说，原型图的最大目的，就是要把产品所涉及到的主要流程全部跑通，并且将用户的需求落到纸上，让产品设计能通过审核。所以，产品经理在制作原型图时，更多的精力会放在产品流程实现上，而不是产品的市场表现上、产品的细节实现上。产品经理的这个做法却是与其他角色的诉求不相符的。

通过上面的分析我们看到了，在这一环节中，产品经理碰到的这些问题，很重要的原因在于，产品经理用约定俗成的线框图这种单一的产品原型方式去满足不同角色人的需求。这些需求自然是无法被很好的满足的，因此为产品经理带来了源源不断的烦恼和纠结，如图 10-10 所示。

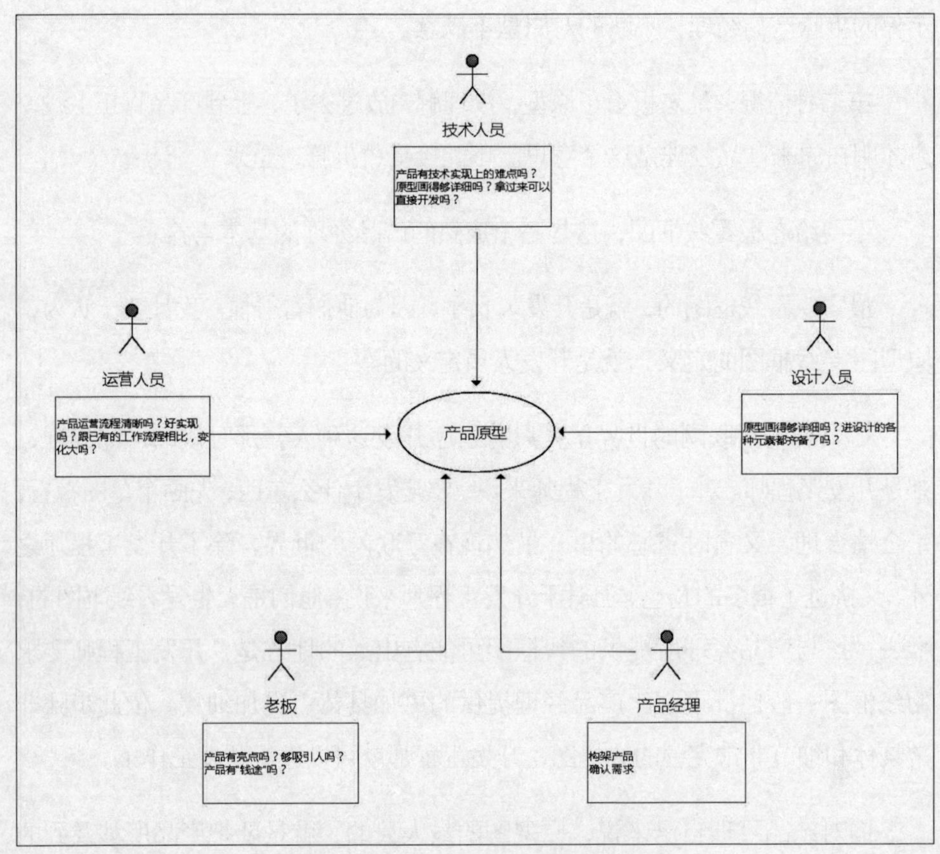

图 10-10 各个角色对产品原型的不同诉求

什么是好的原型呢，产品原型的主要功能是准确地表达出产品将来的样子。因此，一个好原型的核心标准就是：所见即所得！无论是逻辑、功能、色彩，还是市场的亮点，都需要尽量逼真的表现出来，最大限度的压缩观看原型的人的想象空间。那么，在表达产品的逻辑、功能、色彩、亮点时，需要的无论是 UI 设计、运营数据，或是互动 DEMO，产品经理都要去实现它。在产品经理的心里，产品原型不再等于线框图的时候，产品经理的纠结也就随之消失了。

第 11 章

产品之命脉——沟通

说话，人人都会。但是，沟通，会的人却极少。我们以为我们当面说过了，发邮件了，就是沟通好了。可是，这之后，对方准确抓住了我们想要表达的意思了吗？对方愿意接受我们所传递的观点吗？我们是在“鸡同鸭讲”吗？对方是对我们有成见，任我们说什么也没用吗？最后，最关键的通过沟通我们达到调动对方的目的了吗？

沟通在产品执行过程中，是个“万金油”。产品若是成功了，我们或许感受不到沟通的重要。但如果产品失败了，却是处处能找到沟通失败的身影。在产品执行过程中，沟通就是空气和水，不知不觉、无影无形、无处不在、产品之命脉所系。

11.1　沟通若失败，项目也就差不多完了

Linda 是一位非常资深的产品经理，但是她最近很郁闷，怨气冲天。一个本该耗时三个月才能完成的项目，迫于老板的压力，她加班加点，熬了好几个通宵，用 20 天做完了。但，在产品上线后的第二天，却遭到了否定。否定来自同事，更来自老板。同事的否定 Linda 可以理解，毕竟仓促上线的产品确实太过粗糙。但是，老板的否定却让她实在无法接受，尤其是老板的否定直指 Linda 的个人能力。

Linda 不明白，产品在创意阶段，老板的想法天马行空、没边没际；产品在设计阶段，改了恨不得有 100 个版本，哪版都不能让老板满意。到最后，老板给定的是一个几乎不可能实现的上线日期， Linda 拼着老命，把三个月的工作压缩在 20 天干完了。这些都不说，关键是 Linda 为了让老板掌握项目的第一手资料，了解项目的真实情况，她把产品要实现的详细功能点、产品每个页面的设计稿，都定时发送给老板。除此之外，每天早请示晚汇报，把项目的进度按时汇报。最后得到的居然是老板愤怒的指责，Linda 实在意难平。

产品经理常常会觉得自己很惨，产品经理们聚在一起也经常会无奈的调侃自己的工作是“专业背黑锅”的。项目做好了，是团队每个人的功劳，项目做砸了，就一定是产品经理一个人的责任。而老板，是一个神一样的存在，永远是产品经理们集中火力背后抱怨的对象。从 Linda 的角度来看这件事，无疑，一切的失败都是老板的指南打北，挑剔不定造成的。

但是，在老板的世界了，可能就是另外一个故事了。滕总，一位在某传统行业颇有建树的互联网创业者。由于他在行业中积累的大量经验和资源，以及他自己的广泛人脉，他的项目还在刚有一个产品 DEMO 的时候，就拿到了第一笔投资。

滕总在拿到第一笔钱之后，便将全部的精力投入到新产品的开发中去。为了新产品能快速上线，滕总找了一个很可靠的技术团队。但是，由于他自己并不是互联网专业人士，因而他选择了完全信任技术团队，他把自己的需求源源不断地告知给团队，隔三岔五的他也会关注一下产品的开发进度。当然，开发过程中出现过摩擦，但总的来说，滕总还是相信他的技术团队的。

终于，还是出事了，滕总花了 10 万，等了两个月，拿到交付的产品时，傻眼了。这基本上就是一个一无是处的产品，没有一个流程是能跑通的，这等于是产品根本无法使用。产品界面粗糙不堪，这意味着产品的用户体验完全谈不上。无论怎么说，这都不是一个合格的产品。

技术团队对于这种局面给出的解释是：

（1）在规定时间内，来不及实现要求的需求。未实现的需求将统统放在将来的开发中实现。

（2）滕总给出的需求不明确，一天一变，说法不明确，导致技术团队无所适从。

滕总当然很郁闷，怨气冲天。滕总说，我给他们讲行业，讲产品的方向，讲我的经验，讲我要做的事情。我给他们找开发参考的产品，我给他们出产品 DEMO。他们说要什么资源我给什么资源。为什么到了最后，我会收到这样一个产品？无论腾总有多么义愤难平，项目的实际处境都是没有现在就没有将来。由于这个失败的产品，投资方撤掉了所有投资，滕总被迫宣告了自己本次创业的失败。

Linda 觉得老板不靠谱，滕总觉得技术团队在“坑”自己，事实上，世上并没有那么多的“坏人”。把人变“坏”的，把事情搅黄的，往往是失败的沟通。Linda 没有听懂老板的话，而自己要表达的想法，也没有准确的传递到老板那里。滕总呢，最后在公司的产品分析会上，技术团队直言滕总说的话，他们听不懂。不得不说，滕总的失败，与他面对技术团队时的无效沟通是非常息息相关的。

生活之中，失败的沟通，并不少见。只是，在快节奏、高压力的互联网项目中，这种矛盾会更快速的，以更有破坏性的方式出现。失败的沟通，带来的是沟通双方的委屈、怨气，受到影响的是产品，是项目，没有人是赢家。

11.2 沟通第一步——学会倾听

沟通的过程本质上是（双方，或多方）信息同步的过程，沟通的目的，是我们可以了解其他人的想法，同时也让其他人了解我们的想法。在信息同步的基础上，才有统一认知的可能。所以，沟通一定是双向的，一个输入，一个输出，哪个没有做好，都必然带来沟通的失败。

想知道别人的想法，最直接、简单的方法，当然就是听对方说——倾听。倾听是别人说，我们听，这看上去是一件非常简单和轻巧的事情，因为我们什么都不用做。然而，实际情况却并非如此，很多时候，我们是讨厌倾听的。先来看一个现实生活中，非常常见的例子好了。想象一下，如果我们去理发店剪头发，剪完之后，对新发型很不满意，这时候，当我们把对头发的不满意提出来时，会得到什么样的结果。

第一种结果，发型师会说，这个发型非常适合你啊，你不满意只是因为你暂时不习惯而已，多看看就好了。或者，发型师会说，这个发型我就是按你说的做的，言下之意，客户的不满意，都是客户自己造成的。第二种结果，发型师会耐心的听客人把自己的不满说完，并且详细追问不满意的原因，同时动手调整。

这两种发型师，每个人都曾经遇到过，当然是第一种多，第二种少。碰到第一种发型师，作为客人的我们，无疑会认为对方是“强词夺理”不顾客人感受的。那么无论这一次客人的选择是据理力争还是自认倒霉，只怕今后都不会再选择同一位发型师。第二种发型师呢，往往事后都被证明是非常优秀的发型师，跟他们的合作无论开端如何，常常是可以一直合作下去的。

如果我们自己就是发型师呢，我们更愿意成为哪种发型师？在产品经理的日常工作中，产品经理扮演的其实就是“发型师”的角色，因为我们是向客户交付“成果”（产品）的那一方。

当老板气势汹汹的质问产品为什么会做成这样时，当用户态度恶劣的指责产品设计“缺心眼”时，当老板絮絮叨叨，说来说去，永远说不到点上时，当需求朝令夕改，今天说的，明天就不算数了时，作为产品经理的我们愿意给对方把话说完的机会吗？

不得不说，这真的很难。这种时候，绝大多数的产品经理，不是怒发冲冠，就是心生怨怼，没有几个人能真正做到海纳百川，从善如流。“我做的，都是老板让我做的，凭什么数落我，这根本就是让我背黑锅！”“说我做的产品不好？这帮人还真是没眼光、没水平！”类似这样的内心戏，在每个产品经理的职业生涯中，都会反复出现，只是对方不同。

只是听听而已，为什么这么难做到呢？我们先来分析发型师，发型师拒绝倾听的原因无非有以下三个：第一个原因，客人带有情绪，态度不好。碰到修养不好的客人，没准一上来就骂开了。正常情况下，没有人会允许这种明目张胆的“挑衅”。第二个原因，客人只说不满意，但是哪里不满意，到底要如何调整，客人很可能说也说不明白。做出来的不满意，但是满意的是什么，发型师并不清楚。第三个原因，怕赔偿，怕负责任，出于对自身既得利益的保护，发型师无论如何也不能承认自己做砸了。

同样的原因，也是产品经理拒绝倾听的原因。说话时，对方表现出来的不良情绪；说话时，对方的语无伦次、缺乏重点；最后，就是责任问题，产品经理一样会有这样的担忧，我若是让对方发表质疑，那不就等于承认了自己的失败。

当我们从内心拒绝倾听之后，我们就会找到无数的理由来支持我们拒绝倾听。是从什么时候开始，如果你是一个愿意去倾听的产品经理反倒显得“霸气不足”。只有能力不够强，不够自信的产品经理才会“唯唯诺诺”的去听别人的说法。难道不是吗？看看乔布斯，在他的领导下，苹果做出了引领时代的产品，他是精神领袖，他是“帮主”，他是“独裁者”，在他的领导下，任何意见都没有生存之地。他明确表示过 “消费者并不知道自己需要什么，直到我们拿出自己的产品，他们就发现，这是我要的东西”。

事实上，是这样的吗？我们来看一段乔布斯在 D8 大会上的访谈：

Walt Mossberg 问他：你的员工敢于指出你做错了吗？

乔布斯（苦笑）：当然，我们经常会有精彩至极的争论。

Walt Mossberg：每次都是你赢吗？

乔布斯：我倒是希望我每次都能赢，但这是不可能的，如果你想雇佣人才，并且希望他们一直为你工作，很多事情你必须要让他们自己做决定，你必须用 idea 来运营企业，而不是靠等级制度，最好的想法必须胜出，要不然人才都会跑光的。

乔布斯说，我倒是希望每次都是我赢，但是，我不得不尊重最好的想法。

“一言堂”的领军之人尚且能清醒地意识到别人意见的重要性，况我们。发型师若是拒绝倾听，就会丢了生意。产品经理若是拒绝倾听就会丢了好产品，如图 11-1 所示。

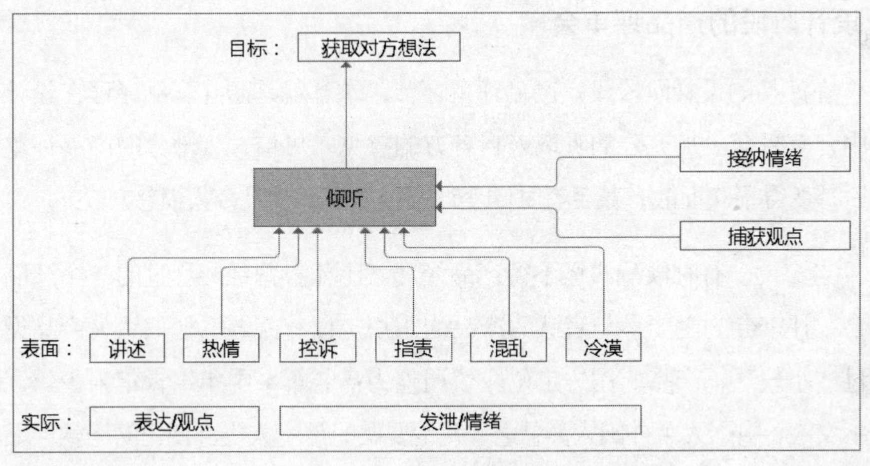

图 11-1　如何有效地倾听

倾听其实也没那么难，我们来看看关于倾听的三原则：

（1）先听完。倾听的第一步，也是最重要的一个环节就是，无论如何，无论对方态度多么恶劣，无论对方语言多么啰嗦，请耐着性子，先听完。

（2）再分析。对方为什么要这么说？努力探寻对方的真实意图，听出话外之音。在有必要的时候积极提问，通过对方对问题的回答来及时矫正自己的判断。

（3）最后做处理。这一步反倒是最不重要的环节，因为处理是否得当完全取决于前面两步，取决于分析是否准确。因而，在倾听的过程中，搜集信息、分析信息是更重要的工作，很多时候，缓一步再做处理，反而是更好的处理方式。

说到底，老板的咆哮、用户的指责，都不算什么，产品有个好结果，才是真的好。因而，我们来看看，一个成熟的产品经理，在产品的各个阶段应该如何做好倾听这件事。

1. 设计阶段的产品评审会

在产品的设计阶段设定产品评审环节，本意就是想让产品经理在设计过程中，有机会更加充分的听取来自各方的意见。可惜，大部分的产品评审会最后都变得不欢而散，甚至有时候变得怨气冲天，或是令人愤怒。

老实说，有时候确实怪不得产品经理。比如我曾经经历过的一个产品评审会，评审会的主要参与者认为产品的用户定位有问题。他们认为产品设计太过“小气”，产品的用户定位应该调整为：老年＋中年＋青年＋少年，男人＋女人，中国人＋外国人。总之，就是要做的是全人类都使用的一款产品，当时的产品经理就很无奈。

这一阶段针对产品的意见，最大的特点就是：这些意见只是来自提意见者的个人经验，统统未经验证。产品经理或是任何人没有任何手段能将这些意见证明或者证伪。采纳或是不采纳，都有可能是不对的。

因而，这一时期的意见，更要做好记录，分类管理。哪些是最后被采纳的，哪些是未被采纳的，被采纳的意见实施后效果如何，遇到什么问题。被采纳的意见不一定是对的，而未被采纳的意见，却永远都是产品的其他解决方案。

2. 产品刚刚上线时的产品评审会

一上线就被说好的产品，基本上是没有的。刚上线的产品就像是刚出生的小婴儿，皱皱巴巴，不可能是漂亮的。所以，在产品刚上线的时候，接到来自各方的批评意见，是再正常不过的事情。

面对这些批评意见，产品经理该做的是照单全收，一一记录，并好好感谢提出意见的人。然后，逐条分析，从意见的角度重新审视自己的产品，这是完善产品和产品进步最重要的时期。从这些意见中，产品经理总是能窥见最真实的用户需求。那些需求，跟我们所想，确实是存在着差距的。

在这一时期，对产品经理来说，最头疼的事情并不是意见太多、太尖锐，而恰恰是毫无反馈意见，或是完全没有批评意见。因为这代表的不是产品的毫无瑕疵，而只是说明产品跟用户没关系，或者是没有人真正关心产品。

3. 产品使用过程中的用户意见反馈

产品上线一段时间以后，还有用户不断的反馈意见，这其实是一件非常幸福的事情。因为这代表着我们的用户是活跃的，产品在被用户频繁的使用。如果不是产品的某些设计不停的影响到用户，用户又怎么会来给产品提批评意见。

面对这一时期的用户意见，产品经理很容易忽略，因为这一时期的产品基本稳定下来，而用户所提的意见，也大部分是“边边角角”的东西，可改可不改。但每一条来自真实用户的真实需求都珍贵无比，真实而重大的产品变革需求或许就隐藏在这些用户投诉中。

因而，这一时期的每条用户意见也英国被记录，被分析，认真对待。当然，每个提意见的用户，也该知道他们的意见被收到了，被处理了。

11.3 互相接纳，方为沟通

沟通的是否顺畅，可以说几乎直接影响到项目的成败。正所谓沟通是产品执行的命脉，“命”，重中之重也，“脉”，万物运行之道也。效率最高、质量最好的沟通，叫“心心相印”！当“心心相印”发生在情人之间，那就是一个眼神，胜过千言万语。当“心心相印”发生在工作伙伴之间，那就是话只说到半句，对方已完全领悟。

不过话说回来，有效的沟通本身就很稀有少见，更别说“心心相印”的境界了。反倒，有障碍的沟通比比皆是。我们来回想一下，作为产品经理的你，有没有碰到过这样的时候，吐沫横飞地讲着 PPT，老板却听得快要睡着了，或者你讲得嗓子冒烟，而明显的老板脑袋上也冒出了不耐烦的青烟。或者，这样的时候，兄弟部门不听使唤，你让他往东他偏往西，要不然就来个出工不出力，气得你简直没脾气。又或者，跟需求方沟通个产品需求，你说 A 路线正确，他偏选 C 路线，还不可动摇的坚持着，你用了十头牛都拉不回来。

产品经理遇到沟通有问题，就像走路遇到石子一样稀松平常。沟通出现问题的时候，必然是项目推进受阻的时候，无论是老板不理解产品经理还是配合团队不理解产品经理，都会毫无疑问的使产品经理和项目置于孤立无援的境地。这时候，产品经理最有可能做的，就是在心里抱怨对方：老板不懂业务，编辑水平太低，销售不懂技术，技术不懂产品……这些抱怨像茁壮生长的草一样，长在所有产品经理聚集的地方。当然，抱怨之余，产品经理们还是会开始反省自己的沟通方式。但是，沟通手段的丰富和沟通技巧的运用，是不是就能解决产品经理遇到的沟通问题了呢？

曾经，我做过一个项目，这个项目时间跨度大（前后经历了三年），牵扯到公司几乎所有的业务部门，更涉及公司新营收体系的建立。这样的项目，作为产品经理的我自然是铆足了劲，耐足了性子，在各业务部门里反复收集需求、验证需求，为了确保产品和业务部门之间所传递信息的准确无误，我使用了一切我能想到的沟通手段：经常开会、做会议记录、定期给相关人士发送邮件、吃中午饭的时候争分夺秒聊项目、碰上对项目有疑问的情况，反复讲解，多角度全方位，掰开揉碎了的讲解。当时的我自以为，我的沟通工作已经做到了心思缜密，滴水不漏，万无一失。不过，事实还是打了我一记响亮的耳光。在项目进行很久之后，业务部门的同事对于项目貌似还是不甚了解，难以推进执行。百思不得其解的我，日日思索着，我到底是哪种沟通方法没用对，到底是哪里还没有讲解清楚。终于有一天，苦恼的我询问了一位前辈，前辈听完我的问题，浅浅的笑着答道："或许不是你没说清楚，而是他们不想听明白。"

至此，我才恍然大悟，是啊，我所执行的项目，虽为公司带来新的营收模式，却也为各业务部门带去了新的麻烦。这个项目，在各业务部门那里根本就是不接受的。凭我挖空心思，说到天上去，没有人会说：好的，我明白了，我这就去做。我们如何能叫醒一个装睡的人呢？

所以，沟通是否有效的唯一评判标准就是，对方是否接受了你的想法，而确保沟通有效的唯一方法就是让对方接受你的想法。既然丰富的沟通手段和技巧也有不能达到我们目的的时候，那么，真正决定沟通成败的关键点在哪呢？我们来看一个历史上非常有名的、沟通异常成功的案例。

时间拉回到中国的战国时代，群雄林立，互相撕打。燕国太子丹欲派遣荆轲行刺秦王，荆轲提出还需要在燕国政治避难的秦国大将樊於期的脑袋，方可成行。太子丹毫不犹豫的拒绝，于是荆轲自行前往，进行这次旨在取对方性命的沟通。

沟通双方：荆轲、樊於期

沟通目标：樊於期接受荆轲的建议，自杀身亡（荆轲要说死对方！）

难度系数：5 星

沟通过程：荆轲对樊於期说："秦国对将军您真是太狠了。我知道自从将军您离开秦国之后，秦王竟然杀掉了将军全家。现在还悬赏天下，用千金和万户侯来追捕您。我真是为您感到痛心啊。"

樊於期听到荆轲说起往事，内心悲痛。而荆轲的言语之间对自己的深深同情，又让樊於期很是感动。樊於期和荆轲说出了压抑在心中多日的话，"先生，其实我每天都会想到这些事情，经常骨髓都是痛的。可是，我一个人流浪在外，根本不知道又什么方法可以报仇啊。"

荆轲上前一步，说："樊将军，现在我有一个方法，既可以解决燕国眼前的祸患，又可以为将军报灭族之仇。将军您觉得如何呢？

樊於期一听，立刻拉住荆轲说："先生您有什么方法，有任何需要，我都绝不会推辞。"

荆轲笑了，说："我希望能够借得将军的头颅一用。这样我就可以取得秦王的信任。那时候，我就可以左手拉住秦王的袖子，右手拿出匕首，刺入秦王的心脏。这样的话，将军您的家仇就可以报了，而燕国受到秦王欺凌的耻辱也可以洗刷了。不知道将军您愿不愿意呢？"

樊於期一听立刻站了起来，激动地说："既然先生已经谋划妥当，我怎么会吝啬我的性命呢！"说完，樊於期拔出佩剑，横剑自刎。

沟通结果：目标达成！

"风萧萧兮，易水寒，壮士一去兮不复还！"事情的后来，我们都知道了，但这丝毫不妨碍荆轲成为英雄，而这次成功的沟通也被载入史册。有后来人评价荆轲，说荆轲剑术平平，却舌灿莲花，辩才无双。那么我们来分析一下，荆轲是怎样让樊於期接受自己的想法的。荆轲寥寥数语，他并没有使用复杂的沟通手段，他只是指出了樊心中最痛楚的地方，并提供了解决方案，而且，这个解决方案同时也能解燕之困。对樊来说，荆轲的提议，既有报仇雪恨的痛快、又有买一送一的惊喜，确实是个不赖的主意。

战国时无双的辩才告诉我们，沟通成功的关键在于，你是否能找到对方的痛点，而你所要表达的，这好是对方所需要的。或者，反过来也成立，为了你所需要的，在对方身上找到相应的痛点。让你的需求和对方的需求统一起来，这就是沟通双方互相接受的基础，也是沟通成功的关键点。

第四篇 高级篇

这一篇，真应该叫高级产品经理的“杂七杂八”。产品经理不断修炼，从一页白纸的小白产品经理，过关斩将，终于成长成为能够独当一面的合格产品经理。最终步入到高级产品经理队列，却蓦然发现，工作又变得“杂”起来。这时候的产品，不再是一系列运行顺滑的功能合理地组合在一起，而变成团队战斗力的激发和保持，推广的爆炸性效果获得，产品相关角色的商业利益满足。最后，是产品本身要赚到钱。

这时候的产品，在产品经理眼里，跟“使命”、“梦想”这些词比起来，优先变成一门生意。既然是生意，就要盘算产品的投入产出比，不得不仔细掂量，在什么时候，投入什么资源，又在什么时候，要收获什么结果。更要盘算产品的风险指数，不得不学会审时度势，知道什么时候该冲，什么时候该收。行至此处，产品经理终于非常接近一个真正的 CEO 了。

第 12 章

产品成功之源——团队

有什么样的团队，就会有什么样的产品。这个道理简单得就跟有什么样的父母就会有什么样的孩子一样。毫不夸张地说，所有产品的成功，都是背后团队的成功，而所有产品的失败，也都是背后团队的失败。在看过这么多的产品、项目、公司的兴起、衰亡之后，逐一探究促成最后结果的根本原因，无一不是因为“人”。所谓“事在人为”，有能力的团队，就算抓了一手烂牌，迟早也会有翻身的一天。优秀的团队，若真是时运不济项目失败，只要团队还在，星星之火总是可以燎原。而对于有问题的团队来说，就算是不缺钱、不缺机会、不缺人手的项目，最后也只能是潦草收场。

人的问题，团队的问题，从此后，就会一直伴随着产品经理，无论他们是晋升为产品总监，还是 CEO，或者是将来成为某公司的创始人。

12.1 请记住：是团队让你更强大

团队问题对于产品经理来说，似乎、好像，应该不是问题。因为，产品经理的工作性质决定了他们从工作的第一天起，就不是一个人在战斗。不像技术开发，只要他们愿意，就算自己呆在家里，也能鼓捣出东西来。产品经理宅在家里，要想自己就做出完整的产品，意味着产品经理自己得产品设计、视觉设计、代码开发、产品运营什么都会。就算如此能干的产品经理，一个人的产能也有限，又能带领产品向前走多远呢？连微信公众号如此简单，人人能上手的产品，想要做得好，背后也是需要一个完整的团队来运作的。所以，产品经理早已习惯了借助别人，完成自己的工作方式，他们早已掌握了与技术、视觉、内容、销售，不同团队的合作方式。哪里还有团队问题？

可是，当有一天，产品经理开始组建真正属于自己的团队了，他们不再是了无牵挂的独行侠，不再是仅仅从外围使用和配合一支别人治下的专业团队。属于产品经理自己的团队，最开始的时候也许只有产品经理一种角色，但将来的某一天，很可能会包括产品经理、技术开发、视觉设计、产品运营不同角色的员工。这样一来，一切就变得不一样起来。当然不一样了，有一个人他带领技术团队、视觉团队、运营团队、产品团队，他负责规划公司的产品方向，他对产品的最终结果（数据）负责。这个不就是真正意义上的 CEO（首席执行官）吗？因此，对一个产品经理来说，组建团队、带领团队，就是从产品经理跨越到 CEO 的最后一步，也是跨度最大、最难的一步。在以往产品经理的职业生涯进阶中，无论是从产品助理到产品经理，还是从产品经理到高级产品经理，都是一种自然的，逐渐成熟的过程。但是，从产品经理开始带领自己的团队起，他要经历的就是一个跳跃式的发展，一次脱胎换骨的改变。

从单打独斗到带人，对每个人来说，都是一个痛苦的过渡。以前自己做产品经理的时候，项目的每一个环节、每一个细节我们自己都能尽在掌握，这种对项目的控制感会让我们感觉到很踏实。比如我自己吧，我曾同时带过 3 个产品，那段时间，忙得鸡飞狗跳，冒烟上火。当时的 3 个项目，领域不同，进度不同，每天我的脑袋要在这 3 个不同的项目之间来回，频繁切换，整个人连做梦都是 3 个项目的事在打架。但，事情多、头绪纷杂对于带惯了项目的我来说，并不会构成实质上的障碍，3 个项目与 1 个项目相比，事还是那些事，只是事情的量级被加大 N 倍而已。只要我打起精神，做好时间管理，要同时进行多个项目，并不是不可能。最后，3 个项目完美收官，我的成就感也随之完美爆棚。

后来，我有机会为所服务的公司从零组建产品经理团队。我以为从此后我便可以有机会避开需要三头六臂的机会，其实不然，确切地说，这不过是一系列麻烦的开端。

首先，面临的一个问题就是，如何找到合适的人？招人的时候往往会出现这么一个现象，就好像男女青年找男女朋友，他们每天跟那么多的异性认识、接触，放假的时候还拼命想各种办法扩大自己的社交圈，可“Mr. Right”就是找不到。由于公司一些客观条件的限制（比如薪水等），我们当时的招人更不好招。为了找到合适的候选人，我们不得不使用了一切常规的和非常规的招聘渠道。在寻找了 3 个多月，见过各种各样的候选人之后，在我几乎快要觉得组建团队只是个幻想之后，我的“Mr. Right”们，总算是姗姗来迟。招人的苦恼，是每一个面对组建团队的 Leader 都会碰到的，不会因为某些客观条件的改善，比如薪水多些，就能避免。就说雷军吧，想要游说心仪的人加入团队，不也是磨破了嘴皮。

人员到位，开始干活。才发现，接下来对团队的管理，比招人还难。团队成员都是社会招聘而来，他们对于我，我对于他们，都是陌生的。正所谓“兵不知将、将不知兵”，这种情况下，别说打战了，不伤着自己人，就算是万幸了。于是，我们不得不花了大量的时间进行磨合。所谓磨合，其实就是，有工作来了，开干，于是有人不爽，然后大家开始找各种办法沟通，这些沟通的办法里包括：吵架、发牢骚、谈话、生闷气。经过一轮的沟通，彼此有了进一步的认知，包括对方的真实想法、行事方式，在这些认知的基础上，调整彼此的工作方式。

不得不说，那是一段非常不容易的时期，但是好在，其实我是退不回去的，一个产品经理当他要做的事情越来越多，多到超出他一个人同时能够照顾的程度，组建团队、带人，就是无法回避的道路。漫长的适应期后，我学会了谨慎的选择合适的（而不是优秀的）团队成员，学会了“对人不对事”，时刻保持与团队成员的顺畅沟通，学会了担当，团队的一切——好的、不好的，都是我的，学会了陪伴，陪在产品经理身边，虽不是我自己亲自在做项目，但我是产品经理最好的伙伴，我是项目的影子。这之后，我发现在职场上，我成了一个“中年人”——上有“老”（老板），下有“小”（产品经理）。这样的状态，完全不比同时带 3 个项目轻松，大部分时候，其实是更难，但，这种难却让人变得更加厚实。

而厚实，并非凭白而来。所谓“蜕变”，必是一层层的脱掉原先的老皮，再一点点长成后来的新皮，其过程相伴的痛楚，过来人之间必能互相体会。当我们有了自己的团队，固然是允许我们去同时兼顾更多的事情，让我们具备同时运行更多个项目的能力，这当然会让我们变得更加强大。但，当我们自己成为一个合格的团队 Leader，从做事的能力逐渐延伸出带人的能力。经过磨砺，使我们的内心拥有了平和、宽容，肩膀也可以扛起更多的责任，遇事更加笃定。一个越来越强大的内心，或许才是让我们真正变得强大的根本原因。

12.2 招人：组建自己的产品团队

如何组建一只高效率、可信赖的产品经理团队，是每一个产品总监，都将要面对的问题。对产品总监来说，业务层面上，很多事情不再需要自己亲历亲为了，但业务下放的同时，带来的问题是如何能很好的选人，用人。人选对了，业务事半功倍，但若是选择了错误的人，毫不夸张的说，公司、产品总监自己、产品经理，所有相关的人，都会为产品总监的选人失误掉几层皮。非常不夸张的说，人才的选择、使用，几乎是对一个产品总监的终极考验。老实说，这个考验我自己也还在摸索过程中，完全不能说自己没问题了。不过幸好在这个学习的过程中，做过很多错误决定，经过很多内心挣扎之后，慢慢积累了一些心得。先说说我是怎么招人的吧：

1. 确定招聘需求

在开始招聘之前，我会先自己盘算一下，我需要招聘什么样的产品经理。这当然是依据当时项目的情况不同，而不同。但是，基本上想要招聘的产品经理可以分为下面两种类型。

第一种类型是，比较成熟的项目，项目思路已经很清晰，产品也做得七七八八了，或者是都已经投入运营的产品，这种项目要招聘的产品经理，过来基本上就是做执行层面的工作的。那么，我就会比较倾向于找一个略有产品基础，或者是刚毕业的大学生。这样的候选人，我对他的期望是，人踏实、听话、聪明（不笨）就可以了。

第二种类型是，开拓期的产品，这种产品本身只有一个想法或方向，方向没准哪天还变了，或者是产品本身所在的公司环境比较复杂，这种情况下需要招聘的产品经理是将来能独当一面的产品经理。这样的产品经理，不仅要求专业过硬、有经验，在为人处世的心智上也需要他是很成熟的。

2. 确定招聘预算范围

第一种类型的产品经理，月薪在税前 7000 ~ 12000 元之间。如果公司平台名气大一点，好一点，工资就可以开得低一点，如果公司小，没什么名气，工资就需要多开一些。

第二种类型的产品经理，20000 ~ 70000 元之间。这个档上的产品经理的价格区间范围太大了。不过成交价格的影响因素，跟公司平台的名气也是有很大关系的。另外，对于期权、股份这些东西，特别优秀的产品经理还是挑的，而且他们会计算公司兑现的可能性。我自己带过的一个产品，非常优秀，去了某著名旅游网站，半年不到，正好碰上行业里面两家公司整合，他的期权已经可以兑现 30 万了。而 30 万的期权兑现，在他现在的同事里面，已经算少的了。

3. 招聘过程，怎么面试

制定好了招聘计划，就是在网上撒招聘广告了，我自己用下来，拉勾比较好用。招聘广告挂出去以后，很快就会有简历过来，过来的人的素质也都还不错，从上面能淘到比较好的人。不过，有一点，上面普遍的人的层次还是偏低的。适合招第一种类型的产品经理。如果，要找的是第二种类型的产品经理，在各招聘网站上海淘，就比较困难了，费时费力，效果还不好。所以，如果是招第二种类型的产品经理，得换个思路，熟人推荐，或者最靠谱的方式就是使用猎头了。

筛选简历的时候，我不会太严格，只要是大概合乎标准的，都会约来见面。简历和真人之间的差距还是很大的。我自己就有过录用被我第一关就筛掉的人的经验。

人来了，就是面试了。面试当然就是聊天。一开始，我会跟候选人聊一些他的背景情况，比如哪里毕业，学的什么，结婚没有，以前在什么公司做过，做过什么项目。想到什么聊什么，我看到对方之后，好奇什么聊什么。这个时候的聊天，主要是想看看对方的成长环境（了解一个人，是得从他小时候说起的），也判断他的理解力、领悟力，与人沟通交往的能力，我也会通过他的回答来基本判断他是否是一个坦诚的人、可靠的人。

第一阶段的海聊过后，我基本上会对对方有个第一判断，但这远不是最后的判断，我不会在这时候下任何结论。接下来，我会从海聊里挑选一些话题，继续深入聊下去。挑什么样的话题，因人而异。比如，一个刚从学校毕业，没有经验的候选人，为了判断他是否有能力有潜质，我会跟他聊他在学校的学习情况。上面提到的，被我最开始把简历淘汰掉的那个候选人，他就是一个案例。他刚毕业，在学校成绩并不突出，但是我感兴趣的是，是他在学校里，从自己学吉他开始，发现了学生学习吉他这件事里蕴含的商机。后来，自己办了吉他培训班，并在班上卖吉他，赚了一笔钱。这虽然是一个学生在学校里跟学习没关系的事情，但是，从这件事上，我看到他具备洞察力：从普通的事件看到商机；做事情的魄力：觉得有机会，就去做了；控制局面的能力：事情做成了，最后还赚到了钱。更重要的，他非常完整的独立操作了一个完整的项目，在办吉他学习班卖吉他这件事情上，他已经从策划到执行，使一个产品获得了成。事后，他跟我说，他有两个没想到，第一个就是他以为他完全没有经验，我一定不会录用他，第二个就是，他没想到，我录用他的理由是跟学习、跟互联网完全没关系的一件事。不过，事实证明我的判断是对的，他是他们那批产品经理里面，表现最出色的一个。

如果面试的是高段位的产品经理，我会跟他聊他做过的项目。一个一个往深里聊。其实做过很多项目的产品经理是很少的，如果对方能有一个产品可以仔仔细细地聊聊，就已经很难得了。在这种讨论中，候选人和面试官是平等的，不是面试，更像是面试官和面试者一起开了一个产品分析会。产品的背景，实施的过程，最后的结果，逐一分析每一步的对错、得失，如果是已经结束的项目，分析得失的原因，如果是还未结束的项目，预测项目的将来。通过了解候选人在该项目中的角色，候选人在具体项目执行碰到问题时的分析处理方式，很容易就看出候选人的专业能力、做事态度、心智成熟程度所有想了解的东西。候选人在讨论中表现出来的一切特点，将会原封不动地保留到将来的产品执行中。而面试官和候选人在讨论产品时互相观点的呼应程度和对事物认知的默契程度，也会是将来工作配合情况的预演。

这个过程中，候选人也会同样看到面试官的业务水平，处事方式，所以，这也是候选人在挑选面试官。挑选高段位的产品经理，一定要非常合适才可以，不能有半点勉强。因为，这种段位的人，自身能量太强，只有面试官将来能驾驭，候选人和面试官将来能默契合作，候选人才能发挥积极的作用，让业务受益。否则，整个产品体系就会面临挑战，接下来的事情就会非常非常麻烦。试想一下，一个能量很强的人，每天在各种不自在，产品总监真得烧香去了。在我挑选高段位产品经理时，确实就有聊得很好，但最后没要的。和那个候选人我们聊了两小时，我很认可他的能力，但经过反复确认，我还是放弃了他。因为当时我们要找的产品经理做的是一款面对女性用户的产品，但是，这个多才多艺、踏实肯钻研、逻辑分析能力超强的候选人，连自己的女朋友为什么离开他都搞不清楚——他不懂女人。让一个不懂女人的产品经理来做一款女人用的产品，一定会带来一系列的问题，想要避开这些问题，最好的办法，就是不要让这样的事情开始。

对于招聘高级的产品经理，薪资的高低，很多时候并不是第一考虑因素。如果，候选人非常认可面试官（未来领导）的能力，面试官和候选人的默契程度很高，候选人非常认可将来要做的产品的方向，薪资高低就会退到次重要的地方。所以，这样的面试，也是对面试官自己的一个考核。

1. 现在产品经理的行情

表里列出的是我自己最近两年招过的一部分产品经理的实际情况，所有数据保证绝对真实。坐标：北京，仅供参考，如表 12-1 所示。

表 12-1　产品经理招聘数据

姓名	个人基本情况	成交价格	录用后的情况
女 1	8 年产品经验，做过的东西比较多，心思细密，但缺乏闯劲，喜欢安逸的工作状态，为人较圆滑	22k	有经验，细心，但吃不得苦，适合日常运营型产品，与难搞的业务部门打交道很合适
女 2	毕业 1 年。之前在某著名面包品牌工作，无产品经验。踏实，会替别人着想，遇到问题也肯琢磨。	7k	录用 1 年后，飞速成长为合格的产品经理
男 1	7 年工作经验。我见到他的时候，他是某创业团队的核心产品人员	25k	思路很清晰，做事也很有经验。产品业务上，很优秀
女 3	一个思路极其清晰的女生，非常聪明，文艺，有才华。	17k	工作上，表现一般，并没有特别优秀的产品问世。但，自己创业后，很快拿到投资
男 2	两年工作经验，具有著名互联网公司的工作经验，聪明、有才华、逻辑能力强。	22k	非常上进，成功欲望极强，冲劲足。不过可惜公司产品方向跟他个人特点不太匹配。换公司后，做了一款工具型产品，非常好

关于薪水，我自己跌过跤之后总结的经验：一定就高不就低，比如一个候选人，如果他值 12k，那么最好给他 15k。其实，对于公司来说，大头已经花了，不在乎再多花 3000，可对于候选人来说，多少了两三千块钱，心理感受却大不相同。多给了几千块钱，对于员工来说，他会觉得公司对他是认可的，这样一来他对于公司就会有归属感，并且带着感激。有了这种对公司的认可，员工心里会更踏实，那么在遇到困难的时候，他们会更加坚定的跟公司站在一起。如果少了几千块钱，员工往往是一到发薪就闹心，发了薪水，思想就开始动荡。非常非常不利于工作的开展。这样的员工，人在公司也很难做出突出业绩，因为在他们心里觉得你不认可我，我就没必要给你拼命。同时，他们很可能会开始积极的寻找下家。这样一来，公司本来是想省几千块钱，最后的结果，倒是白花了好几十万。

12.3 带人：做一个合格的 Leader

大概，世上有多少种人，就会有多少种 Leader 吧。而对于什么是优秀的、合格的 Leader，也是各人自有各人的标准。但总的来说，我们大部分人都会认为处事公平、公正，而又能在业务上给我们引导的 Leader 是好 Leader。好的 Leader 如良师，虽可遇而不可求，但若是遇上，便真正的会使我们迅速成长。当有一天，我们自己也身处 Leader 位置，才会发现做一个下属眼中合格的、好的 Leader 并不容易，一个好的 Leader 除了 Leader 本人强烈的意愿之外，还需要用心的学习、慢慢的打磨。好的 Leader 也是一件艺术品。而在我们成长为一个合格的 Leader 的道路上，我们曾经遇到过的那些 Lead 过我们的 Leader 们，就会跳出来，成为我们的灯塔。

S 先生，最才华横溢的 Leader。S 先生成为我的 Leader 时，手上管理着公司技术产品体系，大的小的、新的旧的，几十个项目，他的任务是要在不到一年的时间内，重塑公司的技术产品体系，包括人才团队和线上产品。改造一个体系，是比新建一个体系更加有难度的事情。我相信改过别人代码，或者文章的人，一定打心眼儿里能够体会。可是 S 先生做到了，在他的手上，公司的技术产品体系，上了一个大台阶，更稳稳的站在了新的高度上。在整个过程中，我们目睹了 S 先生是如何犀利地找到原有体系的症结，并如何从行业的高度、前瞻的角度开出解决方案。S 先生让全球那些响当当的 IT 公司成为我们的合作伙伴，为公司的技术产品体系引入了行业最优秀的人才，这些过程让处于 S 先生 lead 之下的我们也着实获益匪浅，得以熟识那些全球最牛的公司、得以和行业里面最聪明的人物同行。从 S 先生身上，我看到一个人是如何使自己与生俱来的才华变成了犀利的眼光和宽阔的眼界。

X 先生，胸怀最宽广的 Leader。X 先生成为我的 Leader 时，公司的各门各派正互相厮打得不可开交。X 先生接管的业务正是被各门派投射的靶心，说那是个烂摊子，太过于轻描淡写了，确切的说，X 先生接管的是一个烫手的山芋。像S先生那样，在产品体系间识别出体系原有的症结已是非常不易了，X 先生可好，他需要在旧有的派系斗争间去分辨人与人的是非。说真的，这样的生活经验我们都有，就算是两个人吵架都不好劝，更别说是一大堆人掐在了一起，稍不留神，一定是拉架不成，把自己也折进去了。可是 X 先生做到了，烫手的山芋在 X 先生的手上，又变成了香饽饽。在整个过程中，X 先生让我们看到了他是如何敞开胸怀，不带芥蒂，坦诚朴实地应对一切。从 X 先生身上，我看到“胸怀”两个字，体会了什么叫“海纳百川”“有容乃大”。

当然，还有其他很多优秀的 Leader。Y 先生，他是一位“天使”般的 Leader，每个项目都是只给资源，不催进度，这简直是每个产品人梦想中最好的Leader。L 女士，她是一位谨慎仔细的Leader，项目的每个细节她都要前思后想，确保无误，老实说 L 女士有时候会让产品经理很困扰，但是当看到公司在 L 女士的谨慎下稳步前进，不得不承认“姜还是老的辣”。T 先生，他是一位异常聪明的 Leader，无论眼前挡的是一堵什么样的墙，他都能找到缝儿钻过去。

当然，见过优秀的 Leader 并不代表自己就能成为优秀的 Leader。很可能，我们并不具备 S 先生的才华，勤能补拙，但是天赋的东西，有时候确实拍着马也追不上。我们也不可能经过了和 X 先生一样的人生历练，能拥有跟他一样的胸怀和睿智。我们更难拥有和 Y 先生一样多的钱，可以不急不躁，静等花开，但，这些并不妨碍我们在成为一个 Leader，奔走在成为一个合格的 Leader 的路上之后，去追随这些优秀的品质。

“九层之台，起于累土；合抱之木，生于毫末”。成为一个合格的 Leader，道路漫长而曲折，我们起码可以从下面这 3 点开始走起。

首先，确保自己是一个“好的人”。诚实、正直、忠厚、勇敢、有担当这些词总是和一个优秀的 Leader 如影随形。当一个人成为 Leader 那天起，就是聚光灯打在身上的开始，位置越高，灯光越强。聚光灯或许会给 Leader 优先带来荣誉、满足，但随后它会长长久久的在 Leader 身上来回扫描，Leader 身上的每一个瑕疵这时候就会变得显而易见，也许，某一天没准还会影响大局。因而，无论何时，无论何事，就算面对再复杂的局面，一个合格的 Leader 该做的第一件事都是确保自己是一个“好的人”。这是一个 Leader 的基本立足点。

其次，做好沟通。沟通并不是吃吃饭、开开会，更不是简单的说教，好的沟通是抵达彼此的内心。你知我，我知你，心意相通，才会是一个和谐的团队，才有可能成为一个优秀的团队。Leader 在团队的管理上拥有绝对的主动权，所以，坐等下属上门沟通的做法并不可取。对下属的日常工作，观察、体会、随时了解情况，出现问题一起面对，是保证沟通有效的基础，也是有效沟通的最重要部分。团队难带，聪明、上进的产品经理团队更不好带。但无论怎样，做一个成就别人的 Leader 总是没错的。让每一个产品经理都有所成就，就是与产品经理沟通时最好的出发点。

最后，业务边界清楚明白。每一个产品经理都是有志青年，他们需要的是空间和施展平台。不过，每个产品经理的水平能力和发展阶段并不相同，放手绝对不是最好的管理方式。每个产品经理身上能扛多重的担子，必须要根据他们各自的意愿、能力、水平来具体情况具体分析。而担子一旦加上，Leader 也还要不时观察，重了还是轻了，正着呢，还是歪了，还得根据实际情况时时调整。而无论是怎样的担子，由于产品工作自带模糊、繁杂的特点，Leader 都得把工作的边界描述得清楚明白。产品的目标是什么？产品的允许时间段是什么？产品的可用资源是什么？产品的交付标准是什么？产品的重大里程碑有哪些？等等，事无巨细，想到就得说清楚，而且得是用指标数据界定清晰。这个边界，是产品经理的舞台，是产品工作的坐标，没有它产品经理无法行动。

第 13 章

产品的另一条腿——推广

说真的，作为一名技术出身的产品经理，在很长的时间内，我是“看不上”推广这件事的。我一度固执地认为“酒香不怕巷子深”，只要打磨好了产品，产品的质量就是最好的推广，用户该来自然会来。直到我自己切身体会到了成功的推广为产品所带来的巨大推动力，正所谓，“闭门造车，出门合辙”，缺一不可。推广，就是一个出门合辙的过程，是产品的另外一条腿，有了这条腿，产品才能走稳路。

13.1 说说推广：适合的渠道很重要

产品推广的本质是什么？是让“对的”用户，看到、用到我们的东西（产品）。那么什么是好的推广呢？很简单，成本越低的推广，就越好。那问题来了，如何能降低推广的成本呢？也很简单，那就是选择正确的，高效率的推广渠道。降低推广成本，并不是一味的“抠门”，节省现金开支，而是要为产品找到适合的推广渠道。

要想为产品找到适合的推广渠道，就需要产品经理做好下面这几件事：第一，正确判断自己产品所处的阶段。比如：有的产品处于新生期，刚刚问世，产品本身还存在很多的问题。这种时候，就不适合对产品进行大规模的推广。只要精而少的为产品导入种子用户就可以。第二，清楚了解产品的目标人群。目标人群是男性？女性？是青春年少，还是事业有成？比如，一款筹婚产品，看上去，它的目标人群应该是准备结婚的新人。但，只要经过调查和分析，就会知道，大部分新人在筹备婚礼的过程中，占主导地位的是准新娘。这样，一款筹婚产品，它的目标人群就应该定位在准新娘，而不是准新人。第三，了解各渠道的特点。搜索引擎、微博、微信、电梯楼宇广告、电视广告、影视剧植入、线下活动等，这些渠道，它们各有各的特点。这些特点，包括：渠道送达的人群特征是什么？使用渠道的启动资金是多少？渠道的推广转化模型什么样？

好的推广，就是少花钱，多办事，或者是不花钱，就把事给办了。我们来看一个成功案例，我的一个同事，他来自农村，老家地里会定期生产出不同的农产品。他为了帮家里卖农货，就在微信上建了一个微信群，微信群并不大，也就两三百人的规模。每年家里的农货上市的时候，他就在微信群里说一声，然后大家下单，生意成交。这样的时候，他一年也就忙三四次，每次并不太牵扯精力，用下班后的业余时间就完全够了。这个微信群每年光猕猴桃一项的销售，就能带来 30 万元的收入，仅耗时半个月。

在这个案例里面，要推广的产品是自家生产的农产品。推广的渠道是一个微信群，推广的成本是一个人工，每次半个月左右的线上交流（没有现金成本）。而推广带来的结果，是全年接近百万的销售收入。这么成功的推广案例，基本上等于是坐着数钱。而这个案例里推广成功的关键就在于，这个微信群虽然人不多，但每个人都对这几样农产品的购买非常感兴趣。

而不好的推广呢，自然就是白花了钱，但事没办好，我们再来看一个失败的案例。我自己曾经经手过的一个产品，这是一款日常消费类的产品，产品刚刚上线，上线后利用已有的人脉在微博微信上做了初步的推广。推广的效果并不太好，用户提出了很多产品存在的问题。而产品本身的销售转化率也低到几乎没有。在这种情况下，公司为产品购买了一个楼宇电梯广告。该电梯广告，将我们的产品广告在全北京一半的写字楼电梯间播出两周。非常遗憾，这次推广几乎没有为产品带来任何知名度，也没有带来任何下载量。基本上就是一次失败的推广。

在这个失败的案例里，并不是说楼宇电梯广告这条渠道不好，而是这条渠道实在不适合我们当时的那个产品。首先，我们的产品刚刚上线，产品的很多基本问题都还没有解决，就算用户下载了我们的产品，我们也留不住用户。其次，电梯广告这样的推广渠道，是需要雄厚的资金做后盾的，像我们这样，因为推广预算很有限，只能选择一部分楼宇，在较短时间内投放，是很难见到效果的。我们几十万的推广费用，单看可能不少了，但是扔到楼宇电梯广告这种量级的推广渠道上，是完全看不到什么效果的。最后，我们的产品与楼宇广告所覆盖到的人群，匹配度还是太低了。

所以说，在产品推广这件事上，基本上可以说，只有糟糕的选择，没有糟糕的渠道。要想尽量避免产生糟糕的选择，作为产品经理，就必须要对常见的推广渠道了然于胸。这些渠道包括：SEO，对口网站导流量，广告投放，借新闻热点（微博，微信等社交平台），影视剧植入等；除此之外，还有一种推广方式最考验产品经理的思维和敏锐度，那就是事件营销。

13.2 最有效地推广是事件营销，但不要玩火

什么是好的推广？少花钱，多办事。什么是最好的推广？花最少的钱，拉最多的人。但是，数得出来的推广方式和渠道都是有价的，拉一个用户，多少钱，在行业里任何资源都是明码标价，哪来不花钱，还办事的美事。其实，想要降低成本也不难。首先，就是找到新的推广渠道，比如微博、微信刚刚出现的时候，就是既便宜又有效的优质拉新渠道。开发新渠道的方式，拉新的效果更倾向细水长流，难以形成爆炸式增长的态势。

其次，若是论推广的费用和时间最少，用户却得到爆炸式增加的推广方式，那就非事件营销莫属了。所谓事件营销，就是制造或者依附社会热点新闻，使要推广的产品最大程度的为人所知。一旦抓住社会热点，使要推广的产品搭上爆炸新闻这条快船，那么就是全社会在免费帮产品做推广，自然事半功倍，收效不凡，绝对算得上是最有效地产品推广方式。

如何自己炒作，制造新闻事件，形成社会热点呢？ 2015 年 7 月中的“优衣库试衣间”事件，就是一个非常好的案例。7 月 15 日凌晨，一段拍摄于优衣库试衣间的不雅视频，两小时内，传播过亿人次。一时间，掀起的热浪高

过了 40 度的夏日高温，沸腾的互联网上，充斥着各种“优衣库试衣间”的真假消息，“优衣库试衣间”事件更像是一场盛大的夏日嘉年华，每个接入到互联网的人都调整到最兴奋状态，他们有的借机自我营销，有的站出来讨论伦理世道，有的人肉男女主角，同时也四处寻觅视频踪迹，而在现实生活中，“优衣库试衣间”事件几乎成了人人见面必聊的话题。这样的猛烈攻势之下，一日之内“优衣库试衣间”便家喻户晓，尽人皆知。如此营销效果，有人做了粗略估算，若换算成同等效果的广告，价值约在 2000 万。

事件炒作本身之所以能在短时间内吸引海量用户的注意，达到惊人的推广效果，必然是事件本身触动了绝大部分人的敏感神经。中国自古就有“好事不出门，坏事传千里”的说法，从人性的角度来说，人们更倾向于关注那些糟糕的、悲惨的、阴暗的、隐秘的，与社会道德背道而驰的事情。

事件营销本身最难把握的是事件迅速发酵后，策划人本身是否还能把握和控制整个局面，让策划方激起的事件真正做到点到为止，不伤害无辜，而自已的产品也能从事件中脱身，并且吸引到足够的流量。

而某某专车做的关于拒绝黑车的广告，就好得多。它的广告由于它非常露骨的直指竞争对手，明显违反了广告行业不对竞争对手进行正面攻击的规则，因而，一时间也是引来口水战，骂声无数，也是形成了引人注目的社会事件。但在事件发酵后，很短的时间内，便站出来道歉，并且以道歉为由，大发红包，拉拢客户。某某专车在这个事件中，先是恶意攻击对手，做了恶人，吸引了眼球，接着发了道歉信，成为知错就改的好孩子，最后送红包，做了体贴用户的好人。某某专车在这场策划中，可谓剑走偏锋，既办了事，又让自己全身而退，是一个更为成功的事件营销案例。

事件营销好像砒霜，用得好了，是一味猛药，有其他药物无法取代的疗效。但若使用不当，很容易赔了夫人又折兵，最后还得搭上半条命。至于是否能用好，考验的是操盘人员对人心、人性的洞察与把握，胜败只在毫厘之间。非高手，勿尝试。

13.3 导流量

导流量指的是有一个流量源产品持续稳定的为目标产品导入流量的推广方法。比如，我们从一个时尚内容网站向一个时尚电商网站导入流量；或者，从一个汽车论坛向汽车配件销售产品导入流量。为目标产品导入的流量可以是付费购买的流量，也可以是资源置换的流量，可以是跨不同行业、公司、产品的流量，也可以是同一个大产品之间不同模块的流量。不过，这些都不重要。导流量这种方法之所以高效，是因为它与生俱来的两个优势：

第一，导入目标产品的是精准的目标用户流量。

当我们准备从 A 产品向 B 产品导入流量时，我们一定是对 A 产品的流量做过考察的，A 产品所带来的流量的人群特征是什么样的，这群用户是男是女，是老是小，对什么感兴趣等等。由于 A 产品本身就对特征分散的、海量的互联网流量进行了一次筛选；因而，这让从 A 产品导入流量的 B 产品节省了对特定流量的筛选、寻找的过程。因而保证了导入 B 产品的流量是精准的，这就大大提高了产品推广的效率。

第二，流量导入是持续性的。

导流量的持续性，为推广效果的优化争取了时间。我们都知道，A 产品所带来的“精准”流量，其实只是理论上的精准。虽然 A 产品作为一个固定的流量筛选器而存在，这让我们可以有依据去分析和判断 A　产品带来的流量的特征，但A产品的流量特征是否真的与预计的一致，这却需要用B产品的转化数据来进行检验。

总的来说，就是“导流量”这种方法，让我们可以用一个基本精准的流量源，持续性的“喂养”我们的产品，通过“喂养”过程中出现的状况，调整推广方案细节，甚至是产品本身，来达到提高推广效果，优化产品的目的。所以，导流量的方式，是一种非常优质的产品推广手段，而在业内也有大把的成功案例。

一条（又称一条视频、一条TV，如图13-1所示），是一家主打生活短视频的互联网新媒体。其创办于2014年9月8日，首先在微信开办公众号（订阅号）以每天一条的节奏发布原创短视频。2016年8月，一条旗下电商产品“一条生活馆”正式上线。“一条生活馆”电商平台通过场景化的短视频，让用户对品牌或商品产生拥有的欲望，进而引流到电商平台。“一条生活馆”上线不到半个月，电商销售额就突破1000万。内容电商的商业模式，让一条用内容获取垂直领域的用户，再将其导入到电商平台上商业变现。据报道，一条视频已完成C轮融资，估值达到3.5亿美元。

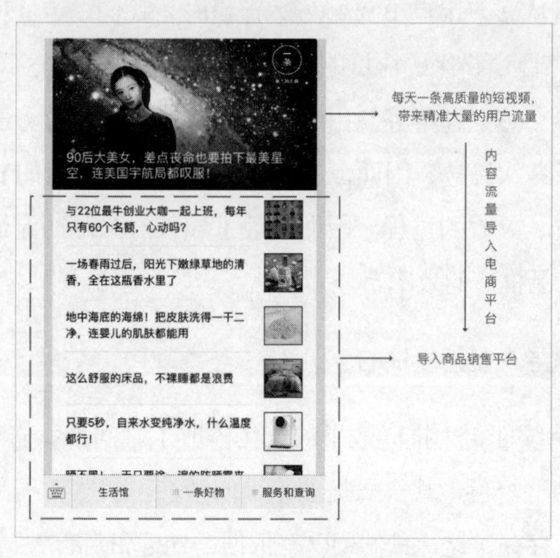

图13-1 “一条视频”网站

另一个我认为导流量很成功的产品，是创立于 2009 年 11 月的美丽说。美丽说在成立之初就开创了社会化电商导购模式，几年间快速吸引了上千万年轻时尚爱美的女性用户，成为中国年轻女性青睐的时尚风向标，美丽说无疑是一个成功的、现象级产品。美丽说的导购模式，表面上看是美丽说为淘宝导入购买流量，其实美丽说自己的流量很大部分也是来自淘宝（把买的用户导入看的产品）。

如此说来，我们是否可以认为只要看上去是用户特征相似的产品之间，就能成功完成 A 产品带动 B 产品的导流“大业”呢？

当然不是！

因为，就算是经过详尽地调研和严密的理论推导的导流“大业”还是有可能遇到两个问题而遭遇失败。

第一个问题：我们对导入的流量的属性预估错误。就是说，我们以为我们从 A 产品导入的是年轻富有女性，其实我们导入的不过是中青年贫穷女性。

第二个问题：我们导入流量的 B 产品，也许它并不是我们设想的那样。比如，我们认为我们的 B 产品是一款高转化率的电商产品，但其实，我们的 B 产品在产品层面完全无法成功说服用户进行购买。

这两个问题，说起来简单，但真正在工作中，它们会变得非常难以识别。

我们先来看一个对导入流量判断失误的案例吧。

这是我自己曾经经手过的一个产品，这个产品是从一个现成的婚礼资讯网站向婚礼用品导购网站导流。因为婚礼资讯网站的访问用户特征很明显，她们几乎是处于筹婚过程中的准新娘（新郎也有，但不多），而每一对准新人筹婚的过程必然伴随着各种婚礼用品的买买买；因而，为婚礼资讯网站的访问用户提供婚品销售，是可行的。但是，真正开始导流之后，我们发现，虽然新产品的访问量一直在增加，用户留存数据也不错，但就是不成交。这很奇怪！在经过仔细地分析和排查之后，我们发现导入的婚礼资讯网站的用户 90% 是婚礼从业人员，他们不需要购买婚礼用品，因而，流量无法进行销售转化。

我们再来看一个产品核心功能不达标导致的失败案例，严格来讲应该是一组失败案例。某著名时尚网站，他们有着让业内人士羡慕的水平一流的编辑团队，该时尚网站常年稳定、持续地产出高质量的时尚内容，在时尚领域就是风向标。该时尚网站因而拥有非常良好的用户流量，用户体量本身不小，难得的是用户还非常活跃。

于是，很自然地，这家网站拓展了自己的产品线，顺势打造了一个时尚商品商城。因为，每天来阅读时尚资讯的用户，也必定是时尚商品的购买者。将现成的内容阅读流量导入为商品购买流量，这个逻辑是成立的，我们上面提到的一条的成功非常好的印证了这个逻辑的成立。

但，这种将阅读流量导入为销售流量的尝试，最后的结果是失败了。让人遗憾的是，进行这样尝试的不只是一家时尚网站。在相同的领域，不同的时间，不同的团队，不同的投入，最后却都得到了一样的结果。这些时尚网站导流失败的原因是什么呢？原因就是他们的新产品（电商产品）不能很好地满足用户的购买需求。

阅读类产品和销售类产品，从根本上讲是完全不同的两类产品。阅读类产品提供给用户的信息追求的是时效性和广泛性。一件事情，点到为止，信息程度比较浅。而销售类产品提供给用户的信息，却要求围绕商品进行全方位地深入介绍，追求的是所提供信息的深度。比如，在时尚资讯上我们要介绍复古风，给出复古风的文字介绍、相关图片以及复古风现在的流行趋势即可。

但是，如果是要推荐一款复古风的商品，那么必须在介绍完风格之后，还要加上对于商品材质、工艺、价格等多方面的全面介绍。所以，很多看似很接近的产品，实则是不一样的，隔着星辰大海。转化率不好，不一定是导入的流量与产品不匹配，很可能是产品本身的核心功能实现有问题，阻碍了流量的转化。

所以，看似很靠谱的导流推广，很可能效果并不好。这种时候，我们就需要去更加仔细的分析导入的流量属性，有时候还必须要配合以必要地测试手段，总之，要反复确认，导入的流量是否是产品需要的用户群，这也是一个检验产品核心功能是否过关的好机会。导流效果不好，很可能是我们的产品没做好，这种时候产品人员首先要能认识得到，更重要的是要能对产品进行及时有效地调整，如图13-2所示。

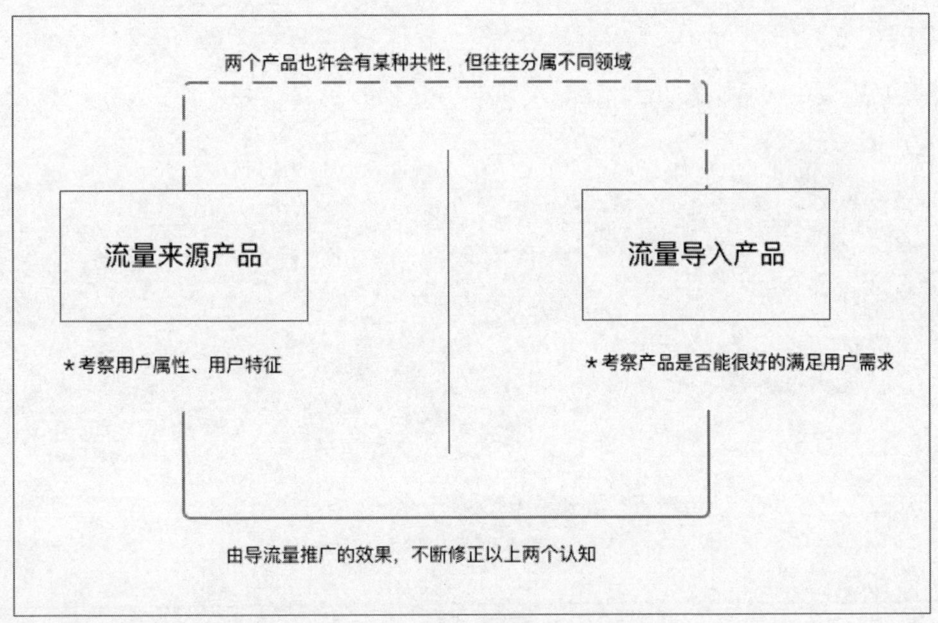

图13-2 导流与修正的相辅相成

总的来说，导流量算得上是一种高效地推广手段，但也并非像在水龙头上接根管子就能盆满钵满那样简单，要想把导流量这件事做好，就要把握好这些关键点：

（1）导流前准备，充分了解流量来源的用户属性和特征。

（2）清晰要进行推广的产品特质。

（3）导流过程中，通过数据不断修正对以上两点的认知，并随时调整导流方案及推广产品。

第 14 章

产品经理，就是产品的灵魂

干将与莫邪当年铸剑之时，熔炉中的金铁久炼不化，最后是莫邪跳进熔炉，才使干将莫邪剑得以铸成。何止是干将莫邪剑，似乎每一把传世名剑的背后，都与活人祭炉的传奇故事分不开。古人认为，人之精气神俱存于血中，以之筑剑，才可以使剑生灵气，甚至是要用至亲人的血才能造出最有灵性的剑！当然，从纯科学的角度来看这件事，我们知道活人祭炉有用的原因是人体的加入使铁碳化成了钢。

但是，让我们来设想一下，如果我们自己就是铸剑师，熔炉里是通红翻滚的金铁，我们舍得自己跳下去吗？所以，科学也好，迷信也罢，事实上就是铸剑师的舍命相付，才让金铁有了灵魂。那么，产品的灵魂呢？是不是也要产品经理跳下去？

作为一个产品经理，你有没有为寻找产品的灵魂困扰过？灵魂的困扰来自于，它那么重要，又那么虚无。所谓灵魂，即意味着无法看见，只能感知。我自己在做产品策划时，当被老板逼着一定要首先回答产品的灵魂问题，项目才被允许继续推进时，我就被困扰得很厉害。我要的灵魂是什么，我能给予产品的灵魂又是什么？

只要稍微用心体会，我们就会很容易捕捉到那些已经上线的产品身上一个个活生生的灵魂。今日头条的活色生香。逛今日头条就跟逛生鲜市场似的，环境不是那么好，周围有些嘈杂，脚下有些泥泞，摊上的货也不尽是自己需要的，可是它货全、还新鲜，你尽可踮着脚，挑自己感兴趣的拿。物道的精致、优雅、中国风。看物道，人好像在中国悠久的文化里穿来穿去，时间慢下来，自己好像变成了古人，宽衣大袖，在冬日里笼一盆火，沏一壶茶，坐在木屋里，看窗外的雪扑簌簌的下。活色生香也好，精致优雅也罢，这就是它们与众不同之处，就是产品的灵魂。成功的产品能够基于自己的特性创造出强烈的叙述性。对绝大多数人来讲，Instagram 可能只是一款提供照片分享服务的应用；但该服务却将自己定位为“与朋友分享美好时光”的工具。Simple 则是一种解决所有银行问题的有效方式；而 Evernote，可不单纯是一款支持了语音识别技术的记事本，它是“你位于云端的大脑”。

话说回来，所有好的作品都是有灵魂的，又何止是互联网产品。N 年前某著名摄影网站举行过一次网友摄影作品大赛，当时参赛的作品很多，美景、美女更不缺，可其中一张作品却从发布之时起便备受瞩目。这张作品是摄影师在爬雪山接近体能极限时所拍的，作品的画面就是摄影师当时眼中的世界，垂直向上的陡坡，不远处是队友的脚跟，陡坡遥远的尽头是一轮强白的太阳，太阳光照在陡坡光滑的冰面上，反射着让人无法直视的光亮。这样一张照片，没人计较它的构图，没人在乎它是否画质粗糙，所有看到它的人，好像都听到了摄影师急促的喘息、咚咚的心跳，然后在心里盘算着要不要放弃前路的攀爬。这张作品好无悬念的拿了第一。在摄影师的世界里，光有美的作品被称为“糖水”，徒有美貌，没有灵魂的意思。

美景不是灵魂、好词不是灵魂、顺滑先进的功能同样不是灵魂，灵魂是“表达”，通过这些景、这些词、这些功能表达出来的感情或感觉（当然也是别人所感受到的感情或感觉）才是作品的“灵魂”。

如何为产品找到灵魂，如何为产品注入灵魂?

首先，为产品找个实实在在的目标，就是说你的产品做的是什么事情。Instagram 说，我是提供一个照片分享平台。微信说，我是提供安全、及时、便捷的通信服务。微博说，我是提供随时分享观点和见闻的平台。天猫说，我是提供品牌商品的安全购买渠道。超级美甲控（微信号）说，我是提供最时尚、最新鲜、最有品位的美甲花色。蜜格调（微信号）说，我是提供分享个人品位的场所。

然后，在实现产品目标的路上，不断去实现、丰满你的产品。若产品的目标是为用户提供稳定、安全的通信。那么首先要保证的就是产品的性能（安全、稳定），接下来就是产品的简洁和易用。若产品的目标是提供给用户分享个人品位的场所，那么，首先就要为这个场所营造精致、有品位的氛围。接下来，再引导用户愿意分享自己个人的品位。而这种产品细节上的实现与丰满，一定会打上非常明显的执行产品经理的个人烙印。就拿让产品具有精致、有品位的氛围这一项来说，这种品味到底是阳春白雪还是下里巴人，产品经理本人是感性还是理性，产品经理对于文字的偏爱、色彩的偏爱，都会一点一点渗透进产品的名字设定、产品的外观设计、产品的功能设计中。最后成为一款有着产品经理性格的产品。很显然，如果是一个心思细腻的产品经理，她的产品很可能是细节处细致精细，但产品大逻辑没准就会有些漏洞；如果是一个大开大合，不太细致的产品经理，那么他的产品很可能是大逻辑清晰，但细节处难免简陋粗糙；如果是一个充满艺术感觉的产品经理，那么他的产品很可能炫酷有格调，但没准就会显得小众或华而不实。

你看，其实所谓产品的灵魂，无非就是产品经理自己而已。产品经理日日用心，将自己的见解，对需求的理解、人的理解、生活的理解、美的理解，通过产品的功能排布、色彩搭配、文字语诉，一点一点表现出来，积累而成，是为产品的灵魂。所以，我们其实不用见到产品经理本人，只要看到他做的产品，我们既能知道他的模样。

这样来说的话，其实每一个产品最后一定会有一个灵魂，也就是会有一个产品经理的烙印。只不过这种烙印，有的是精致优雅，有的是时尚前卫，有的是漫不经心，有的是混沌不明，以上种种风格的产品，在现实中都是很常见的。所以，我倒觉得，不用费神的去为产品寻找灵魂，产品的灵魂自然就在那里，想躲都躲不掉。而至于产品灵魂的模样，看看主导产品开发的产品经理的模样，便一目了然。

既是这样，如果一个产品经理想要做出什么样的产品，就得先把自己变成什么样的人。又或者，出资人希望收获什么样的产品，就要为产品选择什么样的产品经理。好的文学作品，后面一定是一个洞察世事的作家；好的艺术作品，后面一定是一个充满审美情趣的画家；而能做出引领时尚潮流商品的国度，后面一定是一个从几百年前就开始进行美学积淀的民族。要想让产品充满灵性，产品经理本人首先得充满灵性。要想让产品丰富耐玩味，产品经理首先得是一个内心丰富的人。要想让产品周到细致，产品经理首先得是个能为他人着想的人。要想产品能够非同凡响，产品经理首先得是个充满想象的人。

当然啦，产品是服务于用户的。所以，在产品经理用自己的心血为产品养成了灵魂之后。产品经理还需要用一个吸引人的故事将产品的灵魂包装起来，推销给用户。比如说，Instagram 将自己包装为“与朋友分享美好时光”的工具，这种包装感性、易理解、易传播，非常必要。好的包装，画龙点睛，千金难求，必不可少。与好的产品配合在一起，必定是互为补益，最后的结局一定是推波助澜，让产品大放异彩。

第 15 章

High 起来，苦兮兮是做不出好产品的

热爱是最好的老师；一位优秀的产品经理对这个岗位和岗位背后的项目是要有发自心底的热爱的；否则你永远是被动的辛苦付出，没有一丝的快乐，更不用谈什么创意了；因此，苦的不要，要甜的。

第15章

High起来，苦兮兮是做不出好产品的

自己做出来，连自己都没兴趣吃上一口的菜，端给谁，谁都不会爱吃。费半天劲儿做出来，产品经理本人都不使用的产品，用户也不会喜欢。“己所不欲，勿施于人”这本来是个非常朴素的道理，不过，很遗憾，有太多的产品经理是不爱自己的产品的。

在我作为产品总监的生涯中，好几次碰到这种产品经理不爱自己的产品的状况。一般情况下，这样的产品经理的产品总是饱受非议，而他们本人又深深的感觉自己已殚精竭虑。所以，这时候的矛盾，经常是异常激化的。当我们坐下来分析问题的症结，寻找问题的解决方案时，经常会出现以下的对话：

问：“有用户反馈意见说你的产品有如下问题……”

产品经理：“我认为没有问题，是用户无法理解我的想法。”

……此处省去唇枪舌剑2000字……

问：“你自己用起来，不存在这些问题吗？”

产品经理：“这产品，我又用不到，我不用。”

不得不说，出现这样的窘境，并不完全是产品经理的问题，在产品经理的能力和态度问题之前，是产品和产品执行人的匹配出了问题。试想，让初出校门，没有任何社会经验，没有谈过女朋友，终日醉心于数据算法的男孩去负责一款目标用户是待嫁新娘的产品。或者，反过来，让一位平日里喜欢美衣华服、电影小说的女孩，去负责一款需要不断优化效率的工具类产品，这样的匹配都注定了最后只会是出力不讨好的结果，不会有任何好的收获。

事情说起来，总是比做起来要轻松很多。道理很浅显，并不需要过多的辩诉。但到了实际工作当中，加入了各种客观限制条件之后，无论是公司还是个人，做出的很多决定就都显得不合理起来。比如，从产品经理的角度来看，有些项目产品经理本人明明不认可，但老板让做，产品经理得拿工资，那就只能勉强做。从老板的角度看，他们未见得对每个产品经理的特点都了如指掌，又或者，在权衡多种关系之后，只能选择一个并谈不上合适的产品经理来做项目执行。这些情况难道不都是很常见的吗？

有的时候，产品经理在选择产品时，被“钱”蒙蔽了双眼。比如，我的一位非常要好的朋友，他本人是一位很优秀的程序员，工作十几年，从普通的开发工程师慢慢晋升为技术总监。最后他离开公司，开始自己创业的道路。在创业项目选择时，他看到女性美甲市场的商机，因此打算进入这个市场，他要做美甲 O2O。

于是这位朋友开始起草自己的项目计划书及产品策划文档。但是，在准备这些东西的时候，他发现，完全不了解用户的需求，不明白女人在做美甲时候的所思所想，因此对于产品，他只能得心应手地设计出后台数据管理的部分，但产品前台与用户的交互该怎么做，他却是完全没了思路。因而请我帮忙，帮他解答疑惑，帮他梳理用户需求。

在我们沟通过几次之后，我发现这位朋友，第一，对美甲不了解；第二，对女人做美甲不欣赏；第三，他好像也不太有兴趣去了解美甲这件事情。这个项目对于他来说，他能把握的只是代码开发的部分，他的老本行。因而，我劝朋友放弃了这个项目。做一个自己不擅长、不喜欢的领域，是非常痛苦的一件事。关键是，再怎么做，也很难出很好的成绩。在这个案例中，我的这位朋友就被美甲行业的所谓商机蒙蔽了双眼。其实，仔细想想，所谓商机哪里没有呢，我们真正在寻找的并不是客观存在的商机，而是属于我们自己的商机。这两者天差地别。如我朋友这般，就算他挑选的商机有天那么大，他自己也一定会眼睁睁的看不见机会在哪里。很显然，对于所从事的领域，若是不熟，若是不爱，机会便不会真正存在。这位朋友最后进入了汽车领域。

还有另外一位朋友，他从大学便开始在为创业进行准备。大学毕业后进入了全球第一流的 IT 公司，积累了最优质的人脉、经验。而后，他从公司出来，开始创业。他创业做过的项目，很多，有婚庆类项目，有教育类项目，他们是一只非常优秀的团队，尝试了好几年，并不是所有项目都失败，也有最后盈利，但是被卖掉的项目，直做到一款图片管理的工具 app，总算对了朋友的 style，此后，项目不再换，好消息一个接一个，融资、发展都如所有的互联网成功案例那般顺利。

发自内心的热爱，是产品经理推进产品的第一推动力。所以，从某种意义上来说，做出好产品的第一步，是产品经理选择一款适合自己的产品。至于如何选择适合的项目，就是选择那些能让产品经理 high 起来，日也思、夜也想的项目。“不疯魔、不成活”也是这个道理。据说，做招聘时，有一个非常简单、有效的方法可以判断所见之人是否真的合适，就是问自己一个问题：这个人我愿意在周末也跟他一起上班吗？如果答案是肯定的，那么就是合适，可招。

如果答案是否定的，那么就是不合适，无论对方看上去多么优秀，也不要录用，因为你们不合适。这个办法实在可行，在产品经理挑选产品时，可同样适用。问自己一个问题，下班之后，周末之时，每日躺在温暖的床上时，我还愿意继续为这个产品费脑筋、花心思吗？总而言之，爱车的男人，就要去做一款汽车领域的产品，比如李想的汽车之家，超级楠声的《那些年我试过的车》（微信公众号）。他们都是开车、爱车、琢磨车、把工资献给车的爱车极端人士。而爱生活讲格调的女人，就该去做一款精致有品位的产品，比如我们的《ME》（微信公众号）。我们是就是那种，就算穷得只剩一张桌子，也要在上面铺上桌布的女人。

如果可以选择，请一定选择那个能让自己兴奋的、有爱的项目。虽说，有了对产品的热爱，并不能减少路上丝毫的艰难，但，第一，若是产品经理热爱的项目，产品经理永远不会为这个选择后悔；第二，带着对产品的热爱，产品经理们会自觉的投入更多的精力，花费更多的功夫。第三，对于自己热爱的项目，当项目遇到大灾大难时，产品经理会坚持得更久。项目熬到曙光露出的概率更高。

没错，就是苦的不要，要甜的。这个规则也同样适用于挑选结婚对象。需要的同志们，可以试试。

第16章

借鉴或者提升，关键在于你自己

我们从心底憎恶没有任何新意的抄袭，生搬硬套，很多时候只会画虎不成反类猫。但我们认可在认真模仿借鉴的基础上，根据真实的市场和客户做了有价值的提升；产品经理面对的互联网是一个宝库，是抄袭还是提升，取决于你，但是用户是否买账，那要看你是否用心在做产品。

朋友聚会时，经常会有关系或远或近的圈外人，神秘兮兮的问我，“听说，中国互联网的产品都不行，要么抄国外，要么抄同行？”对于这样的说法，我也否认不得。这种借鉴，是真实存在的。当我们自己在做新产品策划时，第一件事，确实就是花大把的时间，看看国内国外的市场上，都有什么可“借鉴”的产品。

这个步骤非常重要，必不可少，是一个很正常的产品策划环节，叫作“市场调查”或者“竞品调研”。偶尔，有那么几次，有些成熟产品被我们完全看上，其中的很多元素非常值得借鉴在接下来的项目执行中，我们就会像小学生描红一样，对着要“借鉴”的产品日日研读，毕恭毕敬地研究其设计思想。当然，我们也有被别人模仿的时候；但是这种借鉴要以符合市场与客户需求为最终目的，借鉴的同时要有自己的提升。

有那么几次，我们非常意外的发现，竞争对手发布了和我们几乎一模一样的产品，从产品逻辑到产品设计几乎都一模一样。这种时候我们的心理，第一感受是震惊，看到自己倾尽心血的作品被人拿去，免不了愤愤不平、义愤填膺。第二感受，内心深处免不了还会有些小小的“得意”。这证明我们做得好。不好的东西，没人会花心思借鉴。这等于是对手给我们打了个高分。

所以，不得不承认，抄袭在互联网行业确实是普遍存在的现象。而在我们这些模仿过别人，也被别人模仿过的从业者看来，所谓的“模仿”完全不代表模仿出来的产品一定不行，更不代表产品经理懒惰，或者是能力有问题。更重要的是要看做出来的产品在吸取别人精华的同时，是否在用户需求或者功能上是否能做到贴近市场和有所提升。

还是举个例子来说吧。下面是自己曾经模仿过的网站。这个网站（如图 16-1 所示），它来自美国，成长数据漂亮，商业模式清晰，关键是它看上去很简约，项目组每个人都爱死了这个网站的调调。

图 16-1　目标网站

于是，说干就干，分析网站架构，绘制产品设计图。本着就简不就繁的原则，快速推出第一个线上版本的思路，我们对这个看上去已经很简单的目标网站提供给用户的功能还是进行了大刀阔斧的删减，在第一阶段只实现了网站的核心功能。

然后，我们的网站上线了。看上去，我们的网站和目标网站非常相似。相似的名字，相似的调调，相似的功能。网站上线之后，我们遇到的最大的问题，也是唯一问题，就是：用户不认可。我们访谈了很多目标用户，她们指出了我们的网站上存在的很多具体问题；总的来说，我们所提供的这个网站，不是中国用户的菜。中国的年轻女性用户，已经习惯了热热闹闹的网站风格。清冷的欧美大气范儿，很难激起她们的兴趣。于是，我们不得不把目光收回国内，又开始研读国内同类型的网站，美丽说（如图 16-2 所示）、蘑菇街，还有更多……并且开始在已上线版本的基础上，再把这些国内网站的功能、特色一一做上去。这样简单的叠加，唯一的结果就是把我们的产品做得更加不对路，四不像了。这回，别说用户不买账了，我们自己都快要不买自己的账了。

图 16-2 “美丽说”网络

后来，就是无数次的改版，从目标网站那里无论借鉴什么样的功能，无论用户对于这些功能做何反应，我们都要去分析用户行为背后的动机。就是在这些不断的尝试中，我们慢慢接近和掌握了用户的需求。最后我们得到了满意的网站版本，这个版本既非我们抄的 A 也非我们抄的 B，这个版本（如图 16-3 所示）既顾及了我们对时尚的理解，又顾及了用户对热闹型网站的偏爱；既顾及了我们对简洁型产品的追求，又顾及了用户使用网站的便捷；这就是模仿而提升，如图 16-3 所示。

图 16-3　满意的网站版本

所以，通过自己实践过的这个案例，我们能够清楚的看到，模仿的目标产品，说到底，是别人对他们所服务的目标用户群的需求，经过自己的理解之后，给出的一个解决方案。充其量只是为后来人提供了一个成功案例而已。但是，后来人所面对的用户群，不可能完全同于案例中的人群。

比如国籍不同，中外人士的需求差异是非常大的，又比如年龄段不同，20 岁的女孩和 40 岁的女人，需求上的差异也是极大的。就算是完全一模一样的目标人群，光从产品表面，跟随者很难完全理解产品开发人员对于用户需求细微处的认知，很容易抄个图有其表的产品出来。说到底，产品做得对不对，考验的还是做产品的人，对目标用户群的真实需求把握得是否到位，这个核心又岂是通过简单模仿可以得来的。

由此说来，若是同一个产品创意，你的模仿者做得比你好，那并不是因为他是后来者，而是因为他对用户的理解比你深入，他对产品的把控能力比你强。就拿腾讯来说，互联网很多人都在诟病他们对互联网产品的所谓“模仿”，可是，腾讯产品的执行能力，在行业内难道不是有口皆碑的吗！再巧妙的创意也火不了一个产品，产品真正考验的是执行环节，团队执行力，又怎么可能抄得走。

如此说来，模仿是一种可以借鉴的学习方式，而模仿也是创新的第一步。我们难道不该踏着前人的肩膀前进，我们又为何要介意自己成为别人学习的对象呢？如果我们的领先不过是一个创意而已，这又怎能算得上真正的领先？所以，真正的大师一定是那个“一直被模仿，从未被超越”的人。

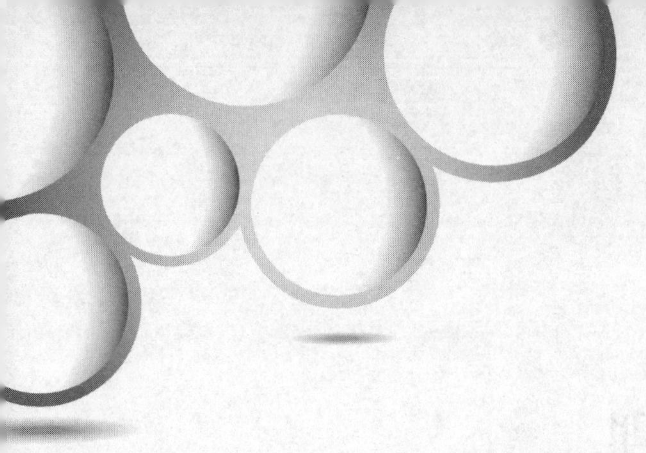

第 17 章

不一样的产品经理

每个产品经理都是探险家，他们不甘于已知世界的日复一日，他们总是一次次踏入全新的、未知的领域。在不同寻常的路上奔走，必然遇见不同寻常。如果，你是一个女产品经理，那么恭喜你，有机会成为一个横跨男女两界的“superman”。而那些渴望更加不一样的产品经理，渴望“让暴风雨来得更猛烈一点”的产品经理，最终选择了创业，成为 CEO。

17.1 女产品经理

产品经理和女产品经理是两个物种；因为，女产品经理是女人，女人们天生敏感、细腻，内心充满幻想，感情丰富。原生态的女人就应该是抱着薯片追着韩剧，哭得稀里哗啦，说起事来，热闹而没有逻辑，遇到困难六神无主，扎了堆的时候，叽叽喳喳聊的都是八卦。产品的世界呢，充满了对前沿科技的追逐，运行方式也像计算机的数据流一样，严谨、互相之间只有逻辑相连，万事充满推导没有感情，所有流程严丝合缝、滴水不漏。女人和产品基本上站在世界的两端，一端叫"感性"，一端叫"理性"，纯天然的女人是不适合做产品的。

但女人终究还是进入了互联网，干起了这个带有浓重男性标签的工作——产品经理。因为，互联网需要女人！早期的互联网，是不需要女人的，那个时候的互联网处于基础建设阶段，互联网就是机房、服务器、线路、带宽、建站、开发新工具，那时候的互联网是工程师的天下，互联网产品（比如：网站）拼的是有没有、效率如何、是否稳定。后来，互联网有了海量的网站，有了上天入地的信息网络，有了媲美科幻片的数据中心，有了智能手机，有了随时随地在线的海量用户；然后，互联网就进入了消费时代。

消费时代，是女人的天下。女人爱逛街，爱购物，每个家庭中那些细水长流的消费都是女人在做主。男人购物，是理性消费，没用不买，即使决定要买了，也要比较半天，女人呢，是感性消费，冲动消费，只要是点儿对上了，管它有用没用，管它便宜不便宜，喜欢就是买买买。女人的钱好挣！但有一点，女人的心思不好琢磨，像雾像水，时时受情绪控制，敏感多变，没有公式，不讲逻辑，一顺百顺，一不顺皆不顺。

女人阴晴不定，自己都无从把握的情绪，外人如何讨好，这从来都是难解的题。进入女人的世界，优秀的男性产品经理们开始变得一筹莫展。越是优秀的男性产品经理，越是具备典型的理性思维，他们的世界就是计算机的世界，世界的各点充满关系，通过逻辑相连。那是一个井井有条，通过 A 推导出 B 的世界。他们做事，直指目标，不会花费多余的心思在看起来跟目标没关系的东西上，他们做事讲求效率，也擅于通过提升效率来展现自身的价值。于是在很多优秀男性产品孜孜不倦的努力下，我们有了好多优秀但是冰冷的女性互联网产品。面对这些产品，女性用户并不买账。

这一度成为了一个现象，男性创业者都喜欢挑选女性消费领域创业，聪明的他们看到了机会，但是随着产品的上线、运营，他们发现他们的思路并不是女性用户的思路，女人心里到底是怎么想的，困惑住了每一个男性产品经理。马佳佳说过，她永远不会使用一个男人来做女人的产品，她列举了诸多理由，总结起来就是一句话：真正的男人永远抵达不了女人的内心。我自己曾见过一个非常优秀和努力的男性产品经理，他的产品是为孕妇服务的，为了理解孕妇的感受与想法，这位努力的产品经理，花了大半个月的时间，每天呆在海淀妇医院幼妇产科的门诊处观察孕妇们的一言一行，同时查阅了大量的心理学资料，让自己能更好地理解孕期妇女的心理活动。做完这一切之后，他得出的结论是：还是不知道孕妇们到底怎么了。所以，没有女性产品经理，不行。

可令人遗憾的是，大部分女人其实是干不了产品经理这活的。一个优秀的女性产品经理，必须要能从天性（感性）这一端，通过不断的训练，到达理性那一端，她必须横跨在感性和理性的两端，她的大脑，要能按照逻辑严密的推导，她的心，要有细腻的感情体察入微，最重要的，因为她是女人，她还要战胜自己的天性，摆脱情绪的控制，客观、冷静的带领团队，做出理智的判断。这样的跨越谈何容易！因而，做产品经理的女孩不少，真正谈得上优秀的，却是不多。我见过称得上优秀的女性产品经理，到了最后多少都有点雌雄同体的感觉，耐人寻味。

如果你是一个女孩，进了互联网这行，干了产品经理的工作，无论这条路是怎么开始的，你决定让自己成为一名优秀的产品经理，那么恭喜你，你选了一条风光旖旎，充满收获的道路，世界在你的面前慷慨的打开了另一半。你将要看到的是一个普通女孩一辈子也无缘见到的风景，而你要收获的，也是一个普通女孩永远无法获得的。当然，为此你要付出的代价，要经历的磨难，也是一个普通女孩一生都无须面对的，这是一条漫长的修心之路，每天都在认知自己，控制自己的修行，女性思维是你的利器，又是你的桎梏，与生俱来的感性既是你的大本营，也很可能变成你的葬身处。

如果有朝一日，你终于可以在感性和理性之间穿梭自如；面对纷乱的需求时，你可以拨开迷雾，找出头绪，面对大型的产品构架时，你也可以逻辑严密的制定方案，可能这时的你，还是会犯纠结，会犯些是女人都会犯的错误，比如小心眼一下，比如歇斯底里一下，但已经非常棒了。这时的你，一定是一个在男性面前充满女性魅力，在女性面前，贴心靠谱、值得信任的人。

这样的女性产品经理已经成长为了非常优秀的产品经理，她们会成为市场争抢的高级人才，她们不再会为了经济收入大伤脑筋。她们，也终于有机会面对每一个职场优秀女性都会面对的亘古难题：如何平衡工作与家庭？！

恰巧，不久前看到柳青的访谈，对于这个问题，她的观点非常明确：家庭和工作是无法平衡的。她的选择也很清楚：以工作为重，尽量兼顾家庭。

家庭和工作如何兼顾的问题，是职场女性独有的问题，也是无法回避的问题，到底应该如何选择，自然没有标准答案。参考答案倒是有一个：健康第一、家庭第二、工作第三。健康是根本，没有健康，一切化为乌有。家庭，是我们的归处，安放我们的情感，我们的错误，还有我们的功绩。工作，是我们的冲锋陷阵地，智慧、才华挥洒一世，方不付此生。解题的钥匙也有一把，就是女人与生俱来的情感，对家庭的爱，对事业的爱，既然是产品经理，我们也一定可以看清自己的内心，跟随内心的情感，就能找到谜局的出口。

17.2 创业的产品经理

很有意思，打开我的朋友圈，里面基本上可以泾渭分明的分为两类人。第一类人，他们视“创业”为洪水猛兽，“创业”在他们心里基本上等同于本世纪最可怕的骗局，在他们看来，只要入了局，家破人亡不过是早晚的事情。第二类人，他们视“创业”为生命，他们正走在创业的路上，大部分的项目已经拿到了很好的投资，就他们个人来说，每日忙碌，经常加班，收入不菲。我，站在这两类人的中间，但，并不是桥梁。我曾试图把我看到的创业（如图 17-1 所示）告诉给第一类人，不过，唯一的结果是我也瞬间变成了“洪水猛兽”。或许吧，创业真的只能是属于自己的事情，只有身处其中的当事人才能体味其中的苦辣酸甜、不易以及荣耀。

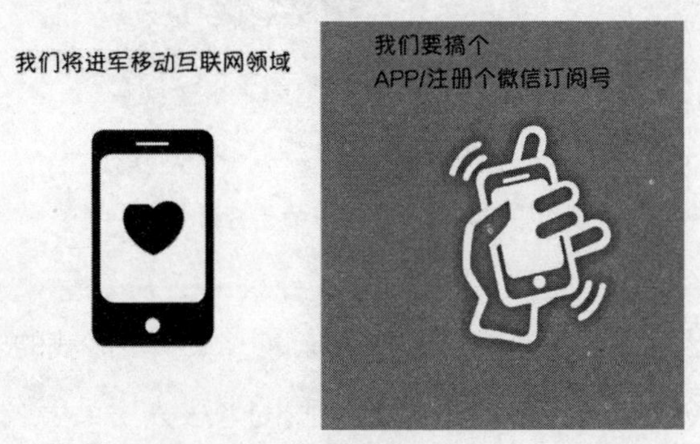

图 17-1 我眼中的创业

将采用最先进的云计算技术

实现O2O的闭环

经典评论：

对创业者来说，做成功了就是左边，做失败了就是右边。对大众来说，看到99%都在右边，所以都在哈哈大笑点头称是。

采用大数据技术

图 17-1　我眼中的创业（续）

2017年说创业，还真是有点五味杂陈。记得3年前，我的老板离开公司时，我问他会不会创业，他说不会。后来，我的老板去了某著名互联网公司任高管，再后来，他做了投资人。今年，他创业了。记得两年前，拉勾网刚刚启动，经历着方向上的调整，经历着原始团队的加班、吵架。我们就在边上看着。今年拉勾网估值 1.5 亿美元了。还有两年前参加的某次创业项目路演，当时上台演讲的几个项目，1 年内纷纷拿到了不菲的投资，今年的他们已经越来越大。

说到失败，什么是真正的失败呢？项目没有起色，不得不关闭项目，遣散团队，这些都应该算是失败吧。这样的失败，我曾经都见到过，也经历过。亲手把自己搭建起来的项目，一点一点拆除，其中的滋味，确实是钻心钻肺，不足为外人道。可是，这些能算是真正的失败吗？

Z 先生，虽然现在的他已经是一个估值上亿的公司老板了，但是，回忆起自己前两次创业的失败经历，他还是那样的心有余悸。那两次失败的创业，给他带来过饥饿（没有钱买饭吃）、寒冷（没有钱买鞋穿）和钻心的疼痛（合伙人的背叛）。两次创业失败后，他曾短暂的回到过公司打工，虽然工作业绩斐然，但那不是他想要的生活，最终他还是选择重新开始第三次创业。

W 先生，大学毕业之后找不到工作，只能去应聘理发师，落选了，他的创业是被逼无奈，他的公司虽没有大富大贵，却也在 10 年的时间里稳稳当当爬到了行业第一。W 小姐，创业前的她是某酒店的员工，爱美、爱旅游，她的创业是从在南锣鼓巷开一家花店开始的，1 年之后，她的花店成了酒吧 + 花店。两年之后，她开始在花店开售插花课，录制插花视频放在网上，周末组织线下舞会。W 小姐在纪念自己创业一年时说，有的事情，不容易，但也不是我们想的那么难，去做就好了。

有时候我很困惑，说好的人生悲剧呢？说好的九死一生呢？我认识的那些创业者为什么好像脱离了这个魔咒。其实不然，光我认识的这些创业者，在他们手上死去的项目，就已经数量不小；可是，项目虽死了，但创业者们却毫无例外的越来越强大。那位曾经饭都吃不上的 Z 先生，他跟我说过，真正的创始人，是那个就算全世界反对，他还是要坚持的人，这样的人才会见到曙光。所以说，我相信，九死一生的是创业项目，而越挫越勇的是创业者。

记得两年前听过一场几个大佬关于创业的演讲。这场演讲上，有徐小平，当年的他，就如现在的他，一样的热情洋溢。他的每一个词语，每一个动作，都在鼓动年轻人们快快投身到创业大潮中来。而另一位大佬，王功权，他却保守得多，他告诉大家，创业并不是每个人都适合，创业需要理智、需要谨慎。两年后的今天，创业环境比当时更加成熟，创业已蔚然成风。不过，对于个人来说，在决定是否要投入其中时，耳边来回拉锯的，还是徐小平和王功权不同的观点。一边是时代的召唤，成功楷模的不断昭示；一边是谨慎，小心的规避风险的安全警示。

诚然，这是最好的时代，大量的新财富被创造和分配；而创业也是最有可能改变个人社会地位的通道，但是否创业却是一个非常个人的选择。任何的成功，在背后都隐藏着巨大的艰辛，创业既然能在短时间内带来巨大的成功，那么背后的艰辛也必是非同寻常的。我想，所谓最好的时代，应该是给人以选择或不选择的权利。我们所要做的，无非是做一个不后悔的决定而已。

17.3 写在最后：该说再见的时候，就说再见

我的第一部书，到这里就接近尾声了。这部书，我写了很久，三年之久。

三年前，当我决定写这部书的时候，我认为这会是一件手到擒来、水到渠成的事情；毕竟，我已经有了这么多年的积累，我有这么多想说的话，日

日夜夜如鲠在喉，我以为我缺的只是一个契机、一个开始。

可是，当我真正开始写作时，才发现，很难。最开始是无从下手，我要写什么呢？想说的太多，从哪里开始才是最好的选择？我写的，读者会感兴趣吗？我应该再仔细挑选一个更有意思的话题吗？直到有一天，看到《平凡的世界》里有着同样困惑的孙少平被田晓霞开导的话：写作就像削一个苹果，从哪里下刀都一样。自此，我才狠心咬下了这“苹果”上的第一口。

后来，我发现我不会表达！同样是一个观点，在会议室里的我，对着一屋子人，可以侃侃而谈，聊上大半天。但落到纸上，却马上变成乏味到自己都读不下去的文字。为了解决这个问题，我特意把写文章的套路画成流程图挂在墙上。落笔之前，对着套路，仔细琢磨。

再后来，整件事情的进度让人抓狂，进展缓慢，并且不断地被各种事情打断；比如我的生活，比如我的新项目。非常坦白地说，如果我是出版社的编辑，我已经放弃自己一百遍了。为此，这部未完的书稿，竟成了我一个沉重的包袱，让我一想到就“痛苦”。是的，写一部书的感觉原来完全不是痛快，而是伴随着痛苦的点滴磨砺。

最后，这部洋洋洒洒 20 多万字的书稿，虽然它终于交付印刷，但却还是远不到让我满意的程度。这真是惭愧，书中，我多次提到项目是必须要有一个时间限的，项目是必须要有一个结果的。但轮到自己，要为项目做一个结果的时候，还是无比艰难。你看，知易行难！

记得刚刚开始写作的时候，编辑跟我说，写书的人里面，有一半以上的人会选择中途放弃。他劝我说，你要坚持下去。即使是这样，这个过程中我还是超过 100 次打算放弃。写一部书，尚且如此，更何况是做一个项目、经营一家公司。倒在半路上的公司和项目又何止是出发时的一半。

来看看那些我经历过的死掉的项目吧：

项目 A，国内互联网行业某知名人士投资并带队。项目定位处于风口，带队人背后大把资源，带队人本人又是互联网资深人士。这是一个出生在互联网世界最核心地带的风口项目。一切看上去，前途远大。项目的结局是在持续 10 个月，并拿到第一笔投资后，关闭掉了。

项目 B，某外资上市互联网公司中国分公司，这家公司最大的特点就是很有钱。由于母公司的支持，分公司一不缺钱，二不缺资源。但是，就算公司业务定位够高，招聘的员工素质超一流。公司还是在持续 4 年之后，关闭了。

当然还有很多……

所有项目的开篇都是一样的春光明媚、踌躇满志。而所有项目的关闭，又都无一例外的让人掩卷而叹、唏嘘不已。看过这么多公司和项目的兴起、发展、衰落之后，我固执的认为，每个项目（产品）都有它自己的“宿命”，这种“宿命”是任何人无法左右的，产品经理只能顺应。对项目来说，在最后的时刻做一场体面的退出，是最高的智慧。而对于产品经理来说，挑选优质项目，竭尽心力的“辅佐”，到了该说再见的时候，理智的说再见，也是一种超凡的智慧。好在，再见之后，并不是结束。比如项目 A 的带队人，就在关闭项目 A 之后的 3 年，做出了一家估值超过千亿的互联网公司。

不畏将来，不念过往。产品经理之路，注定是一条攀爬之路。